A MAGIA
EM SUA
MENTE

U. S. Andersen

Uma Edição de Eckhart Tolle

A MAGIA EM SUA MENTE

Segredos Revelados da Mente Universal
para Alcançar o Sucesso em Qualquer Área da Vida

Prefácio de ECKHART TOLLE
autor do *best-seller*
O Poder do Agora

Tradução
Maria Sílvia Mourão Netto

Editora
Pensamento
SÃO PAULO

Título do original: *The Magic in Your Mind.*

1ª edição 2025.

Editor: Adilson Silva Ramachandra

Gerente editorial: Roseli de S. Ferraz

Gerente de produção editorial: Indiara Faria Kayo

Preparação de originais: Marcela Vaz

Editoração eletrônica: Ponto Design

Revisão: Erika Alonso

Dados Internacionais de Catalogação na Publicação (CIP)
(Câmara Brasileira do Livro, SP, Brasil)

Andersen, U. S.
A magia em sua mente : segredos revelados da mente universal para alcançar o sucesso em qualquer área da vida / U. S. Andersen ; tradução Maria Sílvia Mourão Netto. -- 1. ed. -- São Paulo : Editora Pensamento, 2025.

Título original: The magic in your mind.
ISBN 978-85-315-2438-7

1. Desenvolvimento pessoal 2. Mentalidade positiva 3. Poder da mente 4. Sucesso 5. Transformação I. Título.

25-271379 CDD - 158.1

Índices para catálogo sistemático:

1. Poder da mente : Psicologia 158.1
Eliete Marques da Silva - Bibliotecária - CRB-8/9380

Direitos de tradução para o Brasil adquiridos com exclusividade pela
EDITORA PENSAMENTO-CULTRIX LTDA., que se reserva a propriedade literária desta tradução.
Rua Dr. Mário Vicente, 368 – 04270-000 – São Paulo – SP – Fone: (11) 2066-9000
http://www.editorapensamento.com.br
E-mail: atendimento@editorapensamento.com.br
Foi feito o depósito legal.

Para

L. S. Barksdale

Te dou a ponta de um fio de ouro;
Apenas o enrole em um novelo,
Ele te conduzirá até o portão celestial,
Construído nas muralhas de Jerusalém.

William Blake

Sumário

Apresentação

"UMA OBRA DE EXCELÊNCIA DURADOURA." No dicionário, essa é uma das principais definições de um "clássico". Tanto no universo dos livros de ficção como nos de não ficção, é preciso cuidado para não igualar um *best-seller* a um "clássico". A maior parte dos *best-sellers* são títulos de vida breve, sobretudo se sua popularidade resulta em grande medida de uma engenhosa campanha promocional, que costuma gerar uma "onda". Na melhor das hipóteses, depois de alguns meses ou de alguns anos, muitos desses *best-sellers* perdem seus leitores.

Alguns livros, porém, continuam populares e são bastante lidos, mesmo após décadas e até séculos desde sua publicação original. Essas obras tornaram-se clássicos.

Quais são as características de um clássico?

Embora, em maior ou menor medida, todo livro seja um reflexo da época e das circunstâncias culturais de seu autor, o clássico contém a dimensão adicional de uma compreensão profunda da condição humana, compreensão que transcende o tempo e o espaço cultural. De geração em geração, esses livros agregam valor e profundidade à vida dos leitores. Isso se aplica a obras de ficção e, em grau ainda mais elevado, a clássicos espirituais que, a meu ver, têm um poder transformador que ultrapassa, inclusive, o da alta literatura. Esse poder inerente é impossível de se definir ou entender conceitualmente. Enquanto a pessoa está lendo esse tipo de livro, algo em seu íntimo reconhece a verdade para a qual as palavras estão apontando, responde a isso e se fortalece com a leitura. Esse ato se torna uma experiência espiritual e ocorre então uma mudança sutil na consciência.

São raros os textos espirituais dotados desse poder transformador, e esses escritos se tornam clássicos.

A Magia em Sua Mente é um desses livros raros. Abra em qualquer página, comece a ler e, muito provavelmente, você não vai querer parar. Como acontece com todos os clássicos espirituais, essa reação vai acontecer mesmo que você já tenha lido o livro várias vezes. A marca distintiva desse tipo de livro é que o texto sempre parece novo, não importa quantas vezes tenha sido lido.

Sem dúvida, nenhum autor escreve no vácuo, e todo mestre espiritual usa termos que correspondem a suas coordenadas culturais e temporais. No caso de U. S. Andersen, o leitor pode discernir ecos de outros grandes mestres da espiritualidade, claramente norte-americanos, como Ralph Waldo Emerson e Ernest Holmes. Ao que parece, nosso autor também estudou a obra de Mary Baker Eddy, fundadora da Ciência Cristã.

No entanto, o poder contido nas páginas deste livro claramente não vem de nenhuma fonte secundária, e, sim, das constatações espirituais e do entendimento do próprio autor. O "Eu Secreto", como ele o denomina, falou com ele. Esse termo corresponde ao que às vezes chamo de "Eu Profundo", em contraposição ao "Eu Superficial" da consciência egoica comum. É por meio da identificação com o Eu Secreto que, nas palavras do próprio Andersen, "as sementes do poder são semeadas".

O leitor atento notará que os ensinamentos contidos neste livro almejam um equilíbrio nada facilmente alcançado entre uma participação criativa no mundo por meio da arte da manifestação e a compreensão da nossa identidade essencial como pura consciência, que Andersen chama de "a presença inspiradora que reside em todas as pessoas e todas as coisas".

Este livro foi publicado pela primeira vez em 1961. No início, parece ter conquistado um número substancial de leitores, mas depois, estranhamente, quase caiu no esquecimento, embora tenha permanecido como uma publicação de prestígio, apesar de quase desconhecida, entre o reduzido contingente de interessados na filosofia do assim chamado Novo Pensamento. Lembro-me de ter encontrado por acaso um exemplar de segunda mão deste livro no porão da Livraria Watkins, em Londres, em 1977, e de ter reconhecido de imediato seu valor.

Dado o poder que este livro tem, por que não alcançou sua merecida posição como um "clássico espiritual" amplamente lido? Às vezes, acontece que livros como este ficam perdidos, por assim dizer. Em alguns casos, pode não ter tido tempo de crescer de forma orgânica, então, quando as vendas iniciais ficaram abaixo do esperado, a editora decidiu prematuramente desistir dele. Também pode ser que um baixo volume de vendas em determinado ano tenha levado a editora a perder o interesse pela publicação, levando a edição a se esgotar. Seja qual tenha sido o motivo nesse caso específico, porém, não tenho a menor dúvida de que esta obra, ainda que tardiamente, tem potencial para se tornar um clássico famoso e transformar a vida de muitas gerações de leitores.

Não temos informações detalhadas sobre a vida do autor, U. S. (Uell Stanley) Andersen. Sabemos que nasceu no Oregon em 1917 e faleceu em 1986. Por assim dizer, a mim parece que passou por três encarnações nesta vida.

Estudou na Universidade Stanford, onde se tornou o capitão do time de futebol americano de 1939. Na sequência, gozou de uma fama relativa como jogador profissional na NFL. Essa foi sua primeira encarnação. Depois, tornou-se empresário e um bem-sucedido homem de negócios. Seu forte interesse pela espiritualidade deve tê-lo levado a um profundo despertar da consciência que lhe permitiu tornar-se mestre espiritual e autor, nessa terceira e última encarnação de sua existência. Andersen também escreveu outro livro, notável e poderoso, intitulado *Three Magic Words* (*Três Palavras Mágicas*).

Para esta nova edição, *A Magia em Sua Mente* foi relativamente editado a fim de se tornar mais acessível e relevante para os tempos atuais. Por exemplo, era comum à época em que o livro foi escrito que o autor usasse substantivos e pronomes no masculino para se referir a todos os seres humanos, o que seria inaceitável para a maioria dos leitores de agora. Por essa razão, foi tomada a decisão editorial de garantir que, tanto quanto possível, o texto adotasse a neutralidade de gênero, fosse inclusivo e se mostrasse acessível.

Sou grato a U. S. Andersen por nos deixar como legado esta joia de livro. Que possa desempenhar seu papel no despertar da consciência humana, mais urgente do que nunca!

Eckhart Tolle

Prefácio

ESTE LIVRO REVELA UMA MAGIA MENTAL que assegura o sucesso, e que absolutamente garante cada vez mais realizações, seja qual for o campo de atuação: artes ou negócios, ciência ou vendas, esportes ou política. Aqui você vai conhecer o segredo de como sua mente está ligada à fonte de todo poder. E ficará sabendo como pode se tornar qualquer coisa e fazer tudo o que for capaz de visualizar.

Em todas as pessoas, a consciência está em constante mudança; é prisioneira da perigosa sobreposição entre passado e futuro; reage mais do que age; é incompleta e parcial; e está eternamente em busca de si mesma.

Uma vez que a mera condição de existir não é suficiente para lançar luz sobre esse estado, a consciência aprende sobre si reagindo a estímulos externos. Se a pessoa termina acreditando que não é bem-sucedida, é porque alimenta a impressão de que *foi* malsucedida, e essa conclusão, assim que é adotada, inescapavelmente formata a pessoa de acordo com aquilo em que ela acredita e a aprisiona no cárcere que ela mesma construiu.

A magia por meio da qual nos libertamos é a imaginação. Quando nos treinamos para moldar as imagens mentais do que desejamos, para resistir a estímulos sensoriais e inclusive visualizar exatamente o oposto, a tendência é assumirmos uma postura prática conforme nossa visão, pois essa visão se torna então nossa experiência, no lugar dos estímulos sensoriais que nos afetaram antes. A consciência sempre assume uma forma que convém ao que conhece sobre si mesma. Quando esse conhecimento ultrapassa os limites impostos pela experiência sensorial, começamos a crescer de acordo com a imagem do Eu Secreto.

Existe uma única mente em toda a criação. Essa mente está em todas as pessoas e está em seu verdadeiro estado de não ser confinada a ninguém, de não ser presa ao corpo. Trata-se de uma consciência central, cognoscente, em que tudo habita e que habita em tudo. Em um estado de confinamento corporal, assume as limitações que lhe são impostas pelo conhecimento de si que recebe pelos sentidos, mas, quando essa sujeição aos sentidos é rompida pelo desenvolvimento de um poder interior para perceber e conhecer diretamente, termina a escravidão à dimensão corporal.

Ações perfeitas e trabalhos perfeitos resultam da convicção interna da causa mental na base de todas as coisas. Mudamos o estado do nosso mundo exterior mudando primeiro o estado do nosso mundo interior. Tudo o que chega a nós vindo do mundo exterior é resultado da nossa própria consciência. Quando modificamos essa consciência, alteramos nossa percepção e, com isso, o mundo que vemos. Quando alcançamos um claro entendimento do processo e do efeito das imagens mentais, somos irrevogavelmente levados a percorrer o caminho correto rumo ao nosso objetivo. Trabalhando com essa causa de todas as coisas – nossa própria consciência –, atingimos a infalibilidade em nosso trabalho, pois, na mesma medida em que nossas imagens mentais nos impelem à ação, essa ação sempre será fiel à imagem em nossa mente e certamente nos proporcionará seu equivalente material.

Neste livro, você encontrará um programa para treinar o poder mental das imagens de tal modo que uma cena ou situação na consciência aconteça em três dimensões, com cores e sons, pulsando de vida, tão real para você quanto o mundo exterior. Você nunca teve essa espécie de sonho? Alguma vez, enquanto dormia, você já esteve em um mundo mental e espiritual tão sólido e dimensional que teve certeza de que era real, enquanto o mundo material era uma ilusão?

Se alguma vez você já provou o poder arrebatador de uma imagem mental que influenciou sua atitude e sua percepção, então rapidamente verá que a salvação de cada um de nós está em treinar o poder de nossas imagens para que nos obedeça. Dessa maneira, é possível ficarmos livres das sugestões e das imposições da natureza, da morte, das doenças e da destruição, da ineficácia e da frustração. Para mim, a pessoa em quem a força interna de sua visão transcende a contínua distração dos estímulos externos é alguém que se apoderou das rédeas da própria vida e é realmente dona do próprio destino.

1
A Causa Oculta de Todas as Coisas

EM SEU FAMOSO SOLILÓQUIO, HAMLET, DE SHAKESPEARE, se indaga sobre "ser ou não ser". Com essas palavras, resume a essência do maior desafio da vida. Quase todas as pessoas apenas existem; nunca *são,* na realidade. Existem como equações previsíveis, reagindo em vez de agir, como compêndios ambulantes de aforismos e tabus, reflexos e síndromes. Sem dúvida, os deuses devem se divertir com o irônico espetáculo de robôs que se consideram livres, mas estão imóveis, quando enfim a consciência encarnada vai além do princípio natural da dor *versus* prazer, e o verdadeiro significado da liberdade se torna finalmente aparente.

Ação *versus* reação

Existimos para que possamos nos tornar algo mais do que somos, não em virtude de circunstâncias favoráveis ou ocorrências auspiciosas, mas por meio de uma busca interior para ampliarmos a consciência. Ser e tornar-se: esses são os mandamentos da vida que evolui, que está indo a alguma parte, que aspira a alturas que podem ser alcançadas. A alma desperta responde a esse chamado, busca, cresce, se expande. Fazer menos que isso é afundar no cárcere das reações do ego com todas as suas dores, seu sofrimento, suas limitações, sua decadência e sua morte. As pessoas que vivem através de sua reação ao mundo que as cerca são vítimas de cada mudança no ambiente, ora felizes, ora tristes; ora vitoriosas, ora derrotadas, impactadas sem nunca impactar. Podem viver muitos anos dessa maneira, completamente fascinadas pelas percepções sensoriais e pelos altos e baixos do Eu Superficial. Chegará o dia, porém, em que uma dor será tão mais poderosa do que o prazer que, repentinamente, elas irão perceber o ego como uma ilusão, como um produto apenas das circunstâncias externas. Então, ou afundam em uma letargia animal completa, ou – afastando-se do domino dos sentidos – buscam tomar consciência de sua interioridade e alcançar o autodomínio. Nesse momento, estão no caminho para realmente viver, para efetivamente se tornar. É quando seu verdadeiro potencial lhes é revelado, e descobrem o milagre da própria consciência, da magia em sua mente.

Ser o mestre da própria vida não é algo que se alcance pelo domínio de coisas materiais, mas pela percepção mental da verdadeira causa e natureza das coisas. A pessoa sábia não tenta dobrar o mundo para que se ajuste ao que pretende, nem coage os acontecimentos a serem réplicas dos próprios desejos, mas, em vez disso, esforça-se para alcançar um nível de consciência mais elevado que lhe permita perceber a causa secreta de todas as coisas. É assim que ela encontra uma posição proeminente no que acontece: tecendo uma total harmonia com os eventos que de fato parecem formatá-la. Essa pessoa se movimenta sem esforço em meio às atividades mais extenuantes, assim como nos momentos de maior perigo, porque sua sintonia com a força mental que controla o universo é seu guia para fazer o que precisa ser feito.

Mente eletromagnética

Essa força mental que controla o universo pode ser chamada como você preferir e visualizada da maneira que quiser. O importante é entender que ela existe, saber um pouco de como atua e qual é a sua relação com ela. Por exemplo, pode ser entendida como um enorme campo eletromagnético. Todas as formas conscientes de vida então seriam campos eletromagnéticos diminutos dentro do campo universal, cada qual encontrando sua posição dentro dele segundo a espécie e a qualidade do seu próprio campo. O ponto que cada campo individual termina ocupando no campo principal seria questão de uma lei inexorável e absolutamente inevitável, como fica ilustrado pelos milhões de pessoas que realizam as mesmas tarefas vezes e vezes seguidas, com absolutamente os mesmos resultados, quase como se cumprissem um ritual. Talvez estejam sempre doentes, sempre derrotadas, basicamente perdidas [*justa barely missers*], talvez sempre sem dinheiro, sempre sem emprego. Se refletirmos mesmo que minimamente sobre nossa própria vida, é inescapável nos sentirmos surpresos como parece sermos determinados a viver a mesma situação em todos os sentidos, ano após ano, seguidamente. Essa repetição letal é a fonte da maioria das frustrações e das enfermidades mentais, e a raiz de todo fracasso.

Não obstante, isso pode ser evitado. E o modo como é evitado proporciona a completa emancipação da mente e do espírito, *pois o diminuto campo eletromagnético tem em seu interior a capacidade inerente de mudar a espécie e a qualidade desse campo de tal sorte que pode se deslocar dentro do campo principal com o poder e a segurança do campo principal até que chegue à posição requerida por sua nova qualidade de consciência.*

O ponto importante a ser lembrado dessa ilustração é que o campo eletromagnético diminuto não se movimenta por si, mas é movido pelo campo maior. E por trás desse movimento está todo o poder do campo maior. Qualquer tentativa do campo menor de se movimentar sozinho é evidentemente fútil, uma vez que é mantido onde está por um poder infinitamente maior do que ele. E é mantido *onde* está por ser *o que* é. No momento em que ocorre uma mudança em seu interior, o campo menor é levado por um poder exterior a uma nova posição dentro do campo que corresponde ao seu novo potencial.

O mundo mental

O que dissemos antes é claramente uma analogia, porém o cientista holandês S. W. Tromp, em uma obra notável intitulada *Psychical Physics*, provou além de qualquer dúvida que o ser humano emite certos campos eletromagnéticos, que a Terra em si emana um campo eletromagnético, e suas ilustrações são documentadas de maneira tão impecável que não pode existir do ponto de vista científico qualquer questionamento a respeito. De fato, podemos estar prestes a obter provas científicas daquelas áreas invisíveis da aspiração humana que, até agora, foram território de filósofos, adivinhos e sacerdotes. Nossas mais destacadas universidades fundaram departamentos de pesquisa das habilidades paranormais da psique humana, e certamente agora é somente uma questão de tempo até ficarmos frente a frente com provas irrefutáveis de nossa percepção intuitiva e do poder da mente sobre a matéria.

Vivemos em um mundo mental, não em um mundo físico. A dimensão física é apenas uma extensão da mental, e inclusive uma extensão imperfeita. Tudo o que vemos, ouvimos e sentimos não são absolutamente fatos reais e inescapáveis, mas somente a revelação imperfeita aos sentidos de uma ideia cogitada na mente. A preocupação com a experiência sensorial concentrou a atenção nos efeitos em vez das causas e conduziu a investigação científica a um beco sem saída onde tudo fica sempre infinitamente menor ou infinitamente maior. Isso nos distancia dos segredos que estão por trás da vida. Não são os planetas e as estrelas, os elementos e os ventos, nem sequer a existência da vida em si que constituem o milagre que exige nossa atenção. A consciência, sim. O mero fato de existir, a capacidade de dizer "eu". A consciência é um fato indiscutível, o maior de todos os milagres, e tudo o que se vê e se ouve no mundo são apenas efeitos colaterais.

O "eu" oculto

Ter consciência é ter consciência. Não existem tipos diferentes. O "eu" que existe em outra pessoa é exatamente o mesmo "eu" que há dentro de você. Pode parecer diferente por estar vinculado a experiências sensoriais diferentes, mas isso só ocorre porque esse "eu" permitiu-se ser condicionado por tais experiências. Na verdade, a consciência nunca é o resultado da experiência; ao contrário, é a sua causa. Onde quer que a encontremos, é essencialmente a consciência de existir, de ser "eu". Em toda a criação, existe uma única consciência básica, que reside em todas as coisas e parece ser diferente conforme as coisas nas quais se instala, mas, essencialmente, nunca muda. É inteligência, consciência, energia, poder, criatividade, aquilo de que todas as coisas são feitas. É o alfa e o ômega da existência, a causa primeira. É você.

Ralph Waldo Emerson disse que "na natureza, tudo contém todas as forças da natureza. Tudo é feito de uma só matéria oculta". Ele rasgou o véu, e percebeu que atrás da dança fascinante dos sentidos, apresentada pela miríade de formas da natureza, está a atuação da mente e da inteligência únicas da qual decorrem toda a vida e todas as aspirações. Não pode haver paz interior nem certeza ao agir sem esse conhecimento espiritual básico. As pessoas que estão isoladas das raízes do seu ser cortaram a ligação com a fonte de todo o poder e vivem sozinhas e sem recursos em um mundo hostil e ameaçador. Se uma só vez puderem perceber a real natureza da vida e de sua relação com ela, logo verão que o mundo sempre reflete seus pensamentos.

A máscara

A mente superficial, ou eu sensorial, ou, ainda, ego, é o vilão da peça que está em cena no palco humano atualmente. Como forma de vida, nós, humanos, evoluídos o suficiente para entender nossa singularidade e a separação que existe entre nós. Olhamos no espelho e entendemos que o animal ali refletido somos nós. Ficamos preocupados com a aparência e o bem-estar desse animal e refletimos sobre seus relacionamentos com o mundo e com os outros. Não entendemos de fato o que somos; somente que temos uma consciência e estamos confinados a um corpo em particular. As experiências e o conhecimento que adquirimos, com o que decidimos a respeito do seu uso, rotulamos de "eu" e, desse modo, nos iludimos ao chamar esse fantasma pelo nosso nome.

Oculto por trás desse fantasma, obscurecido por suas batalhas e fantasias, está o Eu Secreto que, mesmo escondido, ignorado ou incompreendido, nem por isso deixa de movimentar todas as peças no tabuleiro de xadrez da vida, conforme a natureza e as aspirações de cada uma delas. Nunca somos o ego ou o eu sensorial. Essas são as máscaras que adotamos quando desempenhamos os papéis que vamos encontrando na vida. O que verdadeiramente existe em nossa essência não é algo mutável, mas algo completo, inteiro, poderoso e sereno, ilimitado e eterno, que vem da fonte inesgotável da própria vida. Quando aprendemos a nos identificar com ela, então subimos a bordo de um poder tão além de nosso diminuto eu temporal que nossa vida muda da maneira mais admirável.

O eu aprisionado

"Ser o que somos e tornarmo-nos o que somos capazes de ser", como disse Robert Louis Stevenson, "é o único propósito da vida". Porém, quando constrangemos nosso direito de nascença divino aos grilhões de limitações mentais e espirituais, não nos restam outras alternativas além de estagnação e dor. Enquanto reagirmos apenas aos estímulos que o mundo externo nos impinge, não temos outra escolha que não sermos vítimas de cada circunstância. Presos aos sentidos, rodopiamos ao comando de cada estímulo, ora agressivos, ora amedrontados, ora exuberantes, ora buscando a morte, ou a vida, mas sempre nossa paz interior e nosso equilíbrio estão nas mãos de algo que não entendemos nem controlamos. Nessa medida, somos marionetes, movimentados por fios invisíveis, rodopiando no torvelinho da vida como pedacinhos de papel ao vento. Se, porventura, reunimos conhecimento suficiente para perceber quanto somos impotentes, então o mais comum é sermos tragados por uma tristeza avassaladora que faz qualquer esforço de nos libertar parecer quase inimaginável.

No entanto, no instante em que fazemos uma pausa na corrida pela vida, em que nos atiramos de cabeça e então vemos que não estamos seguindo de acordo com nossas próprias decisões nem em resposta a elas, mas só reagindo ao mundo à nossa volta, nesse momento damos o primeiro passo rumo à liberdade. Somente quem sabe da própria escravidão pode aspirar a ser livre, assim como a verdadeira liberdade só é possível para quem viveu algemado. Todos os nossos ódios, amores, medos, invejas, aspirações e logros são, em sua maior parte, produto das circunstâncias ou de códigos e hábitos falsos e limitadores; mais frequentemente, são o pavor instintivo de montanhas que não passam de montinhos de terra feitos pela toupeira. A solução em todos esses casos é a pessoa encarar a situação, desafiando-se a dar seu melhor, trazendo à luz sua verdadeira natureza e, dessa maneira, renunciando à aliança com a cupidez do ego que tanto ilude como a torna cega, para sempre levando-a a pensar que é maior do que os outros e menor do que de fato é.

O poder libertador

Não é necessário que você se torne um místico, nem sequer um filósofo e certamente não um metafísico melancólico para começar a entender o lado espiritual da existência e definir a causação mental em sua vida que lhe dará controle sobre as circunstâncias. Entretanto, o que *é* necessário é que você não descarte de imediato tudo o que tenha a ver com o espírito apenas porque esse é o domínio oficial da religião. Você pode ser cristão, hinduísta, muçulmano, budista, taoista, xintoísta, mas isso só aumenta sua responsabilidade humana como indivíduo de refletir seriamente sobre todas as questões relativas ao mundo, à vida e à morte de seu ser individual. Somente quando você se envolver diretamente com sua essência mental, somente quando chegar à constatação da natureza efêmera e volátil do "eu" é que se tornará evidente que tudo está em um constante estado de crescimento, desenvolvimento e aspiração, e que não existem limites, términos e derrotas, que tudo é possível a quem antes de tudo concebe a imagem em sua mente.

Existe em nós o poder de uma libertação completa, proveniente de seja qual for a mente ou a inteligência que está por trás da criação. Por meio desse poder, somos capazes de nos tornar qualquer coisa e de fazermos qualquer coisa que pudermos visualizar. O elemento mental de que somos feitos é de uma espécie e qualidade que responde à formação de imagens em seu interior com a criação de uma contrapartida discernível pelos sentidos. Desse modo, qualquer imagem que nossa mente sustente é altamente provável que se traduza no mundo material. Não há o que possamos fazer a respeito. Enquanto estivermos vivos e pensando, haverá imagens em nossa mente e essas imagens se tornam as coisas na nossa vida. Portanto, enquanto pensarmos de certo modo, temos de viver de certo modo, e isso não muda, seja qual for a força da nossa vontade e do nosso desejo; somente a visão que existe em nós pode fazê-lo.

A lei da vida

É triste e impressionante ver em quantos milhares de pessoas seu mecanismo mental continua seguidamente lhes proporcionando aqueles mesmos efeitos que elas dizem não desejar. Lastimam o fato de serem pobres, mas isso não as torna ricas. Queixam-se de dores de vários tipos, mas continuam doentes do mesmo jeito. Dizem que ninguém gosta delas, o que significa que elas não gostam de ninguém. Não são audaciosas, não são firmes, não são imaginativas, vacilam e tremem mentalmente, são facilmente tomadas por ilusões negativas. Simplesmente não importa que imagem está em sua mente. Ela acontece mesmo assim, com a mesma fidelidade e prontidão, seja uma imagem de pobreza, doença, medo ou fracasso, de riqueza, saúde, coragem ou sucesso. Esta é a lei da vida: todas as coisas, boas ou más, são construídas a partir da imagem que está na mente.

Quem caminha na corda bamba se equilibra rapidamente naquele suporte elástico e estreitíssimo. Lá no alto, oscilando para cá e para lá, a pessoa andando naquela fina fita preta parece desafiar todas as leis normais do comportamento. O espantoso não é que consiga fazer aquilo tão bem, mas que nem sequer se arrisque a tanto. Não obstante, o que está fazendo é um resultado inescapável da lei mental. Muito antes de dar os primeiros passos incertos no fio esticado, essa pessoa traçou uma imagem em sua mente. Ao longo de todas as suas primeiras tentativas fracassadas, essa imagem persistiu. Ela se viu ágil, equilibrada, caminhando com habilidade no fio balouçante, e essa visão a sustentou durante todos os fracassos iniciais. Agora, exibe sua habilidade e coragem diante da própria morte, imperturbável, diante de espectadores de queixo caído. A pessoa está segura, calma, confiante, livre de todo o medo e desconfiança, graças ao apoio da imagem em sua mente.

O poder da imagem

O poder mental da imagem é a imaginação, mas exatamente o que é a imaginação e de onde vem parece que ninguém sabe. Um famoso cirurgião teria dito que, mesmo tendo aberto uma grande quantidade de cérebros, nunca viu nem encontrou um só pensamento. Seguramente, a imaginação não é uma propriedade exclusiva do cérebro mais do que um braço, uma perna ou o estômago. Pensar não é algo que acontece em uma parte do corpo, ou mesmo no corpo inteiro, mas em quem o habita. Essa é a função que permite à consciência identificar o que a rodeia e se conhecer. Somente quem pensa pode dizer "eu". Somente quem é capaz de dizer "eu" é capaz de formar em seu interior imagens que mais ninguém conhece.

A eterna busca por conhecimento e capacitação, que é a coisa mais aparente da vida, sempre é resolvida pelos dois elementos principais desse esforço: quem conhece e a coisa a ser conhecida. Por definição, parecem elementos distintos; comumente, vemos que as pessoas lidam com o mundo externo tabulando a maneira como ele se impõe aos órgãos dos sentidos. Uma coisa tem este comprimento e esta largura, pesa tanto e tem tal solidez e tal cor. Recebe um nome e, desde que nas próximas vezes em que for encontrada mantenha a maioria de suas características originais, as pessoas a reconhecem como tal e sabem do que se trata quando a veem. Se perguntarmos a alguém se essa coisa está perto, a pessoa pode dar uma resposta imediata, pelo simples fato de estar vendo o que está em volta. Se a presença dessa coisa produz alguma espécie específica de efeito, como medo, raiva, amor ou tensão, então podemos dizer que a simples presença ou ausência dessa coisa afeta materialmente a vida da pessoa. Nesse caso, seu estado mental não advém de sua própria determinação, mas, em vez disso, é resultado do objeto que evitam ou com o qual interagem no mundo externo.

Visão interior

A vida em suas formas animais e vegetais é puramente uma questão de reação. Primeiro existe o organismo e depois existem os elementos que impõem sua presença a ele. O conflito então engendrado é resolvido no processo da evolução em que cada organismo busca superar os obstáculos que encontra. Porém, essa influência, nos estágios inferiores da evolução, aparentemente vem apenas de fora e resulta de processos e forças que controlam o organismo. A natureza controla o mundo e a vida com mãos de ferro, e os animais inferiores assim como a vida vegetal são inexoravelmente levados por um caminho que não entendem, nem podem evitar. Uma coisa é do tipo que é por meio de um processo criativo que parece ser externo a ela. A própria existência, em qualquer forma ou formato, parece estar além do poder e do escopo do ser individual. Nascemos e morremos, e nada dentro das forças ou do conhecimento de que temos ciência pode ajudar ou interromper esses eventos. E, na medida em que vivemos em resposta aos sentidos, somos apenas autômatos. O desenho da nossa vida está predestinado pelas circunstâncias com que nos deparamos.

A imaginação é a ferramenta com a qual nos libertamos de nossa prisão. Podemos decidir o que pensar. Podemos decidir produzir pensamentos a partir de alguma nascente interna secreta, em vez de em resposta aos estímulos do mundo externo. Podemos decidir que as imagens em nossa mente não serão mais produto das condições que vêm ao nosso encontro, e, em vez disso, nossas visualizações serão resultado de nossos recursos e nossas forças interiores, de acordo com nossas metas e nossos desejos. Desse modo, a qualidade da nossa consciência será moderada por nossas verdadeiras motivações e imediatamente nos libertaremos da armadilha de derrotar nossos propósitos dando crédito a cada obstáculo. A lei inalterável é esta: somente o que está enraizado na mente pode se tornar um fato no mundo. É dessa maneira que a pessoa cuja consciência é influenciada somente pelos objetivos e pelos propósitos que estão definidos em seu íntimo fica livre de toda derrota e de todo fracasso, pois os obstáculos então são apenas temporários e não surtem efeito em seu ser interior. Somente o que estiver de acordo com a visão interna da pessoa é que será bem-vindo e terá permissão para criar raízes no ambiente plástico e criativo do Eu Secreto.

O Eu Secreto

É o conhecimento do Eu Secreto e a fé nele que constituem a chave do uso correto da imaginação. Ninguém vive no escuro quando sabe onde está a luz. Entender o Eu Secreto é se livrar da sujeição às circunstâncias, é libertar no íntimo um poder complexo, é proporcionar à vida um funcionamento perfeito e a serenidade perfeita. Essa entidade no interior de cada um de nós, que não é o ego, nem as experiências, nem o tempo ou as circunstâncias, o lugar ou a posição, é apenas a consciência, o "eu" desprovido de todos os acessórios, exceto o puro senso de existir. Esse é o eu que contém todo o poder e cuja essência é maior do que o indivíduo, maior do que dez mil indivíduos; é a estrutura de sustentação sobre a qual todas as coisas são erguidas, é o eu evolutivo do universo, que não está confinado ao corpo, a um tempo, a um lugar ou a uma condição, mas se encontra em todos os tempos, lugares e condições. É infinito, eterno e único, mas facilmente se manifesta como finito, temporal e múltiplo. Tudo está contido nele, assim como cada qual o contém todo, pois, por sua própria natureza, está em toda parte ao mesmo tempo.

O Eu Secreto é atemporal e eterno. É o eu do universo e o eu de cada um de nós, o seu eu. Nunca nasceu e nunca morrerá. Penetra cada uma de suas criações e se torna essa criação. O que acontece na vida, no mundo e no universo é completamente a sua atuação e resultado de seu propósito secreto e de seu objetivo desconhecido. A natureza de seu ser é mental. Sua essência é dinâmica e criativa. É o elemento eterno que ocupa o espaço e o tempo por completo e em que não existem dimensões. É tudo fins e meios, opostos e extremos, e é infinitamente criativo. A miríade de formas da vida é tão somente uma mínima indicação da vastidão de seu potencial para a plástica multiplicidade que advém de sua unicidade essencial.

Ascendência mental

O Eu Secreto está dentro de você. Não é uma dádiva de uns poucos afortunados, enquanto outros são privados dele. O Eu Secreto existe totalmente no cerne de cada um de nós. Na medida em que pudermos nos divorciar do mundo, do ego e dos estímulos sensoriais, iremos nos tornar cada vez mais cientes de sua existência interna e nos empenhar conscientemente para nos identificar com ele. É por meio dessa identificação que são semeadas as sementes do poder. A pessoa que conseguir se desvencilhar das limitações do ego e aprimorar a qualidade de sua consciência pelo uso disciplinado da imaginação será capaz, por meio de uma identificação direta, de se unir ao Eu Secreto e, com isso, obter uma parcela de seu poder de perfeição. O potencial para alcançar esse objetivo assombroso está em cada um de nós. Recorrendo à ascendência mental interior e à definição da imagem, chegamos a nos tornar um só com os propósitos do Eu Secreto e, assim, nos tornamos infalíveis em nosso trabalho e em nossos objetivos.

Essa é uma pílula bastante grande para se engolir. Nossa sociedade materialista e sua reverência pelos produtos da ciência extirpou três quartos da nossa mentalidade. Tornamo-nos demasiado preocupados com o mundo, com o que é, o que contém, como usá-lo, e hoje sabemos pouco mais das origens e dos propósitos da vida do que antes de os humanos se tornarem capazes de ler e escrever. Quando sabemos alguma coisa sobre os princípios do motor a gasolina, da geração e da transmissão de eletricidade, da fabricação e do refino do aço, de eletrônica e radiotransmissão, é difícil admitir a possibilidade de que algo radicalmente oposto ao ponto de vista científico possa estar baseado em fatos. A ciência diz que "as leis da natureza são supremas e os humanos devem aprender a viver com elas a fim de prosperar". Agora surge esta teoria diametralmente oposta: "A natureza serve à mente, não a mente humana que conhecemos, mas a Mente Suprema ou Eu Secreto, que está por trás da vida, esse Eu Secreto que está no interior de cada um de nós. Podemos vir a conhecê-la e usá-la e, desse modo, transcender as leis da natureza e nos libertar da escravidão aos sentidos e ao mundo material".

Os pensamentos se tornam coisas

O que acontece na vida é a evolução do indivíduo para completar sua união com o Eu Secreto. O ser universal que está na base da criação diferenciou-se em formas finitas, assumiu disfarces por assim dizer, para evidenciar as múltiplas facetas de sua natureza eterna e infinita. Portanto, quem expande sua consciência está atendendo ao mais caro desejo da vida. Não é necessário que nos tornemos santos para entender tanto do Eu Secreto quanto é preciso para usar seu poder em nossos assuntos. Basta conhecer esta lei: aquilo que aceitamos como uma imagem mental permanente em nossa consciência deve se manifestar em nosso mundo, pois, na vida, nós nos tornamos aquilo que somos na consciência e nada pode mudar esse fato.

É preciso muita coragem para admitir para si mesmo que, se você está doente, assustado, frustrado ou derrotado, essas condições foram causadas por você mesmo e ninguém mais pode livrá-lo de qualquer uma delas. De vez em quando, uma pessoa muito atormentada experimentará o poder da mente para se curar, mas só o utilizará da maneira mais afobada. Se, por exemplo, está doente e sente dor, pode dizer: "Eu me vejo bem e feliz, mas sinto a mesma dor de sempre". O que ela absolutamente não fez foi se ver bem e feliz. Ela se viu doente e com dor. No instante em que começar a se ver bem e feliz, vai se sentir bem e feliz. Essa não é uma lei que funciona de vez em quando, só uma parte do tempo ou em ocasiões auspiciosas. Ela funciona o tempo todo e da mesma maneira. E, neste momento, está lhe devolvendo no mundo material as imagens que você mantém em sua mente. Você não tem como escapar delas. Elas o rodeiam, sustentam ou atormentam. São boas ou más, animadoras ou deprimentes, alegres ou dolorosas, de acordo com a visão que as incita. Enquanto você tiver vida, enquanto pensar e imaginar, estará literalmente cercado dia e noite pelas imagens que se destacam em sua consciência.

Controle do pensamento

O surpreendente poder do Eu Secreto é que ele sempre manifesta a imagem que visualiza. Nada ilustra melhor esse fato do que os experimentos com hipnose. Uma pessoa pode sentir uma dor insuportável que nem narcóticos pesados conseguem aliviar, mas, se for profundamente hipnotizada e lhe disserem que não há nenhuma dor, pronto, não há mais dor. Alguém pode ter um medo intenso e constante de multidões, mas, em hipnose, recebe a sugestão de que gosta de multidões, e eis que, de repente, passa a gostar de multidões mais do que tudo na vida. A pessoa pode se tornar mais forte, curada de uma enfermidade, mais astuta, mais firme, dona de resiliência e da força de não se deixar dominar, e tudo porque essas coisas foram instaladas em sua psique como fatos, e a imagem em sua mente se forma a partir disso.

As pessoas então passam a pedir indicação de um bom hipnotizador, pois querem ser astutas, fortes, bem-sucedidas e todas as coisas boas, além de livres de fraquezas, dores e fracassos. A hipnose pode fazer isso tudo, se você estiver a fim de abdicar de ser quem tem o comando da sua vida. Se quiser que outra pessoa esteja no comando a cada hora de cada dia, pelo resto de sua vida, então entregue-se a um hipnotizador e ele pode refazer sua vida de acordo com a imagem que você preferir. No entanto, a diferença será pequena. Você ainda estará no veículo, mas não mais como condutor. Se o esforço, o empenho e a superação de obstáculos são os estímulos do crescimento que o Eu Secreto pretende que sejam, então seguramente você terá abdicado da vida propriamente dita.

Você não precisa de um hipnotizador para empregar o poder do Eu Secreto na construção da sua vida. Nenhum hipnotizador consegue superar as imagens negativas criadas por sua mente a menos que esteja ao seu lado vinte e quatro horas por dia. Somente você está em contato ininterrupto consigo. Desse modo, você é a única pessoa que tem condições de policiar os pensamentos e as imagens que engendra. Se permitir que a imagem seja incitada por algo externo, então você não tem controle sobre sua vida. De todo modo, a magnífica promessa do Eu Secreto é esta: *você pode mudar a sua vida modificando as imagens em sua mente, pois o que enfim vem até você é somente o que aceitou em sua consciência.*

Hoje existem muitas pessoas que concordam com essa premissa, mas rapidamente apontam que a maioria das imagens da consciência é constituída de projeções do subconsciente e não escolhas delas próprias. Aparentemente, muitas escolas de psicoterapia estão de acordo com isso, pois sua proposta é de um tedioso e prolongado tratamento destinado a expurgar do subconsciente as lembranças de acontecimentos amargos e dolorosos que podem provocar imagens mentais disfóricas. Sete ou oito anos desse processo não esvaziam de maneira significativa as lembranças dolorosas do subconsciente da maioria dos pacientes. De todo modo, se um tratamento é realmente eficaz, não pode levar tanto tempo. O mais triste da moderna escola psicanalítica de "pôr a culpa em mais alguém" é que quem está fazendo psicanálise aceita isso como justificativa para explicar sua incapacidade de vigiar a própria consciência e, com isso, espera que daí em diante essa vigilância seja realizada expulsando os criminosos da área. Se essa pessoa obtém alguma medida do que parece uma consciência modificada pela atuação de um psiquiatra, ela logo retorna ao mundo cheio de pensamentos e ideias negativas, e apenas porque não é capaz de policiar a própria mente rapidamente encontra aceitação ali. Você pode não ser capaz de mudar a posição dos astros, de impedir que a Terra gire, fazer os ventos soprarem ou acalmar as águas do mar, mas pode, *sim*, escolher o que pensa. Você pode pensar o que quiser pensar. Pode pensar somente em resposta a uma visão interior e um objetivo secreto. E, se ficar firme, com coragem e determinação, será bem-sucedido e não se sentirá intimidado, conseguirá projetar sua imagem com clareza e veracidade, e o equivalente a essa postura voltará a você no mundo.

Casey do poço seco

Em uma pequena cidade na costa oeste da região dos Estados Unidos conhecida como Great Divide, vivia um homem que, ao longo de toda a sua vida, tinha construído uma existência lamentável. Durante trinta e cinco anos trabalhara com a perfuração de poços de petróleo, seguindo as trilhas da exploração de petróleo por todo o território dos Estados Unidos. Durante todos esses anos, cavou 34 poços sem nunca achar petróleo, em tentativas no Texas, em Oklahoma, no Kansas, em Louisiana, na Califórnia, no Novo México, no Arizona, no Colorado, em Wyoming, sem nunca ter êxito. Depois de um tempo, as companhias de exploração não o contratavam mais. Começou a ser chamado de Casey do Poço Seco; era um bom sujeito, mas absolutamente azarado. Por fim, conseguiu trabalho em uma mina no Colorado e ia levando os dias sem qualquer esperança. Porém, guardou seu equipamento de perfuração, seu primeiro amor. Nos fins de semana, ficava no quintal de casa engraxando e limpando aquelas peças, que manuseava com o cuidado de um ritual.

Um dia, no final da primavera, quando a neve se estendia como um campo cintilante recobrindo o alto da encosta das montanhas, enquanto os cursos d'água seguiam volumosos e agitados, ele saiu para andar pela floresta e acabou se sentando para contemplar a vista do vale lá embaixo. Era uma área de desnível fechada em três lados por blocos de granito que se projetavam do solo. Aquela região escondia minas de diversos tipos e tinha reservas de chumbo, zinco, prata, tungstênio e manganês. Casey olhou para o lado esquerdo, onde a bacia acabava formando um platô. De repente, surgiu em sua mente a imagem perfeita de uma falha anticlinal, que é o tipo predominante de um bolsão profundo de petróleo. Essa imagem parecia se sobrepor com tanta força à cena que tinha diante dos olhos que ele quase podia ver o petróleo sob a superfície do terreno. Casey ficou abalado com essa visão e não conseguiu resistir a ela. Era como uma súbita visita divina e ele foi embora absolutamente seguro de que aquele pequeno vale era um grande campo petrolífero.

No dia seguinte, largou o emprego na mina e, com as economias que tinha, conseguiu uma licença de uso da terra onde tinha visualizado o terreno que lhe parecia mais favorável. Agora, precisava reunir capital para completar a licença de uso e ter fundos para perfurar um poço inicial. Essa era uma tarefa gigantesca já que todos os que o conheciam também sabiam de seu histórico de insucessos. Mas a visão em sua mente continuava lá e o motivou a pegar um ônibus para uma cidade no Leste em busca de fundos. Ao final de uma semana desanimadora, acabou indo a um parque onde se sentou em um banco ao lado de um senhor calado, que estava alimentando os esquilos.

O dia estava quente e ensolarado e os esquilos estavam em plena atividade, brincando e "aprontando" com a comida que era oferecida. Os dois riam das manobras dos animais e começaram a contar casos sobre esquilos e histórias de outros tempos, concordando que os animais não sofriam das mesmas loucuras que acometiam a humanidade. Animados pela companhia que faziam um ao outro, resolveram ir almoçar em um restaurante nas imediações. Durante a refeição, o explorador de petróleo contou para o novo amigo sua visão e seus problemas. O homem mostrou-se interessado, fez várias perguntas sobre a visão de Casey durante o passeio na montanha e pareceu impressionado que a imagem continuasse tão forte. Então perguntou de quanto dinheiro Casey precisava e ele respondeu que eram 50 mil dólares. O novo amigo de repente disse que lhe daria o dinheiro e que seriam sócios meio a meio.

Parecia uma coisa incrível, mas ali estava: um conhecido inesperado, sentado à toa em um banco no parque, e agora o dinheiro tinha aparecido. É quase um anticlímax acrescentar que no poço então perfurado ele encontrou um rico campo petrolífero. Simplesmente não havia alternativa e o homem que investiu o valor necessário sabia que faria isso, tendo ele mesmo passado por experiências suficientes com o poder de sua visão interior manifestando-se no mundo, o que o deixava absolutamente seguro de sua posição. Em momento nenhum ficou remoendo os fracassos anteriores do novo sócio; apenas prestou atenção na visão que agora dominava o aventureiro.

Como dissolver a máscara da vaidade

Que estranha alquimia instigou Casey a ter em mente essa visão tão nítida que, em seguida, fez dele um homem rico, quando antes sua vida inteira tinha sido uma sucessão ininterrupta de fracassos? Certamente os poços que tinha perfurado antes também tinham sido uma resposta a alguma visão. Por que não tinham dado certo?

Não tinham dado certo porque a visão anterior de Casey era de fracasso. Claro que ele negaria isso, mas é verdade. Talvez a sensação de um grande risco associada à busca de petróleo pulsasse em seu subconsciente. Talvez achasse que suas chances de sucesso fossem reduzidas. Talvez estivesse consciente do fato de haver milhares de acres de terra sem petróleo sob seus pés. De todo modo, sua visão era de fracasso, por qualquer motivo que fosse, e ele fora levado a tomar providências que inevitavelmente fizeram com que instalasse seu equipamento em solo árido. E em dois casos em que realmente tinha perfurado solo produtivo, em um deles parou a escavação apenas oito metros acima da camada de petróleo, e no outro não realizou um teste com a areia que posteriormente revelou a possibilidade de vários milhares de barris. Mas ele não conseguia se controlar. E estava somente seguindo as instruções da visão em sua mente.

Agora, perceba como foi diferente seu comportamento no caso da descoberta do campo anticlinal. Ele *viu* o petróleo. *Sabia* que estava lá. Não havia a menor dúvida em sua mente e foi com essa certeza que Casey agiu. Dessa vez, ele não resistiu. Sua visão era de que o campo seria produtivo e foi o que aconteceu.

Por quê? Por que ele enfim teve uma visão positiva depois de tantos anos dedicados a uma imagem negativa? Essa pergunta não pode ter uma resposta certa sem um estudo aprofundado desse homem, mas a maior probabilidade é que o fator debilitante e paralisador tenha sido o medo. Mais do que qualquer outro fator isolado, o medo desencaminha e distorce a nossa visão. Muito provavelmente, Casey tinha medo de fracassar e essa apreensão distorcia sua visão interior de sucesso e fazia dela uma visão do fracasso. Enquanto o medo continuasse vivo em seu íntimo, ele não poderia vencer. Por fim, depois de chegar ao fundo do poço, quando o trabalho que amava o havia rejeitado e ninguém mais o contratava, o medo simplesmente o deixou. Tudo de pior já tinha acontecido. O que mais havia para temer? Nessa atitude psicológica de alívio, o Eu Secreto conseguiu atravessar a máscara da vaidade e a visão que se seguiu então inevitavelmente levou Casey ao sucesso.

A mente manda na matéria

Jonathan Swift escreveu que "está documentado que, em diversas ocasiões, 11 mil pessoas preferiam morrer a se submeter a quebrar o ovo na ponta menor". A resistência da mente humana a mudar é espantosa, especialmente quando parece tão óbvio que a própria vida não é nada além de mudanças. Verdadeiras multidões, incluindo pessoas muito inteligentes, defendem a noção de que todas as causas estão no mundo físico e que a mente apenas observa. Esses indivíduos parecem decididos inclusive a morrer alimentando esse ponto de vista assustadoramente errôneo, ainda que sua própria atitude interior desminta esse posicionamento, ainda que seus chavões preferidos exaltem o predomínio da mente sobre a matéria.

Nas paredes de vestiários assim como nas paredes de salas de reunião *slogans* emoldurados enaltecem seus lemas: "Quem desiste nunca vence. O vencedor nunca desiste"; "O time que não se deixa derrotar não pode ser derrotado"; "Faça de coração. Tudo o mais se seguirá"; "Tome a decisão e construa o futuro". Mas essas exortações verbais para se adotar uma visão sensata são consideradas máximas somente em termos de um esforço grupal, em termos de se reunir um grupo em nome de um propósito, enquanto a tremenda importância da criatividade individual é amplamente ignorada. Seguindo uma visão interior, todas as coisas são feitas: a ponte é construída, a torre é erguida, o poço de petróleo é perfurado, o filme é realizado, o livro é escrito, o quadro é pintado, a música é composta, o espaço sideral é explorado, os segredos do átomo são revelados.

Não existe absolutamente o que se considere uma realização a menos que seja precedida pela visão dessa realização. Você simplesmente não estende o braço para pegar um prato na mesa sem antes ter tido essa imagem mental. Todas as coisas acontecem com as pessoas de acordo com as imagens que se formam em sua mente. O esforço despendido neste mundo para escapar a destinos que são inevitáveis é suficiente para construir uma torre que chegue ao Sol. Nenhum montante de movimento ou dispêndio de energia física pode surtir efeito contra uma imagem mental equivocada. Nesse mesmo sentido, quem possui a imagem mental correta é direcionado a executar o trabalho que deve ser feito, sem esforço, quase com indiferença. Neste mundo, a maior parte dos esforços e das batalhas vem de pessoas aprisionadas em circunstâncias indesejadas por visualizações mentais incorretas, e o fato de que visualizam justamente aquilo que juram abominar é a situação contraditória que ocupa tantos divãs de psiquiatras.

O controle do destino

O filósofo holandês Benedict de Spinoza disse que "enquanto a pessoa imaginar que não pode fazer isto ou aquilo, na mesma medida está decidida a não fazê-lo. Portanto, nessa medida é impossível que chegue a fazê-lo". A imagem que é formada na mente, boa ou má, terá consequências inevitáveis. O problema não está no fato mental ou espiritual da concretização física da visualização mental, mas, sim, em encontrar a chave que permita a cada pessoa formatar imagens mentais à vontade, mantê-las até que se realizem e não permitir a invasão de outras imagens enviadas pelo subconsciente recalcitrante e que tantas vezes vão em sentido contrário aos desejos da mente consciente. Nos recessos mais escondidos da psique humana, são formadas sementes que motivam uma vida toda, e ou nos submetemos a esses estímulos invisíveis ou assumimos seu comando. Se nos submetemos, nossa vida será comandada por uma fonte além do nosso controle consciente. Se assumimos o comando, tornamo-nos senhores do nosso destino.

Assumir o controle nunca é tão simples quanto parece. Exige uma firmeza e uma audácia que somente poucos possuem naturalmente. A maioria das pessoas vive como completos escravos de suas reações, vítimas absolutas dos comandos do subconsciente, e raramente ou nunca sequer pensamos que é possível superar nossas sensações e reagir de uma maneira inteiramente diferente da que a ditada pelas circunstâncias. Por exemplo, se você está fazendo um teste e o fracasso parece inevitável, você apenas o torna uma certeza resignando-se, mas se sustentar suas forças com a visão de que terá vitória, opondo uma resistência absoluta à importunação de um fracasso e de um desastre, quem sabe os milagres que podem ocorrer? A visão mental que resiste a todos os estímulos sensoriais torna-se por fim algo em si, e sua resolução como fato objetivo no mundo material clama ser enunciada e não será sufocada. A vasta criatividade da natureza advém da infinita potencialidade do Eu Secreto. Qualquer coisa que possa ser concebida certamente terminará sendo criada como um fato material sólido para que o mundo o testemunhe. Não existe a ideia sem uma resolução visível, pois a grande plasticidade do Eu Secreto molda cada uma das ideias ali contidas, e a pessoa que tiver um pensamento também terá algo, desde que sustente essa imagem com clareza.

Criatividade

A criatividade não faz parte do eu superficial, do ego, da mente consciente, do ser físico ou sensorial, mas emana do Eu Secreto e ascende através dos níveis da consciência, assumindo forma e formato por meio de uma força vastamente superior ao pequeno "eu" individual e infinitamente mais poderosa do que ele. Essa parte da pessoa que é a mais poderosa de todas é invisível, parece completamente separada dela, está escondida nos mais fundos recessos de seu ser, não tem nome pelo qual ser chamada, não é reconhecível pelos sentidos físicos, não pode ser coagida, mas responde de modo inato e completo a imagens. Esse é o grande e plástico Eu Secreto do qual são feitas todas as coisas, o eu criativo do universo, que se mantém o mesmo por trás de todas as diferenciações, eternamente uno em meio à multiplicidade. Esse é o Eu Secreto dentro de você, que não é diferente de você e que, em última análise, é inteiramente você. Você não é a mente consciente, o ego, a memória ou a criatura sensorial, mas alguém nascido diretamente da mente que formulou e construiu o universo.

E você não é diferente dessa mente, mas está vinculado a ela por uma construção mental e espiritual que faz de você e dela a mesma coisa.

Abandonar o eu superficial e buscar o autoequilíbrio nas regiões mais profundas da consciência é o caminho para o poder e a perfeição no fazer, pois, quando nos sintonizamos com a força vital e com a entidade mental que nos dá consciência e vive em nós, então, por um processo de identificação, assumimos a eficiência e a potência da entidade eterna e infinita da qual provém nossa existência individual. Nossos horizontes se expandem, nossa consciência se amplia. Ali brota e ascende de nascentes secretas e subterrâneas um poder continuamente maior e incessante para o entendimento perfeito e para a perfeição. Nossa fé é depositada com simplicidade e uma confiança inabalável no poder inerente do Eu Secreto de devolver como fatos materiais as imagens mentais que vivem dentro de nós, e não precisamos da chave que destranca o universo para usarmos com eficiência essa lei fundamental. Não nos perturba que existam portas no domínio mental e espiritual que até este momento não tenham sido abertas. Não precisamos conhecer tudo nem entender tudo para usar as verdades que descobrimos até aqui. Vivemos na consciência de que a vida é uma aventura mental e não uma jornada física.

Conhecimento, a grande alavanca

Todos nós já vimos pessoas realizando grandes feitos sem esforço. E outras batalhando freneticamente em busca do mesmo objetivo e só conseguindo sempre falhar. De todos os modos nos asseguram que dar duro é o que faz a pessoa ter sucesso, mas quase no mesmo instante enxergamos que, às vezes, o empenho não redunda em realizações, enquanto a sorte, muitas vezes, sorri para pessoas que parecem não se esforçar em nada. Disse Shakespeare que "existe uma maré nos assuntos humanos que, quando bem aproveitada, leva à boa sorte". Há o relato de um homem cuja fornalha em sua casa se recusava a funcionar. Então, ele chamou alguém para consertar. O sujeito deu uma batida na fornalha com um martelo e ela imediatamente começou a funcionar. Então, ele apresentou uma conta no valor de cem dólares. O dono da casa, enfurecido, reclamou que aquilo era um absurdo e exigiu que o encanador descrevesse os itens que somavam esse total. O sujeito concordou e acrescentou na nota de serviço: "Dar uma martelada, um dólar. Saber onde dar a martelada, 99 dólares".

Não é quanto nos empenhamos que faz a diferença, mas o que acaba sendo feito. Não são as lamúrias e o ranger de dentes que contam, mas o que é construído e realizado. O conhecimento da simples alavanca, há seis mil anos, poderia ter economizado um milhão de horas de um trabalho extenuante, e se, no tempo de Cristo, existisse a televisão, a Igreja Cristã teria realmente uma estrutura diferente.

Saber onde e quando agir, como tão bem ilustra o caso do encanador, é o objetivo a ser buscado, não a energia para cruzar um milhão de vezes um lugar que nem precisa ser cruzado. Conhecimento é o que importa, não o esforço físico. Todas as coisas existem por conta de causas mentais, e surgiram no mundo físico em resposta a ideias que estão na mente. A mente é a causa primeira, e as pessoas guiadas por esse conhecimento descobrem a fonte do poder.

Seu Eu Secreto é um eu gigantesco que reduz a nada sua mente superficial e seu ego. É um eu ilimitado no espaço-tempo; para ele qualquer coisa é possível. Suas manifestações na dimensão humana às vezes parecem sobrenaturais. O Eu Secreto aflora nos nossos gênios, nas pessoas que têm "clarividência", em nossos artistas, descobridores, pioneiros. Sua presença pode estar intimamente relacionada com os campos da parapsicologia da percepção extrassensorial, da precognição, da clarividência, da transferência de pensamentos. Está na base de todas as iniciativas e aspirações humanas como a inteligência que orienta a evolução. A vida está indo para alguma parte elevada, valiosa e sublime, e o caminho por meio do qual esses planos mais altos são alcançados é seguro e bem conhecido. Somente no conhecimento parcial existe confusão, e somente em virtude da visão separada e incompleta do eu superficial é que nos tornamos impotentes e amedrontados em um mundo que deveria ser nosso. A mente pequena instalada imediatamente atrás dos nossos olhos não enxerga os horizontes nem tem a consciência expandida para ver o todo maior, o objetivo mais elevado e valioso do Eu Secreto. Todo sofrimento individual, assim como as frustrações e os fracassos decorrem da incapacidade da mente superficial de encontrar e adequadamente se identificar com o Divino. Quando nos distanciamos das verdadeiras raízes do nosso ser, nos desalinhamos do poder e da certeza do Supremo. Quando nos imaginamos moldados somente pela mente sensorial, ficamos como o rabo cortado da cobra, ainda capaz de se movimentar, mas agora sem rumo, sem propósito ou entidade, ao léu, rabiscando na poeira figuras alucinadas.

O gigante interior

Somos um único corpo, uma única mente, habitados por uma única inteligência profunda. Não somos partes infinitesimais de um todo infinito e incompreensível, mas somos esse próprio todo, essa mente inteira, essa grande e vasta inteligência da qual o universo evoluiu. Tudo o que está contido no universo está contido em nós. Se realmente nos entendermos, iremos entender o mundo e tudo o que existe nele.

Você pode ser o que quiser, fazer o que quiser, seguir o caminho que preferir, tornar-se mestre do próprio destino, comandar seu futuro, mas não fará nada disso reclamando das circunstâncias, revoltando-se freneticamente contra o que acontece e com as pessoas, simplesmente porque parecem não estar de acordo com seus planos. Somente percebendo o propósito oculto por trás do que acontece, a verdadeira motivação que move as pessoas, é que você será capaz de se sintonizar com a vida e agir conforme as gigantescas marés que trazem o futuro. Essa faculdade é sua, assim que você houver vislumbrado a existência do Eu Secreto e estiver disposto a viver de acordo com ele em vez de em função do eu superficial que o guiou até esse ponto.

Todos aspiramos a determinadas metas, desejamos aprimorar nosso entendimento e nossas habilidades. Não estaríamos vivos se o crescimento não nos fosse inerente, mas muitas vezes nosso crescimento se torna calcificado por ser rodeado por camadas impermeáveis de egocentrismo e presunção. Esse egocentrismo não é necessariamente apenas o interesse por aquisições e pode inclusive ser exemplificado por uma generosidade excessiva. É simplesmente uma preocupação essencial com o ego, viver conforme os ditames do "pequeno eu" que constitui o autoconhecimento da pessoa comum. Essa presunção faz do conhecimento de si um julgamento constante, uma comparação com os outros, favorável ou desfavorável. Alimenta-se de bajulação e vitórias, e é dizimado por críticas e derrotas. Não tem uma existência real e depende inteiramente das circunstâncias e das reações que elas desencadeiam em seu interior. Por conseguinte, está sempre triste ou exultante, pois a impressão que tem de si mesmo é que ou é melhor ou é pior do que tudo o que o desafia. Não tem o menor conhecimento da igualdade.

O derradeiro recurso

Ultrapassar as fronteiras limitadoras do ego e atingir a visão intacta, o conhecimento e a alegria do Eu Secreto é o objetivo inquestionável da evolução, o propósito da vida. Essa transformação, na realidade uma transfiguração da mente e do espírito, não é algo absoluto, mas uma questão de grau, parcialmente alcançada neste momento por milhares de pessoas vivas, e é possível sê-lo, com limitações, por qualquer um que esteja vivo. Existir afundado no ego é levar uma vida restrita, ciente de apenas uma pequena fração de sua potencialidade como pessoa. Essa subordinação deliberada aos ditames da natureza é sujeitar-se à dor, ao sofrimento, à morte e à decadência. Para as formas inferiores de vida, essa submissão é normal, parece fazer parte do plano por meio do qual o Eu Secreto vai emergindo da matéria, mas, quando a consciência atingiu o ponto em que reconhece que está aprisionada, quando enxerga a própria sujeição às circunstâncias, ao prazer e à dor, então ela deve se empenhar para ser livre, para instaurar uma ordem mais verdadeira para o seu desenvolvimento. Nesse ponto, deve derrubar as barreiras da sua conscientização, deixar de viver no ego e alcançar os horizontes mais amplos do Eu Secreto e seus poderes, ou recairá na inércia da natureza sensorial, perdendo a capacidade de crescer e se desenvolver e, assim, deixar totalmente de representar o Eu Secreto. No caso da pessoa presa no ego e resignada a essa condição, não existe outro destino além de sofrimento e dor. Somente no Divino estão os derradeiros recursos para a superação de todos os obstáculos, e somente na busca pela descoberta do Eu Secreto é que poderemos trilhar com passos firmes o único caminho que leva ao sucesso, à serenidade e à paz.

Luta e sacrifício

Naturalmente, nada pode ser conquistado sem luta. A própria vida é uma luta que cada um de nós enfrenta diariamente. É tão somente uma questão de onde concentrar o esforço: em busca dos louros materiais do mundo físico que constantemente parecem nos escapar como areia entre os dedos ou focar no recurso interior que controla o mundo externo. É sábia a pessoa que dedica suas energias ao desenvolvimento da consciência. Prontamente, ela perceberá que todos os aspectos do mundo assumiram uma ordem e uma benignidade que não lhe pareciam possíveis. Parece que todas as coisas obedecem aos seus comandos, não porque realmente sejam comandos, mas porque ela as compreende. É esse conhecimento, obtido pela percepção interior, do potencial de cada coisa e cada circunstância que leva ao poder benéfico, ao poder que permite à pessoa se movimentar com serenidade e segurança em meio aos conflitos mais intensos. A pessoa enxerga a coisa a ser feita porque sabe o resultado que será alcançado; e, em virtude dessa percepção inerente das leis da vida e da natureza, a pessoa parece estar formatando cada evento, moldando cada coisa. No entanto, não é a pessoa que faz isso, mas o Eu Secreto em seu íntimo ao qual se entregou em completa confiança e que guia seus passos e atos com uma segurança onipotente.

Terá você o poder, a segurança e a serenidade do Eu Secreto? Então, de uma coisa deve abrir mão. Deve desistir do ego, essa coisa dentro de você que sempre pensou que fosse seu eu. Deve buscar descartar essa noção da separatividade, que é produto de sua mente superficial, e buscar no fundo de sua consciência a essência pura do ser que é o eu de todas as coisas. Não será fácil. A natureza sensorial, com a distração provocada por seus estímulos constantes, todos os dias sopra as trombetas de convocação do mundo externo. Porém, se sua vida lhe proporcionou em boa medida as dores e as frustrações decorrentes de caçar tentações e logros, então você os enfrentará com resistência e determinação para não mais ir atrás deles. O caminho para o poder está em você. Aí serão encontradas todas as coisas. A luta não é entre o mundo e você, mas entre o seu ego e o seu verdadeiro eu. Simplesmente, escolha encontrar seu verdadeiro eu e, no final, você não terá como perder.

Quando a luta começa dentro de si mesmo,
O homem vale alguma coisa.

Robert Browning

2
A Descoberta do Eu Secreto

A PERSONALIDADE HUMANA É IMENSAMENTE COMPLEXA. A pessoa é muito mais do que um nome e certas características físicas, mentais e emocionais. É estranho que alguma vez pensemos que de fato conhecemos alguém, quando o mais ligeiro exame da nossa própria psique revele de imediato que mal sabemos algo sobre nós mesmos. Nem mesmo somos os únicos a habitar o nosso próprio corpo, pois, em sua maior parte, somos um campo de batalha para lados opostos da nossa natureza, e, assim que um lado assume o comando, e depois outro, exibimos as diversas cores constantemente variáveis de um camaleão.

Nossos muitos eus

Quando a pessoa está concentrada, fazendo alguma coisa, é comum que fale sozinha. Uma parte fica julgando a outra e damos vazão a breves exclamações exasperadas, dizendo coisas como "Você pode fazer melhor que isso, Henry!" ou "Não seja tão burra! Você consegue entender isso!". Nessa aparente divisão do eu, uma parte assume uma natureza que parece imune a reprovações, enquanto a outra aparentemente tem a personalidade de uma criança recalcitrante e malvada. Se você perguntar ao Pedrão qual dos dois ele é, ele dirá que é o Pedrão. Se perguntar quem está falando com ele, o Henry vai ficar completamente perdido até enfim conseguir dizer que só está falando sozinho.

Bem, esse não é um jeito de ser só do Henry: é de todos nós. Em nosso interior, abrigamos não apenas uma única natureza, mas muitas; não um eu apenas, mas uma verdadeira miríade de eus sobrepostos uns aos outros como reflexos intermináveis em espelhos de frente uns para os outros. Nenhum desses eus é o nosso verdadeiro eu, nem que sejam tomados todos juntos, mas, sim, outro ser mais verdadeiro e oculto em nosso interior, atemporal, eterno e imutável.

Os conflitos e as oposições dos muitos lados da nossa natureza superficial são diretamente responsáveis pelo predomínio do transtorno psicológico chamado esquizofrenia. Os esquizofrênicos são desorientados no mundo e consigo mesmos em razão dos intensos conflitos íntimos desencadeados por todas as diferentes facetas de sua natureza. Nos casos extremos, uma faceta predomina e depois outra assume o controle, tão diferentes uma da outra quanto dia e noite. Diversos casos clínicos dessa espécie têm sido extensamente estudados e um deles inclusive rendeu um livro que foi um grande sucesso de vendas. Com isso, de modo geral, as pessoas estão finalmente se inteirando do ser místico e inconstante que cada um de nós realmente é.

A pessoa psicologicamente saudável é aquela que se incumbe das várias facetas da própria personalidade, recusa-se a se permitir ser influenciada pelos ventos e impõe uma disciplina a si mesma fundada nos objetivos que almeja atingir. Não obstante, apesar desse "incumbir-se", apesar da disciplina imposta à natureza superficial e às camadas interiores da psique, a pessoa psicologicamente saudável deve permanecer subserviente a uma dimensão interior oculta em seu ser, que é o cerne íntimo, indestrutível e iluminado que a sustenta e lhe dá vida. Se isso não ocorre, então o ego é engrandecido por um adoecimento de todas as suas partes, dissocia-se da realidade e faz que essas partes assumam o transtorno psicológico disfuncional conhecido como paranoia. O ego exacerbado então impede que essas partes tenham o apoio e a sustentação do Eu Secreto, e elas rumam diretamente para a destruição. A maioria dos ditadores de nossos sistemas políticos modernos tem sido desse tipo, levando o país e a si mesmos à ruína em uma corrida cega e desenfreada.

O infinito no finito

Assim que paramos para pensar nisso, torna-se óbvio que nós não estamos em guerra somente com a natureza, mas de fato em guerra conosco. Em nosso íntimo, somos um tal campo de batalha que geralmente não conseguimos conter nosso tumulto, e nossa psique, como um todo, passa a ser permeada por uma enfermidade que a torna inútil para o mundo e para nós mesmos. O ser humano é mais do que um corpo físico, e o formato enevoado da aura invisível de cada ser humano é algo que não pode ser contido dentro de limites, nem categorizado, pesado, medido ou contado. Tudo o que somos e podemos esperar ser é mental, é a essência de alguma inteligência gigantesca em cujo colo nos aninhamos e onde somos nutridos, como se por nascentes subterrâneas. Essa inteligência gigantesca é o Eu Secreto do universo, e paradoxalmente também é o Eu Secreto de cada um de nós.

Não há retórica suficiente que vença a descrença. Não há argumento que possa dissuadir a pessoa que tem fé. Mesmo assim, persiste um enigma. Como é possível que algo infinito em escopo e tamanho, como uma mente universal, possa caber no corpo finito e minúsculo de uma pessoa? Ser infinito é ser um só. Mais de um de qualquer coisa infinita automaticamente não é infinita, pois qualquer coisa que seja infinita ocupa todo o espaço que existe e, portanto, não cabe mais nada. Nesse sentido, qualquer coisa infinita é exatamente o mesmo que qualquer coisa dentro dela, pois a totalidade do que é infinito tem de estar em cada lugar específico a cada momento específico. Bem, isso pode ser um pouco complicado de assimilar, mas talvez seja cientificamente tão razoável quanto a física quântica. O que isso significa é em essência isto: se existe uma inteligência por trás da vida – e há todos os motivos para crermos que sim –, então a totalidade dessa inteligência é inata em cada criação dessa inteligência. Assim, a mente universal ou o Eu Secreto é completo e inteiro dentro de cada um de nós. Precisamos apenas descobri-lo para que seu poder e sua perfeição sejam nossos.

No entanto, tanto buscar como encontrar não são fáceis. Estamos tão afundados em nosso egocentrismo, tão encistados na miríade de nossos eus superficiais, que é difícil chegar à visão capaz de atravessar essa ilusão. Essa visão só é desenvolvida com um árduo esforço mental e pela disciplina espiritual. Aquém de todo o tumulto, sustentando a disputa entre os eus superficiais, fornecendo a cada vida sua direção e seu propósito, está o jardim onde brota a personalidade, o Eu Secreto, o lugar da calma e da certeza no íntimo de cada um de nós. Não existe luta no Eu Secreto. Ele *sabe*. O mero ato de sua percepção é um ato de criação, pois ver vem antes de ser neste que é o mais mental de todos os lugares, aí onde o pensamento e a ideia são sempre anteriores ao fato físico.

Atrás da parede

Carl Jung disse que a maioria das pessoas confunde "autoconhecimento" com o conhecimento de sua personalidade egoica consciente, de tal modo que quem tem um ego presume que se conhece. Na realidade, esse indivíduo conhece só o ego e seus conteúdos, e tem pouco ou nenhum conhecimento das vastas e indistintas áreas do subconsciente de onde brotam todos os impulsos e compulsões que configuram sua vida ativa. A pessoa que acha que sua motivação tem origem em sua personalidade egoica consciente não é uma pessoa livre. Ela é movimentada pelo subconsciente como as marionetes, e todas as rebuscadas explicações e aflitivas constatações da percepção consciente ocorrem como consequência de seu comprometimento com certas ideias e ações, nunca antes. Entre o eu superficial e o Eu Secreto existe uma parede opaca, impenetrável à mirada do ego, que só desvenda seus segredos a quem expandiu a consciência mais além dos limites da mente consciente. Os materialistas que se orgulham de nunca aceitar nada que não seja um fato físico comprovado apenas aceitaram a cegueira como sua condição de ser; o que entendem como liberdade é tão somente a servidão em seu grau máximo. Dar as costas ao subconsciente não é cancelá-lo. A pessoa não vem a ser por meio de um esforço do eu, mas chega pré-formada por algo que não é o ego, seu foco de consciência durante a vida. A questão é: quem é o verdadeiro morador interior? O ego que decorre das experiências ou a força vital que anima tudo desde o começo? Refletir nos leva irremediavelmente à conclusão de que a verdadeira pessoa interior é o habitante oculto de *todas* as coisas, e que o ego é somente uma máscara usada por esse morador, por algum tempo, na peça inescrutável que vai sendo encenada para seu discreto deleite.

É forçoso que a busca constante da psique humana, enquanto estiver confinada à natureza superficial, continue sendo infrutífera, pois só se refere a espectros. Para realmente conhecer a humanidade – nossa verdadeira natureza, origem, propósito e destino –, devemos sondar as regiões mais profundas da consciência, que são todas subconscientes e compõem a vasta área mental confusa e tremendamente poderosa, inclusive assustadora, abaixo da consciência. Quem sabe o que é possível a essa área do nosso ser? Sigmund Freud, depois de expor seus poderes assombrosos, teria confessado em certa oportunidade que tinha elaborado o dogma de sua teoria sexual do comportamento humano porque algumas comportas racionais vigorosas eram necessárias para impedir a inundação funesta de um ocultismo proveniente do subconsciente. Não obstante, é justamente esse ocultismo, essa inundação funesta, que mais necessita ser estudada, pois é onde se encontra o Eu Secreto.

A parte não enunciada da vida

O tabuleiro Ouija e a varinha de condão não são apenas jogos de salão ou artefatos de lunáticos, mas ótimas ilustrações de que em nosso íntimo existe um ser imensamente diferente do eu superficial, com poderes de percepção e conhecimento muitíssimo maiores do que a mente consciente. Uma pessoa segurando um pedaço de madeira em formato de forquilha pode achar água sob o solo, e esse feito notável é real não porque haja alguma afinidade entre a água e o pedaço de pau, mas porque existe no subconsciente dessa pessoa um meio de perceber que existe água sob determinado trecho do terreno. A forquilha se vira para baixo e aponta para a água por causa de reações musculares inconscientes da pessoa, mas ela jura que isso acontece por vontade da própria madeira. Na medida em que esse movimento para baixo tem origem no Eu Secreto, e não no eu superficial, o que ela diz é verdade. De todo modo, a forquilha aponta, o poço é cavado e ali está a água. Essa pessoa não podia ter visto a água, o pau não podia ter sabido que ela estava ali. Alguma outra coisa, alguma força invisível entrou em ação. Essa coisa, essa força, é o Eu Secreto.

Thomas Carlyle escreveu: "A parte enunciada da vida de um homem, como sempre repetimos, representa uma pequena medida desconhecida da parte inconsciente e não enunciada. Ele mesmo nunca sabe qual é, muito menos os outros". Vamos percorrendo sem atenção caminhos na vida que esquecemos, prisioneiros de forças que não compreendemos nem estamos cientes de que existem, e nos esfalfamos na ilusão de que somos livres. Essa falta de visão não nos foi impingida por nossa relação com a vida, nem é necessária a preservarmos a sanidade ou a individualidade, como certos defensores da casualidade querem que acreditemos. Trata-se simplesmente de um passo inevitável na evolução da mente a partir da matéria, que inclusive agora está sendo transcendido pelas pessoas evoluídas o bastante para perceber de maneira correta o Eu Secreto e sua existência em nosso interior. A mente busca conhecer; seu objetivo é a consciência em constante crescimento. A expansão da consciência é aparente para onde quer que olhemos. É quase como se uma explosão mental tivesse sucedido no centro do universo e agora seguisse acelerada em todas as direções, abrangendo tudo.

Libertar-se da servidão

A mente superficial não é a mente de verdade, mas tão somente uma fração da mente verdadeira. Nunca conhecemos o nosso poder e eficiência enquanto não nos distanciamos desse eu problemático e falso e originamos pensamentos e ações nas camadas mais profundas do nosso ser. Então, tornamo-nos uma força em dobro, depois de "pegarmos carona" na energia ilimitada. Abaixo do eu superficial e da mente consciente, sustentando e apoiando ambos, mas mantendo-se infinitamente maior do que os dois, está a mente subconsciente universal, essa mente vasta que dá origem a todas as coisas vivas, subjazendo à vida como um grande e infinito oceano de inteligência e energia. A mente subconsciente não é só um reservatório indiscriminado de instintos, ânsias e lembranças há muito esquecidas de cada pessoa, nem uma espécie de memória celular de dor e prazer, como alguns psicólogos querem nos fazer crer, mas abrange infinitamente mais: todo o escopo de criação, espaço, tempo, conhecimento e propósito. E essa mente toda está em cada pessoa; nenhuma delas tem uma parcela maior do que qualquer outra, e ela está disponível a cada um de nós neste exato momento, como o eu que de fato nos sustenta.

Frustrações e sofrimento são o fardo humano nesse estágio da evolução porque nos distanciamos da raiz fundamental do nosso poder. Isso ocorreu à medida que a consciência evoluiu e se tornou autoconsciência, uma vez que o estágio específico de autoconsciência que alcançamos é embrionário e só pode ser chamado de autoconsciência no sentido mais estreito do termo. Essa autoconsciência é demarcada pelos limites dos sentidos físicos e, por conseguinte, torna-se um pequeno grão em um universo vivo, infinitamente maior. Não espanta que não possamos enxergar o princípio e o fim da vida, tão diminuta é nossa recém-adquirida noção de ser. Entretanto, neste momento, essa autoconsciência estende-se esperançosa na direção de uma aliança com o eu maior, e é essa aliança que finalmente nos libertará da servidão à carne e às limitações do espaço, do tempo e da matéria.

A outra pessoa em você

Tudo isso pode parecer bastante obscuro, até mesmo oculto, e, como normalmente hoje as pessoas estão basicamente enraizadas e fincadas no materialismo, pode haver algumas que dão um passo atrás nessa altura e exigem provas e evidências da Mente Subconsciente Universal. E as evidências são abundantes.

Várias técnicas de hipnose expõem continuamente camadas do subconsciente indicando que tais camadas não são propriedade pessoal de quem foi hipnotizado. Por exemplo, alguém pode ser hipnotizado e lembrar detalhes minuciosos de uma vida que não é a sua, de modo que o pesquisador desavisado pode ser levado a crer que essa pessoa está recordando uma existência anterior. Esses relatos são continuamente apresentados em defesa da tese da reencarnação, mas provas concretas para baseá-la ainda não vieram à tona. Há casos de pessoas hipnotizadas falando em idiomas que não compreendem quando conscientes e que nunca ouviram, descrevendo em detalhes lugares e épocas em que nunca estiveram e dos quais não poderiam ter conhecimento consciente, ou realizando toda sorte de feitos clarividentes que indicam o poder e o escopo assombrosos do subconsciente, servindo como evidência inquestionável de uma única entidade que existe em todas as pessoas, sem ser propriedade individual de ninguém.

Mais alguém vive em seu corpo além da mente superficial que desde sempre você pensou que fosse; uma pessoa maior, mais refinada e dinâmica, talentosa e poderosa do que jamais se imaginou ser, e que é seu verdadeiro eu apesar de tudo, seu eu real. Suas ações e seu poder estão por trás de cada pensamento que você tem, de cada movimento que faz. Se sua mente consciente se opõe a esse eu real, então você está nas garras da indecisão e da oposição, e não encontrará nada além de frustrações e decepções por toda parte. Porém, assim que sua mente consciente e seu eu superficial forem postos a serviço do eu subconsciente como seus instrumentos, então de repente você é algo inteiro e glorioso e se encontra trilhando caminhos na vida com segurança e poder.

O sócio sênior

O objetivo final da evolução é, sem dúvida, descobrir o Eu Secreto. Quando o espírito tiver emergido plenamente da matéria que habita, então a Divindade será revelada por fim, com todo o seu poder consciente e suas infinitas comprovações. Os que se unirem a essa maré irresistível serão transportados para a frente por energias insuspeitas a fim de realizar feitos muito além de seu pobre eu mortal. Essas pessoas estarão a bordo da força cósmica, e essa energia e essa inspiração transbordarão do eu superficial em cada uma delas e alcançarão todos com quem se associarem. Elas se tornarão líderes, realizadoras, criadoras e alcançarão uma espécie de onipotência porque serão conduzidas por uma força infalível e irresistível.

Você pode falar com o Eu Secreto. Pode conversar com ele tal como faria ao consultar um familiar sábio e generoso ou o presidente da empresa que o contrata. Assim que se acostumar a fazer isso e puder perceber plenamente, mais além de toda dúvida, todo o seu potencial e todas as suas possibilidades, a conversa diária será tão natural e compatível com seu modo de vida quanto respirar. Como disse Jesus, esse é "o Pai que habita em você". É a dimensão sênior de sua personalidade dual, o lado desapegado que julga a ação e permanece intacto diante dela. É a mente subconsciente a que se referem os psicólogos, a mente que nunca dorme, pensa quando tudo está quieto, trabalha com segurança e calma em meio ao maior tumulto. É o talismã que lhe sugere "o palpite", que lhe traz boa sorte, a ideia para um livro, um quadro, uma composição musical; uma visão interior; um novo caminho a ser percorrido. Esse cerne mais fundo do seu ser ao qual você se recolhe para meditar e rezar, é onde reinam a alegria, a serenidade e a bem-aventurança porque tudo é conhecido e verdadeiramente compreendido.

Alguma vez você já entrou em contato com essa dimensão? Caso não, corrija isso imediatamente. Assim que souber que o Eu Secreto está aí, um relacionamento próximo com ele é assegurado, pois quem daria as costas à fonte de redenção de todas as suas dores, de todo sofrimento e das frustrações?

Um experimento

Pegue um anel simples. Amarre nele um fio fino de mais ou menos 30 cm. Segure a ponta solta com o polegar e o indicador. Deixe o anel pendurado. Agora, diga ao Eu Secreto que vai lhe fazer algumas perguntas e que, se o anel fizer círculos pequenos você entenderá que a resposta é "sim", e que, se ele se mover em linha reta para a frente e para trás, entenderá que a resposta é "não". Faça a pergunta em voz alta. Continue segurando o anel e aguarde. Não tente impedir que ele se movimente e não tente fazer que se mova. Ele vai se mexer. No começo, o movimento será errático, mas logo um padrão de deslocamento ficará evidente, em linha reta ou em círculo. Depois de algum tempo, a resposta será dada de imediato. Então, você terá estabelecido um contato direto com o Eu Secreto e compreenderá com assombro que alguém infinitamente consciente habita em você.

Não há limites para o poder do Eu Secreto. A totalidade de seus esforços, a partir do momento em que constata a existência do Eu Secreto, deve ser familiarizar-se com ele, explorar suas facetas infinitas e descobrir as chaves que destravam seus poderes. Assim que você começa a guiar sua vida de acordo com as percepções e as motivações dessa dimensão, começará a usufruir de uma infalibilidade em seu trabalho que prenuncia seu sucesso em todas as iniciativas e todos os relacionamentos. Você irá perceber que sempre tem a companhia de um sentimento interior de contentamento, disposição e bem-estar quando antes estava sempre nas garras de ansiedades e medos vagos, e de uma sensação de letargia e fadiga constantes. A cor do céu mudará; o mundo assumirá um novo aspecto, excitante e significativo. Você terá conseguido se sintonizar com a força orientadora e motivacional do universo, e seu estado de ânimo será levado às alturas. Nenhuma tarefa lhe parecerá grande demais, nenhum obstáculo será intransponível.

Sustentáculo dos mundos

Arthur Schopenhauer escreveu: "Todo homem toma os limites de seu próprio campo de visão como os limites do mundo". Esse atributo da psique superficial que causa cegueira, que a impede de ver além dos limites que impõe a si mesma, é que confere a cada mortal suas características inerentes de fraqueza e incapacidade. Mesmo assim, o grau das limitações que nos impomos é acentuadamente variado. Algumas pessoas erguem arranha-céus, outras desafiam a natureza nos locais mais inacessíveis, e há quem torne a própria vida um ataque constante a obstáculos mentais e físicos. Há pessoas que aceitam todas as limitações que encontram, vivem no temor de monstros que elas mesmas fabricaram, não conseguem desafiar, expandir ou crescer porque são escravas de seu minúsculo eu superficial, e não vislumbraram nem entenderam o gigante que têm dentro de si. Há esperança para quem tem aspirações; seu lugar entre os deuses está garantido. Mas os que só recuam, nunca correm riscos nem tomam a iniciativa estão definhando na árvore da vida, e todos os seus desejos não mudarão nada enquanto esses desejos não forem fortes o bastante para instigá-las a investir contra os muros que seu medo ergueu.

Assim que você descobrir o Eu Secreto em seu íntimo, então torna-se gradual o processo de confiar a ele seu trabalho, seus objetivos e suas aspirações. Você não consegue construir uma vida perfeita sobre as fundações imperfeitas do eu superficial. Este não sustenta nem a mais frágil edificação, que ruirá sob a menor das pressões. Tudo deve ser erguido sobre as bases do Eu Secreto, que já sustenta os mundos e os universos, e dará suporte à sua vida, seja você um tolo ou um sábio, e sem o menor tremor.

> De todas as causas que conspiram para cegar
> O julgamento errôneo do homem, e desencaminhar a mente,
> O que a cabeça fraca com o preconceito mais forte governa,
> É o orgulho, a voz infalível dos tolos.

ALEXANDER POPE

Encarando o medo

É a vaidade – ou o orgulho, se preferir – que é o verdadeiro inimigo do Eu Secreto. Quando a consciência está centrada no eu superficial, com a vaidade que essa autocentração ocasiona, desce um véu opaco sobre toda percepção espiritual, e vivemos isolados e distantes das nascentes do nosso ser. Podemos passar muitos anos da vida batalhando desse modo, atacando nossos problemas e perseguindo objetivos com a energia persistente de uma mosca atarefada, mas por fim é imperioso chegarmos à constatação de que simplesmente somos ineficazes e seria melhor se arrumássemos um novo modelo de pensamento e ação, ou desistíssemos do fantasma de uma vez. Uma formiga sozinha não derruba uma seringueira. Somente o esforço grupal e um trabalho em equipe de milhares de formigas torna esse feito possível. A energia e o esforço de uma pessoa só não são nada em si, mas tornam-se tudo quando procedem da fonte de toda a energia, pois então estarão sintonizados com as marés e as forças cósmicas, e se tornam uma espécie de força irresistível e de ação infalível.

Histórias de sucesso costumam ser ficções engendradas pelo desejo humano de chegar ao domínio das circunstâncias. A maioria das pessoas se enquadra em uma espécie de equação, reagindo de determinada maneira quando se vê diante de certas circunstâncias; portanto, *tem* de agir de certo modo *sempre* que confrontada pelas mesmas circunstâncias. A título de exemplo, vamos imaginar que sentimos medo de grupos de pessoas que não conhecemos e com quem devemos interagir e nos comunicar. Se, no começo da vida, cedemos a esse medo e evitamos novos grupos, esse comportamento se torna um hábito que, com o tempo, achamos que é impossível romper. Portanto, a vida toda, quando nos vemos diante de uma situação social com estranhos, damos uma desculpa qualquer para evitá-la, simplesmente porque formamos o hábito de ceder ao medo. Somos absolutamente previsíveis em cada situação desse tipo e somos previsíveis porque não somos livres, porque somos escravos dos nossos medos. Tornamo-nos autômatos comandados por uma força externa, vítimas das circunstâncias porque não chegamos ao domínio dos nossos sentimentos. Nossa tendência é considerar a situação em si como o próprio mal e dizemos: "As pessoas em grupo não são interessantes. Me dão tédio". As pessoas não nos entediam de jeito nenhum; elas nos deixam tão absolutamente apavorados que as evitamos a todo custo, criando lacunas em uma grande parte da nossa psique; então, sentimo-nos completamente frustrados nessa área do crescimento. E a culpa é só nossa. Simplesmente não conseguimos reunir coragem suficiente para encarar o medo.

Como superar fraquezas

"Você não consegue escapar de uma fraqueza; em algum momento, deve enfrentá-la ou irá perecer. Nesse caso, por que aqui e agora?". Muito adequadamente, essas linhas foram escritas por um autor preso ao leito devido a uma doença que ele transformou em uma grande vitória. Depois de algum tempo, recuperou a saúde e ofereceu ao mundo obras-primas da literatura. Seu nome era Robert Louis Stevenson.

A pessoa não deve ser apática consigo mesma, quaisquer que sejam seus objetivos e sua posição. Todas as coisas vão melhor quando são constantemente testadas pela oposição. A planta mais robusta é a que deve brotar no meio do concreto. O gramado protegido fica esturricado assim que é exposto ao sol ou ao vento. Se temos um músculo dolorido, precisamos aprender a exercitá-lo, não a deixá-lo em repouso, e logo veremos que está curado. Se nossa psique está se fechando e por isso está nos distanciando da vida, do crescimento e da expansão, temos de aprender a testar, a usar e a expandi-la. Se não fizermos isso, a psique se atrofiará e cortará completamente todos os laços normais com a vida. Porém, ser humano é ser fraco, é estar sujeito ao pecado, a sofrimentos e ao terror. Enquanto vivermos, nunca superaremos de verdade nada disso, mas enquanto vivermos temos de tentar, pois só vivemos verdadeiramente quando tentamos. O que finalmente temos de aprender é que não é possível esperar uma vitória final, ou satisfatória, sobre nossas enfermidades quando as enfrentamos uma a uma, mas somente quando descobrimos um modo de reunir todas em um mesmo campo de batalha para um enfrentamento decisivo. O que decorre desse confronto deve ser um completo passo adiante em nossa evolução como seres humanos, pois a pessoa que reúne coragem para encarar suas fraquezas como um todo nunca é derrotada.

Alguém pode perguntar como isso é possível, como a pessoa reúne todas as suas fraquezas em um único ponto e as supera? Isso não é simples nem aparente. Em casos isolados, sim. Se você tem uma tendência a temer situações novas, então pode fortalecer sua autoconfiança nesse sentido forçando-se a encarar cada nova situação com calma, senão com entusiasmo, para que a condição geral de uma novidade se torne algo conhecido. Contudo, esse exercício de força de vontade, enquanto possivelmente lhe dá coragem em todos os aspectos de sua vida apenas porque você encarou o medo em uma área e o venceu, nem por isso servirá para vencer uma propensão à preguiça, por exemplo, ou a ser infiel, desleal e até a comer em excesso. A bem da verdade, fica rapidamente evidente que esse tratamento confuso de partes da psique lembra alguém que tenta tapar vazamentos em um cano usando os dedos. Os dez dedos logo acabam ocupados e novos vazamentos continuam surgindo.

O autor universal

O que é necessário é uma nova abordagem à psique, que a trate como algo único e não como um grupo de aberrações ou de percepções incompletas. A abordagem que proporciona 100% de cura em 100%

dos casos é aquela em que a pessoa chega a estar ciente do Eu Secreto e a conhecê-lo.

Todos nós encaramos a vida com uma psique não desenvolvida. Não é desenvolvida porque é menos do que inteira, porque é somente uma manifestação parcial de algo maior do que si mesma. Somente na medida em que se aproxima da consciência desse eu maior é que a psique se aproxima da totalidade ou da autossuficiência. A noção de eu que usamos em nossas atividades diárias é útil apenas na medida em que é maior do que a tarefa a que nos dedicamos. Por exemplo, é perfeitamente compatível para descascar batatas, mas se algo maior for pedido desse eu, ele pode se acovardar e ficar agachado no canto. As pontes são construídas pelo Eu Secreto, não pelo ego superficial. Torres, estradas, aviões, automóveis e televisores são engendrados pelo Eu Secreto. Todos os livros são escritos pelo mesmo autor, todos os quadros são pintados pelo mesmo artista, todas as músicas são do mesmo compositor. O ego da pessoa simplesmente não está à altura dessas tarefas. Enquanto vivermos presos na sujeição ao eu superficial, nossos esforços só poderão ser coroados pelos resultados pífios que correspondem ao ego. Somente quando nos desvencilharmos, nos divorciarmos da vaidade, da presunção, do ego e do eu superficial é que enfim teremos condição de perceber as verdadeiras dimensões do ser que habita em nós. Então, conhecemos nosso verdadeiro eu e então entregamos a ele nossa vida. Nesse momento, nossos esforços ganham uma grandiosidade e um propósito destinados a alcançar fins nobres e vigorosos, pois a força que nos anima vem de fora e nos transporta em suas ondas quando se avolumam, e é maior do que nós em todos os aspectos.

Qualquer pessoa cuja vida esteja voltada para um esforço criativo está fadada a descobrir o Eu Secreto, cedo ou tarde. Ninguém consegue se resguardar no âmbito nebuloso do mental e do espiritual sem ter antes sabido que em seu interior reside um ser mental de enorme poder e dimensão, e que ter contato com esse ser tem a capacidade de enobrecer e iluminar cada momento. De todo coração, o autor busca sua musa. O pintor se detém, pincel no ar, à espera da inspiração. Somos mobilizados em nosso íntimo rumo a cada aspiração, desde que seja mais elevada do que as limitações do eu superficial. Assim, o mundo pertence aos que aspiram, ousam, tentam, pois todas as aspirações são apenas esforços contra o cárcere do eu superficial, e todos esses esforços são a alquimia por meio da qual o barro comum do nosso pequeno ego é transmutado em algo transcendental e precioso.

O artista descobre seu talento

Há alguns anos, vivia na zona pobre de uma cidade grande um homem que tinha dedicado toda a sua juventude a aperfeiçoar sua arte. Vivia em condições precárias com os centavos que conseguia ganhar com desenhos a carvão que vendia nos bares da orla, e passava todos os momentos que podia diante do cavalete. Pintava navios, de todos os tipos e tamanhos possíveis, ao mar, tanto calmo quanto revolto, atracados, carregando e descarregando, veleiros, barcos a vapor, iates elegantes, cargueiros abarrotados, marujos. Esse homem amava o mar e amava pintar. Dada a quantidade de tempo que tinha passado com cada tela já deveria ter dominado bem sua arte, mas não tinha. Faltava alguma coisa. Seus trabalhos não eram quadros de um amador, e era visível que tinham sido feitos por um artista, mas sempre pareciam clichês, como se dissessem o que já tinha sido dito mil vezes antes. Quem olhava para suas telas chegava inclusive a dizer que já tinha visto aquilo antes, mas naturalmente não tinha. Os quadros apenas conseguiam lembrar outros que já haviam sido pintados.

Esse pintor também tinha total consciência desse fato. Seu trabalho o deixava profundamente insatisfeito. Ele costumava contar que, quando lhe vinha a ideia para um novo trabalho, sentia-se intimamente motivado e começava a trabalhar com um sentimento de vingança. Depois, conforme o trabalho avançava, aos poucos ia percebendo que não era em absoluto fruto de uma inspiração, mas algo engessado, sem vida, repetido, mera cópia. Antes mesmo que o quadro estivesse terminado, ele entrava em forte depressão e mal conseguia concluir o trabalho. Apesar disso, seguia pintando incessantemente. Sentia que tinha talento e estava decidido a manifestá-lo. Certa feita, tomado pela raiva de si mesmo, queimou todas as telas que estavam em seu estúdio e quase provocou um incêndio no imóvel inteiro. Em outra ocasião, ficou tão furioso com a inabilidade de sua mão que fez vários cortes fundos nos dedos com a intenção de amputá-los. Sem dúvida, todos esses atos indicavam que o pintor não era estável do ponto de vista psicológico, mas talvez sua provocação fosse tão grande, tão enorme sua ânsia criativa que ele constantemente se sentia compelido a pintar.

Como a maioria das grandes lições que a vida ensina, a iluminação desse homem lhe custou caro. Quando estourou a guerra, ele tinha acabado de passar por um período de profunda insatisfação com sua pintura. A contragosto, resolveu dar as costas aos quadros para sempre. Embarcou como marinheiro em um navio mercante que se dirigia para Murmansk, na Rússia. O comboio foi atacado por aviões e submarinos alemães quando seguia ao longo da costa da Noruega. O navio em que nosso pintor estava afundou e ele se viu em um bote salva-vidas nas águas frígidas e tempestuosas do Oceano Ártico. O grupo de náufragos ficou à deriva por vários dias e noites, no frio congelante, tentando sobreviver. A certa altura, o tempo ficou limpo o suficiente para que fossem avistados pelos alemães. Os aviões bombardearam o bote. Cinco ocupantes foram mortos; três que ficaram gravemente feridos morreram naquela noite. No dia seguinte, outros dois morreram de frio. Por fim, restaram no bote somente o pintor e o comissário de bordo, um idoso aparentemente tão frágil que era uma surpresa que ainda estivesse vivo.

Finalmente, o pintor disse que aquilo era inútil, que não havia esperança para eles e que era melhor se jogarem pela borda e acabar com tudo de uma vez. O comissário disse que não cabia a eles decidirem tal coisa. O pintor perguntou a quem cabia então. O comissário, calmamente sentado, perguntou se alguém decidia nascer, se uma pessoa decidia sua nacionalidade, sua etnia, sua herança. Também disse que alguém ou alguma outra coisa decidia. Na opinião dele, era melhor calar e ouvir. Talvez então a pessoa escutasse uma voz falando em seu íntimo, e lhe dizendo se ela iria viver ou morrer.

O fim parecia próximo. Certamente, era inútil continuar lutando. Pela primeira vez na vida, o pintor foi capaz de entregar a direção do seu destino nas mãos de algo além do próprio ego. O frio da noite que se aproximava desceu sobre os dois sobreviventes. Um pouco antes da escuridão, um hidroavião britânico irrompeu do nevoeiro com o rugido de seu motor, avistou o bote, amerissou e os resgatou. Naquela mesma noite, estavam em um hospital em Londres.

Depois de algumas semanas de convalescença, o pintor voltou a experimentar pintar uma tela. O que surgiu dessa vez o deixou espantado. Era como se outra mão, não a dele, tivesse comandado o pincel e escolhido as cores, como se uma mente além da sua tivesse visualizado a cena. Ao contemplar o quadro completo, foi tomado por uma onda de alegria. Ali estava o talento que ele tanto tinha se esforçado para trazer à tona e agora tinha fluido! Em rápida sucessão, concluiu seis quadros e despachou-os para um galerista em Londres, onde foram recebidos de braços abertos. As pinturas se tornaram imediatamente um sucesso e lhe abriram o caminho para uma carreira longa e bem-sucedida.

Muitos anos depois, quando lhe perguntaram sobre os primeiros tempos de sua trajetória e sobre como seu talento tinha amadurecido, ele respondeu que não tinha propriamente amadurecido, que seu talento estivera ali o tempo todo. Ele simplesmente não tinha podido trazê-lo à tona porque pensava que era algo que lhe pertencia. Quando conseguiu perceber que pertencia a algo maior do que ele, seu talento aflorou por conta própria e se serviu dele, enquanto antes ele só tinha tentado inutilmente usá-lo.

Sim, é algo místico, uma espécie de percepção cósmica que o artista tem de sua musa, mas um segredo muito maior está escondido ali dentro. O pintor deparou com o relacionamento psicológico entre o ego e o Eu Secreto que não dá margem ao fracasso e inevitavelmente conduz ao sucesso, pois é um relacionamento em que todos os pensamentos e todas as ações procedem de uma inteligência universal e de um poder onipotente que torna cada trabalho absolutamente eficiente.

A perda da graça

Nossa consciência está falsamente ancorada em nosso eu superficial e é essa ilusão que significa perdermos a graça, já que é assim que não sabemos quem somos de verdade e nos imaginamos um ser mínimo e isolado, em um vasto universo que nos devora. A abertura da consciência, em um processo gradual e progressivo, até o ponto em que os panoramas interiores de nossa psique são revelados é o objetivo da evolução em si, tal como a vida, a inteligência e o ser se manifestam a partir da matéria e, com o tempo, controlam e dominam a matéria. Enquanto permanecermos presos nas malhas da ilusão do eu superficial, não passamos de marionetes que reagem desta ou daquela maneira a cada situação que temos pela frente, sendo pouco mais do que números absolutamente previsíveis em uma equação voltada para produzir humanos livres, pensantes e onipotentes. Apesar disso, essa condição de liberdade e onipotência só necessita ser percebida, pois sem dúvida o mero ato de perceber o Eu Secreto é semelhante a unir-se com ele. Mas como o veremos? Como abrir nossos olhos?

Talvez o passo mais importante no processo de discernir o Eu Secreto seja nos desiludir a respeito da eficiência do eu superficial, pois como seria possível ver quando ainda celebramos a nossa cegueira? Portanto, raramente a consciência espiritual, a iluminação psíquica ocorre quando a pessoa é jovem, uma vez que os jovens se interessam pelos sentidos, buscando toda espécie de paixão sensorial, quase todos completamente alheios à prisão que os sentidos ergueram. O passar dos anos traz as decepções, as frustrações e as inadequações que levam a alma buscadora a vasculhar as dimensões psíquicas à procura de novas bases sobre as quais erguer uma noção de eu mais confiável e eficiente. Quando isso acontece, é certo que a iluminação venha a acontecer, pois ninguém busca sem encontrar e ninguém bate a uma porta que não se abra. O mero ato de se afastar dos sentidos e do eu superficial parece suficiente. O véu é retirado, as viseiras são removidas e um acontecimento na vida psíquica que foi ocasionado pelo sofrimento, pela frustração e pela desilusão acaba se revelando a maior das bênçãos disfarçada. Um novo mundo é revelado. A morte do eu superficial realmente se torna um novo nascimento. Renunciar ao controle de si mesmo pelos sentidos enfim se torna a entrega das rédeas da própria vida a uma nova força, dominante e eficiente. Quando os olhos interiores da alma se abrem, a totalidade do ser é tomada pela união de suas partes, com a força, a vitalidade e a serenidade que refazem completamente a vida e conferem magia e grandiosidade a tudo o que a consciência toca ou assimila.

> Quem enxerga tudo com igualdade, como o Deus de tudo
> A morte de um herói, o tombo de um pardal
> Átomos ou sistemas lançados em ruínas
> E agora uma bolha estourou, a agora um mundo.
>
> ALEXANDER POPE

O caminho para a iluminação

Embora seja verdade que a percepção do Eu Secreto interior normalmente ocorra em mortais estressados somente depois de muito sofrimento e desilusões, nem por isso deixa de existir um caminho por meio do qual o sofrimento pode ser evitado em sua maior parte, desde que, primeiro, a alma esteja determinada e seja sincera em seu desejo de fazer essa descoberta. O Eu Secreto nunca é descoberto sozinho no interior da pessoa, mas é descoberto ao mesmo tempo em todos os seres e lugares, e percebido como ele em todos. As diferentes formas de vida são meramente disfarces usados momentaneamente pelo eu único que subjaz a tudo, que realmente é tudo. Uma peça na qual por um tempo o Divino está escondido e na qual, por um momento, de fato tornou-se a totalidade de cada uma das coisas que se tornou. Todo o poder e toda a eficiência do Supremo estão em você, são para você usar e também estão em todos e em tudo o mais, existindo ali, atrás da cortina do ego-consciência, à espera de ser descoberto. Portanto, existe uma tremenda igualdade subjacente a todas as coisas sob o sol. Todas se originaram da mesma substância e cada uma delas tem em seu interior o mesmo ser onipotente. Cada um de nós não é diferente, individual e separado, exceto na medida em que somos incompletos. Ser completo é ser o Eu Secreto, todo e inteiro, sem reservas nem erros.

O caminho mais livre de dor para a iluminação, para perceber o Eu Secreto, então, é chegar ao desejo de conhecer a verdade que está por trás da fachada superficial dos sentidos e buscar a verdade não apenas dentro, mas fora, em cada pessoa que você encontrar, tanto quanto em si mesmo. Assim que você começa a ter noção dessa absoluta igualdade entre coisas e pessoas, irá detectar uma presença em cada pedra e cada nuvem, cada árvore e cada planta, cada animal e cada pessoa que encontrar, todos certamente trancados na prisão ditada por sua forma, mas como a presença pura e simples do Eu Secreto que escolheu esse baile de máscaras por motivos próprios e não está verdadeiramente distanciada da consciência de seu verdadeiro eu, mas inclusive neste instante segue em desenvolvimento, enquanto mal tocamos no véu que nos separa de nosso legado.

Tão logo sinta a presença do Divino em todas as coisas, você será capaz de chegar à noção de igualdade que faz de você, em algum canto secreto e inviolável do seu ser, alguém imune a vitórias ou derrotas, prazer ou dor, *status* ou prestígio. Você se torna tão decidido a fazer o trabalho do Eu Secreto que abandona quase que por completo os costumes do ego e, desse modo, alcança uma espécie de desapego quanto à sua aparência no mundo. A igualdade é uma posição psíquica perfeita, mas impossível ao ego que sempre busca ser melhor que todos os egos ao seu redor; se não for melhor, fica convencido de que é pior. Assim, ou fica inflado e cego, ou ferido e temeroso e, nesse sentido, fornece a pior de todas as bases psíquicas para lidarmos com a vida, o amor e as realizações. Ser igual é não ter medo. É saber que em todos os outros habita o mesmo ser que há em você, é alcançar uma confiança psíquica que lhe permite depositar nas mãos desse ser sua vida, suas esperanças e energias, sem hesitação e com absoluta certeza de que você será guiado a fim de executar o trabalho que deve, da melhor maneira possível, no melhor momento possível.

O mundo material fantasma

É um fato estabelecido que nossos cinco sentidos percebem até a menor porção do espectro praticamente infinito das vibrações que existem no universo, e que outros milhões delas permanecem indetectadas em cada uma das coisas que nossos recursos sensoriais sejam capazes de captar. Existem apitos cujo som não é perceptível ao ouvido humano, mas que é facilmente captado por certos animais. A frequência vibratória que chamamos de luz é estritamente delimitada pelo alcance do efeito que tem sobre o olho humano. Não obstante, sabemos que existem variações no que as pessoas veem: há daltônicos, míopes, astigmáticos; há os dotados de uma visão artística e outros para os quais aparecem materializações, como as que Bernadete viu em Lurdes. Em suma, os materialistas que se orgulham de não aceitar nada além das evidências de seus sentidos estão aceitando as evidências mais rudimentares. Na realidade, sentem orgulho da própria cegueira, aceitando como fatos coisas baseadas na percepção de um bilionésimo de todas as suas qualidades. Essas pessoas nem sonhariam em fazer negócio com base em conhecimentos tão escassos, mas aceitam o mundo, os outros e a si mesmas a partir dessas evidências, recuando como garanhões relutantes quando lhes é sugerido que vivem entre fantasmas.

Concentrar a atenção no ego e nas evidências dos sentidos é o véu que oculta o Eu Secreto. Em si, os sentidos não são o véu; somente a impressão que dão de estarem fornecendo ao observador a totalidade do aspecto das coisas. Tampouco o ego é inerentemente um véu, somente a impressão que dá, dominando por completo a consciência, de que é o verdadeiro eu da pessoa. Apegados ao mundo sensorial e totalmente imersos no ego, não temos chance de perceber o Eu Secreto. O chamado do clarim soa, mas nossos ouvidos não estão nessa sintonia. Contando apenas com nosso diminuto e incompleto conhecimento, estamos sempre entrando em coisas sem perceber sua real natureza e destino final. Por conseguinte, nosso caminho através da vida é marcado sobretudo por sofrimentos e derrotas, embora vez ou outra os propósitos desse ego coincidam com a finalidade do Divino; nesse caso, de bom grado tornamo-nos vítimas da nossa própria duplicidade, convencidos de que nossas pequenas maquinações mudaram o mundo. O fim do nosso ego, porém, é uma certeza, pois mal se mantém boiando à tona de ondas gigantescas, e cedo ou tarde se autodestruirá com a busca de seus objetivos separados.

Renúncia e aspiração

Renunciar ao ego é o que precisa ser feito. Sair do domínio dos sentidos e ficar livre das amarras do mundo sensorial é o caminho para descobrir o Eu Secreto. Muitas pessoas são vencidas pela vida antes que abram mão do eu e alcancem a igualdade por meio da renúncia.

Muitos casos de iluminação documentados com o maior brilhantismo ocorreram dessa maneira. Da pior derrota e da mais abjeta degradação da alma humana resultaram momentos da mais elevada inspiração, mas é duvidoso que algum ser humano, para início de conversa, vá escolher de maneira voluntária esse tipo de caminho em nome de um objetivo tão vago. Os místicos que descobriram o Eu Secreto por meio da concentração mental e espiritual relatam sua experiência com a "noite escura da alma", quando o ego é derrotado. Evelyn Underhill foi cronista de muitas dessas transfigurações e todas foram precedidas por uma profunda depressão emocional e espiritual, com a de Cristo no Jardim do Getsêmani. Não é nada fácil o ego se render. É uma espécie de morte, mas deve acontecer antes que a vida possa crescer com a expansão da consciência que resulta quando o indivíduo é completamente tomado pelo Eu Secreto. O atributo mais exigido nesse processo é a coragem. Você tem de seguir em frente e dar o salto. Na lírica descrição de Dustin Smith, paraquedista de queda livre, lemos que:

> A primeira vez que você faz um salto livre é a mais estranha. Você não sabe o que vai acontecer. Quando dá o primeiro passo, você está aterrorizado. Aí olha lá embaixo, como Deus. E o último passo tira você do avião. É quando fica livre e é o único responsável por si mesmo. Existe um momento real da verdade quando você estende a mão para o cabo que abre o paraquedas. Você desce absolutamente eufórico. Você fez algo que parece ridículo, em certo sentido, mas que, por outro lado, faz todo o sentido.

Bem, não estamos recomendando que todo buscador da verdade adote o paraquedismo como caminho para a iluminação, mas não pode restar dúvida – com base no comentário de Dustin Smith – de que abandonar a segurança do avião para dar um salto rumo aos perigos desconhecidos do céu é quase exatamente como o salto espiritual de se desapegar do ego e entregar a própria vida à orientação desconhecida do Eu Secreto. Os dois movimentos exigem coragem e exemplificam o buscar. Ambos ilustram a aspiração de romper o véu que nos impede de ver.

O país mais além

O resultado da transfiguração, da iluminação, é o ego se subordinar de maneira adequada ao Divino. Porém, antes que o Eu Secreto possa se manifestar para o buscador, deve decorrer um período de tempo durante o qual a aspereza da importância do ego vai sendo gradualmente limada até que não ocupe mais todo o campo da consciência, até que se faça espaço nessa dimensão para que entre a luz, para que o Divino seja revelado. Algumas pessoas estão a tal ponto mergulhadas nas maquinações do ego que não têm a mais pálida noção do que significa se subordinar a outro princípio. Para elas, o ego é o princípio e o fim, a soma total da existência, e, dependendo de como satisfazem esse eu superficial com poder, *status* e vitórias, sentem que tiveram sucesso na vida. A verdade é que o modo mais certeiro de garantir que *não* terá sucesso na vida, ou seja, conseguir compreender o sentido de existir, é satisfazendo continuamente o ego. O resultado dessas gratificações é a cegueira imposta pelas limitações, pois, sendo pequeno, o ego não consegue enxergar além de si mesmo.

Jesus, grande místico e mestre do conhecimento espiritual, disse que era mais difícil um rico entrar no reino dos céus do que um camelo passar pelo buraco da agulha. É óbvio que se trata basicamente de uma parábola. Jesus não se referia estritamente a homens ricos, pois há alguns que são muito espiritualizados, mas a pessoas que vivem para a gratificação dos sentidos e para ampliar o alcance de sua própria vaidade. Para essas pessoas, a expansão da consciência não está disponível. Porém, essa interdição não obedece a alguma razão moral, mas a uma razão puramente científica. Se uma pessoa prefere espiar por uma fenda na parede, um mundo parcial é revelado a ela. Se ela *atravessar* a parede, o verdadeiro perfil do território que existe adiante também lhe será revelado. Deixar o ego de lado e unir-se ao Eu Secreto possibilita à alma que aspira essa visão ampliada.

A expansão da consciência

A consciência é a chave para a descoberta do Eu Secreto. Tornar-se ciente de que a consciência é a mesma em todas as pessoas é um grande passo no caminho da iluminação. Assim que você assimilar a enormidade dessa situação, nunca mais será a mesma pessoa, pois irá perceber intimamente que atua no universo não uma multidão de almas que aspiram e buscam, mas um único indivíduo; que você é quem é e é todos os demais; que, em um sentido muito real, você e o seu semelhante são um só. Assim que perceber as magníficas implicações desse fato, verá que o segredo de viver com eficiência não é praticar sua vontade individual, como sempre pensou que fosse o caso, mas, em vez disso, conhecer e compreender cada vez mais os acontecimentos e os objetos de tal maneira que possa perceber corretamente seu propósito e seu destino. Isso você não conseguirá fazer observando os fatos superficiais registrados pelo eu-ego, mas somente expandindo a consciência até o ponto em que os acontecimentos e os objetos se tornam parte de você, como de fato são na realidade, já que tanto você como eles são o Eu Secreto.

Expandir a consciência de maneira infinita seria ampliar a união com a única força, o único poder, a única mente que realmente existe. Talvez, nesta era e neste estágio da evolução, esse objetivo seja impossível. Apesar disso, podemos expandir mil vezes mais nossa consciência, se não para incluir o universo, seguramente para incluir nossos amigos e conhecidos, assim como os acontecimentos e as circunstâncias à nossa volta. Por meio de um processo de identificação, podemos acabar conhecendo outras coisas, outras pessoas e os eventos externos na mesma medida em que conhecemos a nós mesmos. Contando com esse conhecimento, podemos agir em meio a todas as coisas em completo acordo com sua verdadeira natureza e destino. Desse modo, nossos atos terão uma espécie de onipotência e nosso trabalho alcançará um nível de eficiência absoluta de tal modo que daremos a impressão de estar moldando e mudando o mundo à nossa volta quando, na verdade, estamos apenas agindo conforme sua natureza real, mas não revelada.

Alquimia mágica

"Não sou eu, mas um poder maior do que eu" é o primeiro ato de reconhecimento que devemos prestar ao Eu Secreto. Assim que tivermos efetuado essa espécie de rendição, teremos colocado nosso destino onde deve estar, a saber, nas mãos de algo infinitamente mais informado e mais capaz. Abdicar das ânsias e insistências da natureza superficial e do ego é o primeiro passo, pois, enquanto estivermos atados por esse microcosmo ineficaz e diminuto, não podemos trabalhar com eficiência nem ter serenidade em nosso desenvolvimento espiritual. Devemos nos afastar do que sempre entendemos que fosse o eu e acolher o que sempre pensamos que fosse o não eu; nossa salvação está nesse distanciamento e nesse acolhimento. Jesus disse: "Não sou eu quem faz as obras, mas o Pai que habita em mim". Quando sua transfiguração ficou completa, ele disse: "Eu e o Pai somos um".

O eu superficial não se entregará facilmente. Suas batalhas e ânsias equivocadas serão constantes. Sábia e extremamente esclarecida é a pessoa que consegue controlar o ego o tempo todo. Ser humano é estar sujeito a erro, mas descobrir em seu interior a imagem da alegria e da perfeição é encontrar a saída do atoleiro das sensações físicas em que nos percebemos aprisionados em vida. A salvação para todos nós está muito perto, pois dentro de cada um existe uma luz santificada, um eu oculto que pode aliviar nossas dores e frustrações, por mais prolongadas e dolorosas que sejam. Temos apenas de descobri-lo e dar-lhe guarida para que se torne nosso verdadeiro eu e efetive sua magia em nossa vida.

3

A Maior Magia de Todas

NA SOCIEDADE ATUAL, HÁ UM DECLARADO PREDOMÍNIO das noções mecanicistas da vida. A maior parte das pessoas acredita que algo é o que é porque é feito de outras coisas, e tem a intenção de movimentar essa coisa manualmente, como se todos fôssemos jogadores de xadrez e a vida fosse um tabuleiro, onde as peças são os elementos que nos dizem respeito. Não demora nada para percebermos que sofremos a oposição de um adversário inescrutável e impiedoso e que nosso fim está presente. Temos dado atenção apenas ao aspecto superficial desse jogo e essa perspectiva jamais discerne as nuances da vida e seu real significado.

Mão e olho imortais

Os conceitos materiais da existência acabam se revelando tão estéreis que são deprimentes. Mesmo depois que a complexa maquinária do corpo humano foi reduzida às menores células, ainda não se encontrou a presença que o anima. Não existe nada ali, além do abismo insondável de um universo morto e indiferente, para saudar o pesquisador material. A forma da coisa é adequada à sua função e sua função corresponde ao seu propósito; inerente a cada coisa existe um projeto complexo e altamente inteligente que ultrapassa em muito o que quer que seja possível à mente superficial. Não é tanto com a forma que deveríamos nos ocupar, mas com a ideia que subjaz à forma, com o propósito inteligente que confere a ela o funcionamento perfeito.

> Tigre, tigre que flamejas.
> Nas florestas da noite.
> Que mão que olho imortal.
> Se atreveu a plasmar tua terrível simetria?
>
> William Blake

Observando os passos que dá o tigre poderoso e elegante em sua jaula no zoológico, você imediatamente sabe que está diante de uma criatura sumamente concebida para uma função específica, que não desperdiça um só movimento, que não tem nenhuma parte inútil ou de reserva. Se examinar a miríade de desenhos geométricos dos flocos de neve, você de imediato ficará ciente de que por trás da criação existe uma mente matemática suprema, um milhão de vezes mais capaz de compreensão do que os cientistas mais eruditos. O ordenado deslocamento dos planetas no espaço, a distribuição dos sistemas solares pelo universo, o desenho do átomo, o profundo e inescrutável mistério da vida animada: sem dúvida, somos cegos se não reconhecemos a atuação de uma inteligência suprema, guiando, moldando e dirigindo tudo com um propósito. Da infinita criatividade plástica dessa inteligência brotam todas as coisas. Ela faz tudo, formata tudo a partir de si mesma. Não temos em nossas mãos o destino do universo; esse destino está são e salvo nas mãos do nosso criador, que nos dotou de toda a sua potencialidade e de todo o seu poder.

Os fins da evolução foram assegurados muito antes que os humanos chegassem à cena terrestre; já estavam assegurados desde o início. Essa inteligência de escopo suficiente para conter o poder de dar origem aos conceitos de espaço, tempo e matéria, de criar as incontáveis formas de vida e animá-las com sua própria presença, certamente não iria, diante de qualquer crise, abdicar e ceder o controle a uma de suas criações apenas parcialmente desenvolvidas e de consciência fracionada. No entanto, essa é a conclusão de alguns pensadores; pelo menos daqueles que creem que as pessoas controlam o universo e seu próprio destino, pessoas materiais, superficiais, egocêntricas, parcialmente conscientes.

Passos em meio a estrelas

Há uma causa oculta para todas as coisas, oculta porque não é visível, invisível porque não assume nenhuma forma especial, e não corresponde a nenhuma descrição especial. Essa causa onisciente está eternamente por trás da consciência de todas as coisas vivas e determina todos os destinos, todas as consequências, todos os conflitos e todas as resoluções. Não se encolhe de propósito como um único aspecto de seu ser. Em seu interior não existem pontas soltas nem conflitos em aberto. É a mente universal, a inteligência divina, o Eu Secreto que anima todas as coisas vivas. Igualmente grande e infinita, não conhece limites em sua capacidade ou em seu poder e reside completa e inteiramente no interior da pessoa. Apesar de oculta à sua mente superficial, é o seu próprio eu imortal.

Esse é o eu cujos passos são visíveis em meio a estrelas, no desenho infinitesimal e complexo da semente que germina; na cor, na grandiosidade e na energia em ebulição da vida que evolui. Essa inteligência faz existir todas as formas e depois as esmaga e dissipa quando a ideia que lhes subjaz foi manisfestada. Esse é o ente único, a mente única, a vida solitária, a única presença verdadeira, o único eu real que existe. Imortal, nunca nasce, nunca morre, e as facetas infinitas de sua natureza múltipla são expressas no palco da vida. Cada uma de suas criações contém em si toda a essência, todo o poder e toda a inteligência do criador. Cada uma delas contém o Eu Secreto.

A vida nos avisa

Você talvez se pergunte "de que adianta ter um eu tão além da sua compreensão, que não é o 'eu' que sempre achou que fosse?". Na realidade, adianta muito. Se você presta atenção apenas na mente superficial, então as dimensões da vida para sempre estarão ocultas. Você não sabe de onde veio e não sabe para onde está indo; até mesmo se pergunta se um dia pode deixar de existir de uma hora para outra. Não consegue imaginar os bilhões de quilômetros de distância até a estrela mais próxima nem os bilhões de anos desde que a Terra começou a orbitar em torno do Sol. Não consegue ver a mente de outra pessoa, ou entender o que dá vida a um ser vivo, nem compreender o propósito da vida. Tudo é mistério. Tudo deixa minúsculo o pequeno ego que literalmente não consegue enxergar um palmo além do próprio nariz, e mesmo isso só entende vagamente.

A menos que sejamos tão obtusos quanto vacas no pasto, não conseguimos evitar nos sentir doentes quando vivemos focados no ego; simplesmente, o mundo é grande demais. Medo, futilidade, culpa e frustração são nosso fardo diário quando somos pequenos e inadequados e sabemos que somos pequenos e inadequados. Podemos ser camundongos e rugir como leões, mas imediatamente saberemos que somos camundongos, se vivermos absorvidos no ego. A vida avisa cada um de nós. Ou damos ouvido ou somos liquidados. Nenhuma pessoa reina absolutamente. Cada um de nós é parte integrante de uma única mente, de um único eu, de uma só inteligência suprema. Assim que compreendemos esse fato transformador, essa inteligência nos penetra e nos absorve por completo, servindo-se de nós para realizar seu trabalho neste mundo, trabalho que executamos no máximo de nossas capacidades humanas.

Visão em túnel

Está implícita no universo sua causa primeira, seu ímpeto original, e essa causa primeira é uma inteligência primal de que surgiram todas as coisas. Ocupa-se em se expressar e o resultado é essa variedade infinita no desenho da vida, essa série interminável de formas evolutivas que habitam o mundo. Cada uma dessas formas não é uma criação em separado da inteligência original, mas uma manifestação dela, de tal modo que cada aspecto contém a própria inteligência original, disfarçada de forma e limitada nessa medida; em sua essência, porém, permanece infinita, eterna e onisciente. Você não é o eu superficial limitado que sempre imaginou que fosse, mas, sim, essa mesma inteligência primal que tem manifestado todas as formas do universo.

Refletir sobre a natureza da inteligência e da consciência revela por que isso é assim. Quando nossa atenção se concentra em determinada coisa, desde que fiquemos completamente absortos, nós nos tornamos essa coisa que se apossou de nossa atenção. Essa qualidade da consciência de ser uma "visão em túnel" é responsável pelo admirável fenômeno da hipnose. Quando a hipnose é profunda e a consciência pode ser dirigida para um único objeto, o sujeito se torna o objeto e não nos entendemos de nenhuma outra maneira. Se dizem a essa pessoa que ela é um pato, ela grasna e anda como essa ave. Se lhe disserem que é um urso, vai rugir. Se lhe disserem que é um político, vai começar a discursar. Nós nos entendemos somente como um pato quando somos um pato, ou como um urso quando somos um urso, ou como um político quando somos um político. Por certo a inteligência universal em si deve estar plenamente absorvida em cada uma de suas manifestações, tornando-se aquilo que se tornou, com total amnésia de seu verdadeiro estado e de todas as demais manifestações de sua natureza. É por isso que não sabemos o que realmente somos e nos tornamos aquilo em que a consciência está focada.

Universo conceitual

Parece que a mente universal, a inteligência primal, tem a capacidade de se tornar qualquer coisa que se torne; melhor dito, é inerente à sua natureza tornar-se qualquer coisa que se enraíze nela como uma ideia ou um pensamento. A existência dessa mente universal deve ser puramente mental. Sua principal atividade, talvez a única, é o pensamento, é pensar, e cada um de seus pensamentos se manifesta como forma no mundo material. Cada pensamento contém em si a totalidade da inteligência do pensador, de modo que o pensamento é algo capaz de desenvolver outros pensamentos. Assim, se uma pessoa é um pensamento na mente de um pensador eterno, então a totalidade da inteligência desse pensador eterno está latente na pessoa. Assim é que a semente da libertação de uma consciência dirigida e focada está implícita em cada um de nós. De fato, podemos nos tornar qualquer coisa, fazer qualquer coisa, já que por trás de nossa consciência focada está a mente onisciente e universal. A semente de todas as possibilidades está em nós.

> Curto braço o homem precisa para alcançar o céu
> Tão pronto está o céu para se debruçar sobre ele.
>
> FRANCIS THOMPSON

Os aspectos metafísicos do relacionamento da mente universal com a mente superficial da pessoa devem ser entendidos de algum modo antes que seja possível a ela se libertar da sujeição às reações sensoriais e da escravidão imposta pelas circunstâncias. É perfeitamente adequado aconselhar quem sofre com as circunstâncias para que pense de maneira positiva, mas o mais comum é as pessoas não terem os recursos interiores necessários a realizar isso, do mesmo modo que não são capazes de combater os eventos físicos que as atacam. É preciso uma abundância de recursos espirituais para produzir a coragem necessária a libertar a alma da submissão ao eu superficial. E é preciso muita coragem para a pessoa se sustentar em seu salto no abismo da liberdade absoluta que vem de confiar completamente no Eu Secreto.

Em termos gerais, motivos como ganhos monetários ou influência pessoal simplesmente não são suficientes para produzir o ímpeto necessário a promover a união entre o Eu Secreto e a natureza superficial. Quando desejamos coisas por motivos egocêntricos, estreitamos os horizontes da nossa percepção ao ponto em que se torna impossível para nós vislumbrarmos o ser vasto e poderoso que habita em nós. Podemos ser espancados até nos submeter completamente, sofrendo a mais abjeta humilhação, mas a cessação das ânsias do ego é no mais das vezes temporária e, quando o equilíbrio da nossa vida foi recuperado, então o ego ganha novas forças, desiste de sua renúncia, e mais uma vez retoma a vida de antes, para o sofrimento da pessoa em seu interior. A única conversão verdadeira e duradoura à união com o Eu Secreto decorre de possuirmos os fatos do mundo mental e espiritual que habitamos. Isso quer dizer que vemos toda a mente como uma única mente, todo o espírito como um único espírito, todas as pessoas como uma única pessoa, e essa percepção não é aceita à base da fé ou de uma crença, mas a partir da clara percepção dos fatos tais quais existem, à base de provas indiscutíveis e irrevogáveis. Somente o entendimento mental obtido pela ampliação da consciência pode chegar a isso.

O pensador eterno

A vida de cada um de nós é exatamente como a interpretamos, e essa é a lei mental segundo a qual vivemos. Também nesse sentido, todas as noções da teologia e da metafísica, para cada um de nós, são exatamente como as interpretamos, pois as ideias que se enraízam em nossa consciência determinam o escopo e as limitações da nossa consciência. Em suma, Deus é como entendemos que seja, e basta mudarmos nossa noção de quem Ele é para mudar quem Ele é. Ele é uma ideia apenas porque é mente, e essa ideia é a mais ampla, mais perfeita, mais viável, mais clara de todas e, portanto, é nossa maior aproximação da Divindade. Nossas doenças são causadas pela pequenez da nossa maneira de ver; somente quando alargarmos nossa visão, empurrando mais adiante nossos horizontes, é que seremos curados.

A metafísica na qual se fundamenta este livro é a seguinte: existe um pensador eterno que pensa eternamente, e cada pensamento que esse pensador tem parece separado do pensador, mas não é. Cada pensamento apenas representa o pensador, mas não por inteiro. Na medida em que existe o pensamento, esse é o pensador, embora não por completo. O pensador é Deus, o pensamento é a pessoa, e Deus foi absorvido no pensamento, mas não está limitado por essa absorção. A qualquer momento, Ele pode se libertar pela expansão da consciência. Enquanto estivermos absorvidos no ego, estaremos absorvidos no pensamento e continuaremos sendo o pensamento, limitados pela ideia que originalmente nos levou a ser, mas, quando deixamos de lado nossa absorção no ego, esse estado de transe começa a se dissipar e começamos a nos reconhecer como Deus. Assim que nos aproximamos em alguma medida dessa posição psíquica, como quer que a chamemos, podemos mudar a ideia que originalmente deu margem ao ego. É aí que podemos nos tornar pessoas inteiramente diferentes, bastando que sejamos capazes de aceitar uma ideia totalmente nova e diferente de quem somos.

Devemos atravessar a aparente dualidade da vida antes de sermos capazes de entender claramente nossa unicidade com o Eu Secreto. Não existem muitas naturezas e seres em ação no mundo: somente uma. Todas são aspectos diferentes desse ser único. Cada aspecto está contido naquela quantidade de consciência que determina a forma dessa coisa, mas a consciência ali contida ainda é a consciência do Eu Secreto, limitada e aparentemente separada porque está absorvida na coisa que se tornou. Essa absorção, essa limitação, é o que conhecemos como eu superficial, como ego, e é o véu que nos separa do conhecimento da vastidão da nossa natureza e do nosso ser. Assim, desvencilharmo-nos do ego é a coisa a ser feita. Subordiná-lo ao Eu Secreto, situá-lo na posição psíquica adequada diante de seu mestre e diretor, e, acima de tudo, reconhecer que antes de mais nada o ego é uma ilusão, algo mutável, nuvem passageira que se interpõe entre nós e a pura e completa união com o Divino, esses são os passos que os iniciados devem dar antes que o trabalho que fazem no mundo seja marcado pelo poder e pela eficiência.

A consciência condicionante

Toda falta, limitação e disfunção que ocorre em nossa vida sucede em nossa mente; é literalmente criada ali porque é produto da nossa consciência limitada e egocentrada. Tropeçamos porque não vemos, e essa condição de não ver coloca obstáculos no nosso caminho. O filósofo inglês utópico Edward Carpenter disse: "Deveria ser tão fácil expulsar da cabeça um pensamento detestável quanto tirar uma pedra do sapato", mas, lamentavelmente, não é isso o que acontece. O pensamento detestável não é uma coisa em si, mas a falta de uma coisa. Condições negativas são percepções imperfeitas que ocorrem quando não conseguimos perceber que vacilamos. Simplesmente não conseguimos virar a mente de cabeça para baixo e sacudi-la para tirar algo que nem está lá dentro, para início de conversa. A razão para o pensamento detestável existir é a consciência ser pequena demais e simplesmente não ver. A solução, em vez de tentar se livrar de uma coisa que de fato não está lá, é expandir a consciência até que possa enxergar que a falta, a limitação e a disfunção só existem por causa de uma percepção mental imperfeita. Esse é o motivo de ocorrerem tantos fracassos com pessoas que tentam criar condições positivas em sua vida com pensamentos positivos. Em geral, esses pensamentos positivos giram em torno de dinheiro, saúde, amor, segurança, paz interior. Dizem para as pessoas que vivem em um estado de constante apreensão que elas precisam apenas reunir a coragem de dizer a si mesmas que são valentes. Apesar disso, não têm um verdadeiro coração guerreiro. Todas as afirmações positivas que repetem para si não adiantam nada; elas continuam tão aflitas e cheias de tensão depois desses autotratamentos quanto antes, e talvez até mais, porque agora a pouca confiança que sentiam anteriormente foi removida.

Simplesmente não adianta dizer a si mesmo que uma coisa é branca quando seus olhos dizem que é preta. Para que essa coisa se torne branca, ela deve *parecer* branca e a única maneira disso acontecer é você se tornar capaz, por meio do desenvolvimento psíquico, de atravessar a ilusão do preto. O medo não é algo inerente às circunstâncias. É inerente à nossa *reação* à circunstância. Se desejamos dominar o medo, devemos desenvolver o conhecimento e a percepção que nos permitam enxergar controle e segurança nas situações que antes víamos como ameaçadoras. Não há nada de errado em ter medo de um leão, mas, se queremos dominar o medo, estamos indo do jeito errado quando tentamos esconder o medo e partimos para enfrentar o leão na ignorância, o que só faz de nós uma saborosa refeição para a fera. A única maneira de dominar o medo de leões é aprender a lidar com eles. Assim que houvermos aprendido a controlar, vamos ao encontro do leão com perfeita segurança.

Não é a força, mas a arte que obtém o prêmio
E ser rápido é menos que ser sábio.

ALEXANDER POPE

A posição psíquica adequada

A causa única de todas as coisas é o Eu Secreto. Tudo é feito a partir dele. O desfile infinito de formas animadas no mundo é uma manifestação de sua natureza eterna e multifacetada. O Eu Secreto é puramente mental. Sua essência é luz, eletricidade. O Eu Secreto é significado pela enorme energia em equilíbrio no átomo, pela curiosa e invisível prisão que vincula as moléculas de uma determinada forma e lhes dá o formato de uma árvore ou de uma rocha. O fato maravilhoso, esperançoso e emancipador é o seguinte: a interação do Eu Secreto com suas criações é a causa da evolução das espécies e a causa da evolução individual. Nós podemos mudar, nos tornar melhores, chegando a um relacionamento adequado com ele.

Qual é esse relacionamento adequado? Não é um rebaixamento humilhante, nem uma submissão lamurienta, nem uma resignação abjeta. É a entrega controlada e consciente da vida a um poder mais habilitado para usá-la e desenvolvê-la do que o ego individual. O ego permanece, não há dúvida, assim como a mente superficial, apenas subordinados agora a veículos de maior poder. Uma consciência mais vasta do que a que dirigia a vida antes. Encontrar o relacionamento adequado entre o ego e o Eu Secreto é descobrir a posição psíquica a partir da qual todas as coisas são possíveis, esse vórtice de energia e criatividade que faz a pessoa mais humilde se tornar um gigante.

Aprenda a ouvir. Há vozes falando dentro da alma. Quando você entrega conscientemente a direção de sua vida a algo que não é o ego, a voz do Divino se torna inconfundível. A visão interior vem com essa voz interior de modo que intuitivamente você perceberá a verdade em situações nas quais antes ela estava oculta. Misteriosamente, os limites da consciência se alargam e passam a abranger pessoas, coisas, situações. Com isso, você se movimenta de acordo com a natureza de pessoas, coisas e situações de tal modo que suas ações começam a assumir uma espécie de infalibilidade por meio de uma sintonia perfeita com o que rodeia você e as pessoas com as quais entra em contato.

Abrindo a prisão do eu

A imaginação é a chave que abre a prisão do eu. Cada um de nós está encarcerado dentro das paredes precárias do nosso ego. Essa contenção, essa restrição é que nos impõe seus males, que nos bloqueia e afasta da fonte de nosso poder. A essência mental do Eu Secreto é a imaginação. Em um rápido instante, a imaginação pode vencer todos os limites, todo o espaço, todo o tempo. Você, o animal físico, é tão somente uma criatura infinitesimal se debatendo no gigantesco abismo do espaço-tempo, mas você, o ser mental, tem a mesma sutura do próprio universo, pois sua mente consegue perceber tudo e compreender tudo, a natureza mesma da matéria e da vida. A imaginação nos impele a essa compreensão. A imaginação é nossa ligação com o Eu Secreto.

John Masefield, poeta e escritor inglês, escreveu: "O homem consiste de corpo, mente e imaginação. Seu corpo é falho, sua mente não é confiável, mas sua imaginação o tornou notável. Em poucos séculos, sua imaginação tornou a vida neste planeta um exercício intenso de todas as energias mais adoráveis".

Já está estabelecido que qualquer coisa mantida como imagem na mente encontrará um caminho até o mundo externo e se manifestará como fato físico. Isso se dá não porque mudamos o mundo externo, mas porque somos capazes de ver nele somente aquelas coisas que nossa consciência está condicionada para perceber. Quando mudamos a consciência, mudamos nossa percepção. A consciência é geralmente modificada por estímulos provenientes do mundo exterior. Quem nasce em uma família rica tem facilidade para desenvolver uma consciência da prosperidade; com isso, a pessoa vive sempre em uma condição de abundância. Nesse mesmo sentido, os que nascem em uma condição de pobreza tendem a desenvolver uma consciência de escassez e, assim, vivem sempre em uma condição de escassez. Sendo essa a verdade de cada um de nós, somos escravos do nosso ambiente. Entretanto, o instrumento que nos liberta está dentro de nós: é a imaginação. De acordo com o modo como usamos esse poder da mente de condicionar a consciência, conseguimos refazer nossa vida.

A imaginação pode condicionar a consciência da maneira que você quiser. Usada de maneira adequada, a imaginação pode fazer de você o mestre de todos os acontecimentos, de todas as circunstâncias. Você não precisa mais existir como uma equação de reações a coisas e acontecimentos à sua volta; em vez disso, pode formatar em seu ser mental as imagens que melhor correspondem a seus objetivos e intenções pessoais. Ao visualizar essas imagens em vez de oposições e desencorajamento, não existe nada capaz de impedir você de alcançá-los.

Visualização

Que coisa maravilhosa é o poder da mente para visualizar! Competições, cenas, áreas inteiras de ação podem ser moldadas na imaginação, com todas as cores e sons, de um momento para o outro. Vemos o que escolhemos ver na nossa mente, e esse é o fato principal da nossa existência. Sempre somos nem mais nem menos do que as coisas que fincam raízes na nossa consciência. Quando resolvemos que vamos deixar de fora tudo aquilo que nos denigre, restringe ou limita, damos o primeiro passo para tornar nossa própria vida uma sucessão de ações autodeterminadas, e não mais reações. A parte divina em nós é mental, espiritual. O mais espantoso de nossa existência não são as mãos, os olhos, o coração, o fígado e nem mesmo o cérebro, mas o fato de pensarmos, visualizarmos, concebermos, originarmos. Em virtude da dádiva de algum gênio, somos capazes de escolher o que iremos pensar e, com isso, determinar nosso destino.

Toda criatividade decorre do relacionamento do eu superficial com o Eu Secreto, e do efeito dinâmico da imaginação sobre o Eu Secreto. O autor começa a entrar em sintonia com sua musa quando subordina seu eu superficial a alguma força interior que sabe ser grandiosa e amplamente eficiente. Depois, concentra sua imaginação na história e nos personagens e, por meio de um processo que parece inteiramente independente dele, esses personagens começam a se movimentar e se revelar, e a história se desenrola. O autor não está "inventando". Para ele, a narrativa é tão real quanto as cadeiras e as mesas em sua sala, ou talvez até mais. O que está acontecendo em sua mente está acontecendo *dentro* dele, e ele o reconhece de imediato como parte de si mesmo, como algo que o modifica e o torna diferente da pessoa que existia antes que a história lhe ocorresse e que os personagens agissem. Está em andamento na tela móvel da mente do autor um drama altamente simbólico e intensamente significativo, pois aquilo que ele visualiza ali é vivido por ele e se torna uma parte de si mesmo; sua consciência é modificada por esse conteúdo. Não é o autor que cria o livro, mas o livro que cria o autor, assim como todos nós somos criações de imagens mentais, ideias e pensamentos que se instalaram em nossa mente.

A semente da perfeição

Cada um de nós é um bebê na metamorfose da alma através de uma miríade de formas e de uma eternidade de mudanças. Pensamos em nós como coisas concretas, como algo com limites, imutável. Quando temos oportunidade de fazer referência a nós mesmos ou nos examinar de maneira introspetiva, acreditamos saber a que nos referimos e somos inflexíveis em nossa confirmação de quem somos. A verdade é que nem nos conhecemos, nem somos a mesma pessoa de um momento para o outro. Se pensarmos que somos um corpo, a mutabilidade do nosso eu fica evidente. É praticamente impossível até para uma família reconhecer um ente querido depois de trinta anos de ausência, tamanha é a nossa mudança. Basta um pouco de reflexão sobre a qualidade mutável da consciência para, sem dúvida, percebermos em alguma medida a infinitude de eus que a mente superficial e o ego se tornaram desde que apareceram no mundo. Nas palavras de Shakespeare, "primeiro o bebê, choramingando e regurgitando, depois o garotinho de rosto luminoso pela manhã, depois o enamorado, suspirando como uma fornalha, depois o soldado, cheio de estranhos juramentos, depois o juiz de ventre redondo como uma barrica, depois o idoso emaciado de chinelos, depois a segunda infância, sem dentes, sem olhos, sem paladar, sem tudo". Realmente, Shakespeare percebeu as muitas máscaras usadas pelo Eu Secreto em sua jornada através da vida. A pessoa que aponta para si mesma e incumbe sua mente superficial e seu ego de serem reconhecidos e diz "eu sou isto", "eu sou aquilo" não faz mais do que denunciar sua tendência a se tornar a imagem que tem na mente. O resto é ilusão.

O conhecimento do eu que vai emergindo naturalmente traz em si o medo de um universo vasto e impenetrável. Não existe esse tipo de medo na vaca que, pastando e ruminando toda contente, não sabe que é uma vaca ou qualquer outra coisa. Ela apenas existe como um feixe complexo de nervos, sangue e tecidos, reagindo às situações que a cercam, de acordo com um conjunto estabelecido de reflexos chamados instinto. Como ela não contempla as estrelas, não se pergunta qual será o tamanho do mundo, se é ou não separada dele e inclusive se existe de fato. Somente a imaginação e a consciência ampliada conhecem o eu, conhecem o ego e a mente superficial, e esse conhecimento, essa consciência contida e refinada, torna o ser humano diferente de todas as demais formas de vida. Ter consciência de si é ser humano, é ter chegado a esse que é o estágio atualmente mais alto do desenvolvimento evolutivo do Eu Secreto. No entanto, alguns indivíduos evoluíram muito mais e, a cada dia, mais e mais estão rompendo os limites. Em breve, uma nova raça de gigantes intelectuais e espirituais irá aparecer na Terra, com um nível de consciência tão mais elevado quanto o dos humanos atuais é em comparação com o dos símios. A esses gigantes, serão revelados os segredos do espaço, do tempo e das dimensões, o que fará do universo inteiro sua casa, permitindo que transitem de um planeta a outro, de uma estrela a outra.

Nesta nossa vasta Terra,
Em meio à grosseria incomensurável e à escoria,
Aninhada e segura no fundo de seu coração,
Está a semente da perfeição.

WALT WHITMAN

O astrônomo

É comumente verdade que os que se dedicam à astronomia como profissão têm uma tendência a filosofar. Talvez porque o foco de sua consciência esteja voltado para espaços que tanto encolhem seu eu físico e, com isso, não conseguem evitar uma preocupação com o princípio e o fim da vida, com o destino da humanidade. Realmente, parece impossível contemplar a incrível abóbada iluminada dos céus sem um sentimento de reverência e assombro diante da obra de uma óbvia inteligência suprema. De todo modo, Sterling tornou-se estudante de filosofia mais ou menos na mesma época em que começou a estudar astronomia e, durante toda a sua carreira, afirmou que uma atividade era apenas uma extensão da outra. No entanto, apesar de sua dedicação a ambas as áreas de conhecimento, na maior parte de sua vida não obteve sucesso de monta em nenhuma delas.

A certa altura, Sterling disse: "Acho que sou apenas um mecânico razoável. Algumas pessoas nascem para juntar as peças depois que outros tiveram a ideia. Eu junto as peças". No entanto, era fácil discernir que ele estava insatisfeito com a avaliação que fazia de si mesmo, ainda que parecesse verdadeira. Em qualquer observatório onde trabalhasse, era encarregado de fazer mapas. O trabalho de pesquisa e com probabilidades teóricas era deixado para outros.

Mesmo em seus estudos filosóficos, Sterling seguiu por um rumo similar. Tornou-se um compêndio ambulante de toda a filosofia que já fora escrita. Podia citar a página e o número das obras de Platão, Descartes, Hume, Locke, Lao-Tzu, o *Bhagavad-Gita*, mas, ainda que abarcasse todas, nenhuma delas tinha se enraizado nele e Sterling não professava nenhuma filosofia em particular. Apesar de todos os seus estudos e de tudo o que tinha aprendido, parecia um charco intelectual, como se as ideias simplesmente não fincassem raízes em um solo tão estéril e desprovido do poder de germinar.

Como é forçoso que se dê com todos nós, o tempo enfim levou a vida de Sterling a um ponto em que ele se viu capaz de olhar tão longe para o passado quanto para o futuro, e o que viu o deixou angustiado. De repente, estava cônscio de que os movimentos rotineiros de sua existência não seriam toleráveis por mais trinta anos. Então, decidiu que ou bem achava outra profissão, ou descobria um novo sentido na que tinha. Sterling buscou ajuda.

Ele se perguntou o que estava deixando de ver. Em suas palavras: "É quase como se algum ingrediente tivesse sido esquecido quando nasci e por isso sou incapaz de apreender o sentido da vida. Vejo o mesmo modelo em tudo, nos céus, na lógica e na concentração do esforço intelectual humano, mas não consigo ver o que isso tem a ver comigo, por que o simples fato da minha existência tem qualquer ligação com o mundo e com o que acontece nele".

Perguntaram-lhe se ele conseguia imaginar um mundo sem ele. Ele respondeu que certamente sim e que costumava pensar que seria muito melhor. Depois perguntaram:

— Se você acha possível nunca ter existido, como pode achar que continuará existindo depois que esta vida terminar?

— Não acho. Penso que isto é tudo. Quando as cortinas descerem aqui, é o fim.

— Mas e o modelo que você mencionou? Aquele óbvio esforço coletivo da vida na direção de algum objetivo comum?

— Isso pertence a outra pessoa, não a mim. Não consigo entendê-lo, muito menos fazer parte disso.

— E como pode se isolar das coisas que enxerga à sua volta? Se tudo na vida parede ser parte de alguma inteligência central norteadora, sem dúvida você percebe que também faz parte. Se o que quer que esteja sendo feito aqui está sendo feito por meio das encarnações de algum ser supremo, então cada encarnação representa o ser supremo e não é diferente dele, nem está isolado dele.

— Talvez não. A lógica parece lhe dar razão. Só posso lhe dizer como me sinto, e sinto que me deixaram de fora, que não sou parte do que está acontecendo.

— Então, seu problema deve ser o egoísmo.

Sterling quase saltou da cadeira quando exclamou: — Egoísmo! Tenho esposa e quatro filhos que eu mesmo sustento. Faço parte da diretoria da igreja, da Câmara de Comércio e sou membro de quatro associações assistenciais. Parece que metade da minha vida é dedicada a servir os outros. Como pode me chamar de egoísta?

— Eu não disse que você não se importa com os outros. Quero dizer que tem uma preocupação excessiva por si mesmo. Qualquer um que se delimite e se isole por completo é egoísta, é egocêntrico. Como não consegue expandir os limites da consciência mais além do que já se impôs, não tem a menor chance de perceber como está unido com a vida como um todo e com todos os seres.

— E como se faz isso?

— Tentando. Dando-se ao trabalho. Enquanto continuar reclamando da falta de sentido da vida, enquanto adicionar camadas ao véu, você estará endurecendo o ego e dando a ele uma realidade que de fato o ego não tem; portanto, está ficando cego por causa disso.

— Você quer dizer que, porque apenas tenta conhecer uma consciência mais elevada, a pessoa automaticamente alcança uma consciência mais elevada?

— Talvez seja simplesmente assim. Sem dúvida, quando a psique humana se abre para receber um conhecimento que está além dela, então e somente então chega à condição de receber esse conhecimento. Isso não é uma mudança na consciência? O que antes estava fechado e era impenetrável agora está aberto e é receptivo. Esse é o segredo da consciência ampliada.

— Essa é uma coisa solitária? A pessoa deve se retirar da vida ativa para alcançá-la?

— De modo algum. O melhor lugar de todos é a área de seu trabalho e atividade diária. Se você ficar de fora de si mesmo em cada coisa que fizer e se empenhar deliberadamente em sentir e pensar do ponto de vista dos outros que estão envolvidos com você nessa ocasião, então encontrará a porta em sua consciência que será aberta. A luz entrará por aí.

Sterling decidiu experimentar. Dizia que sua exploração dos céus tinha sido sempre uma coisa separada dele. Tinha observado o espaço como se fosse um invasor, e a única coisa que lhe havia sido revelada era que ele não passava de um cisco indistinto em um cisco indistinto. Então, decidiu trabalhar na teoria de que o céu inteiro estava dentro de sua consciência. Essa ideia o intrigava.

Alguns meses depois, descobriu uma nova estrela. Um ano mais tarde, apresentou um artigo elucidando a criação constante do hidrogênio, pelo qual foi amplamente elogiado. Aos amigos deu a seguinte declaração:

É impossível penetrar o cerne de uma matéria se a pessoa está apartada dela. De alguma maneira misteriosa, todos compartilhamos a mesma consciência e, quando conseguimos derrubar as paredes que nos separam das coisas que estamos fazendo, somos capazes de entender o significado delas por uma espécie de apreensão direta. Acho que se poderia chamar isso de intuição, mas na realidade é muito mais. É um saber absoluto sendo aquilo que se está buscando conhecer. Se isso parece misterioso, só posso dizer que aconteceu comigo. Descobri uma supernova não porque eu a vi, mas porque eu sabia que estava lá. Consegui contribuir para a Teoria da Criação Constante não porque sou um gênio da Matemática, mas porque no fundo de mim eu sabia que isso era assim.

Expressando o inexpresso

Carl Jung disse: "Como não podemos voltar atrás no desenvolvimento e retomar a inconsciência animal, só resta o esforço mais extenuante de seguir em frente rumo à consciência mais elevada". Praticamente todos os males, os medos, as culpas, as hostilidades e as frustrações humanas decorrem do fato de que não temos mais a falta de noção dos animais, sem ainda termos expandido a consciência mais além dos limites do eu superficial. Enquanto permanecermos acorrentados ao eu superficial, a vida será um fardo que não somos equipados para suportar.

Estranhamente, é bem diferente transmitir essa mensagem simples. A ilusão de um eu-ego separado é tão forte em muitas pessoas que não há tentativas suficientes de convencimento, exemplos ou provas capazes de dissuadi-las de sua consciência ilusória. "Enquanto funcionar, para mim serve", parece que é a conclusão que tiram, sem ver que não está funcionando de jeito nenhum, que elas são apenas autômatos manipulados por sua reação a estímulos externos. Enquanto adquirirem objetos materiais para terem conforto em dose suficiente, ficam satisfeitas com o nível atual de sua consciência, vivem sem noção de nada, não têm aspirações, não têm possiblidade de expandir. Viver com a consciência sonolenta do animal não satisfaz nenhuma parte da alma. Se a pessoa tem em seu interior alguma parcela do que é infinito e eterno, então torna-se sua obrigação expressá-la. Se não faz isso, perde sua alma. No final, o inexpresso se torna inexistente.

Algo vem se movimentando constantemente para a frente e para cima, através de eras incontáveis, desde o início do universo. Consolidou-se a partir das névoas e da argila da primeira criação, trouxe vida para os recantos mais escuros da Terra, para o fundo abissal dos mares, para os desertos mais áridos. Onde quer que haja espaço e substância, ali também deve haver vida, pois nada é verdadeiramente inanimado em toda a criação. Cada mente, cada inteligência, cada vida busca uma expressão mais completa e múltipla de seu eu oculto e não revelado. Todas as coisas são feitas de uma só coisa, desenvolvem-se em uma só direção, e todos os caminhos convergem em algum lugar infinitivo onde cada qual encontrará seu lugar no coração do Eu Secreto. Somos exatamente aquilo que moldou a Terra e os planetas, cuja inteligência infinita e miríade de modelos são encontrados na complexa geometria do espaço quadridimensional e na complicada coesão do átomo. Temos apenas de renunciar à máscara que apresentamos aos outros e a nós, abrir mão do ego, e buscar asilo no âmbito mais amplo da consciência, onde nos será revelado de imediato um universo vivo do qual não apenas somos o centro, como o contemos por inteiro.

Planos superiores de consciência

Há planos de consciência em que ninguém ainda penetrou. À espera do aventureiro intelectual, existe uma enormidade de domínios inexplorados da mente. Os seres humanos podem ter cruzado oceanos e chegado aos polos, podem inclusive estar se aventurando no espaço, mas até o momento não conhecemos nem nossa origem, nem nosso destino. Isso está oculto nas camadas latentes da nossa consciência. A causa inevitável de todas as coisas é a mente. Antes que alguma coisa material ou de substância chegasse a ser feita, deve ter havido um conhecimento prévio dessa criação, e esse conhecimento prévio só poderia pertencer a um ser intelectual, uma mente. Portanto, deduzimos que no cadinho da criação o pensamento sempre antecede a coisa, e que o próprio pensamento são coisas no processo de serem formadas. A natureza da existência é ser consciente. Ser consciente é pensar. Pensar é dar forma a pensamentos, pois toda consciência é um motor, e, no momento em que um pensamento é impresso na consciência, a consciência se agiliza para lhe dar uma forma. Tudo o que existe, por conseguinte, existe graças à consciência. É feito tão somente de inteligência primal e só existe porque é uma ideia ou um pensamento na mente da inteligência primal. Uma vez que a criação de coisas incorpora alguma medida dessa inteligência, a coisa assim criada e a inteligência assim incorporada aproximam-se da inteligência do criador. A coisa criada se torna cada vez mais como seu criador e só difere em termos das limitações que lhe são impostas pela ideia que lhe deu forma.

O poder de mudar

Dado que uma consciência ampliada está sorrateiramente presente em cada coisa criada, nessa medida ela pode se libertar da sujeição à ideia que a originou, de tal modo que se torna possível à coisa criada – diante de sua busca de fusão com a dinâmica da inteligência primal – alcançar o poder dessa inteligência na razão direta de quanto pode apreender. Em outras palavras, não somos confinados por nossas limitações porque fomos criados de certo modo. Podemos nos voltar para a consciência mais ampla que reside em nós e convocá-la para que se manifeste em nossa vida e amplie nossa consciência, nossa percepção e nosso conhecimento a fim de efetivamente nos tornarmos diferentes e melhores do que fomos até aqui.

Sem dúvida, esse deve ser o propósito da vida em si: que as expressões criadas de alguma excelente inteligência primal alcancem o pleno conhecimento e toda a capacidade de consciência dessa inteligência e, com isso, se unam. O mundo e tudo o que está nele são expressões do Divino, que nunca se revela mais do que parcialmente em cada uma de suas inúmeras e diversificadas expressões, mas é plenamente inerente a cada uma delas. Todo o poder do Eu Secreto está dentro de você. Uma mínima porção desse grande criador não foi recortada e instalada. Em sua totalidade, ele está em seu interior, onde permanece em estado latente, pronto e apto a ampliar a sua vida na mesma medida em que você é capaz de se libertar das algemas impostas pelo ego.

A causa oculta de todas as coisas é a mente primal que subjaz à criação e se faz presente em cada criatura de acordo com a consciência dela, de acordo com a imagem que existe na mente. O que presenciamos no mundo é o desfile incessante de pensamentos tornando-se coisas, não porque os pensamentos criam coisas, mas porque só percebemos as coisas que ocupam a nossa consciência como pensamento. No fundo, todas as coisas passíveis de serem visualizadas mentalmente já existem porque, para serem visualizadas, já devem ter sido concebidas na mente da inteligência absoluta. Portanto, não existe o que se possa chamar de um novo pensamento ou de uma nova ideia do ponto de vista do Eu Secreto, mas cada ideia ou pensamento só é novo do ponto de vista da consciência individual que a apreende. Assim que a ideia se instala em uma consciência individual, a pessoa de pronto percebe sua contrapartida material no mundo. Então, parece que a ideia criou a coisa, mas na realidade essa coisa estava lá o tempo todo; existia na mente do Eu Secreto e só esperava ser percebida pela consciência individual.

Vemos somente o que somos

É um fato indiscutível que seis pessoas paradas em uma esquina qualquer verão coisas imperceptíveis às outras em razão das diferentes qualidades da consciência de cada uma. O corretor de imóveis vai basicamente prestar atenção no valor de um terreno vazio. O médico vai se preocupar com o modo desequilibrado de andar de um transeunte. Outra pessoa, do ramo da publicidade, vai prestar atenção no local disponível de um espaço para anúncio em cima de uma farmácia. A senhora idosa vai se afligir com a velocidade dos carros. O vendedor de automóveis ficará atento ao novo modelo de um concorrente. O empreiteiro vai reparar que a fachada da drogaria precisa de uma pintura. A lista é interminável. Diante da variedade infinita da espécie humana, é seguramente impossível para duas pessoas escolhidas de modo aleatório enxergar a mesma coisa na mesma esquina. O que vemos sempre é resultado da nossa consciência. Vemos apenas o que já foi moldado como imagem mental na nossa cabeça; e vemos somente o que somos.

Não há como se libertar desse fato. É a lei básica da existência e pode ser usada para restringir a consciência ou para expandi-la, mas é forçoso que a consciência trabalhe sempre. Ao usá-la, e não há como evitar usá-la, podemos encolher nossa alma ou expandi-la; não há meio-termo. Somos amaldiçoados ou abençoados em nosso íntimo, e o ego se instala no trono do julgamento, sem dúvida como um falso juiz, como uma ilusão, para início de conversa. Quando subordinamos o ego ao Eu Secreto, conseguimos expandir a consciência e ampliar a capacidade de conscientização a fim de usarmos plenamente a lei do crescimento e do poder. Contudo, enquanto o ego permanecer como rei, continuaremos escravos de um tirano que encarcera nossa consciência em limites muito estreitos.

Desbravadores

O caminho que a humanidade percorre rumo à descoberta da união com o Eu Secreto é seguro. Essa descoberta é o objetivo da evolução. Um dia, a Terra será ocupada por uma raça de gigantes intelectuais e espirituais em que o Eu Secreto será plenamente revelado. Enquanto isso, o caminho não está identificado. Os desbravadores seguem solitários. Comece a percorrê-lo, se assim o desejar. Haverá tanta satisfação em fazer o trajeto quanto em alcançar o destino, pois é um percurso repleto de aventuras, de uma empolgação que faz a alma vibrar, de uma estimulação intelectual profunda. Atrás de você, ligeiramente mobilizada, vindo devagar, mas sempre a segui-lo, vem toda a humanidade.

Thomas Carlyle disse que "a faísca luminosa do Pensamento, gerada ou enunciada, e não tanto acesa pelos céus, na mente solitária, desperta sua semelhança manifesta em outra mente, em milhares de outras mentes, e todas incandescem juntas em uma fogueira coletiva".

4
Autodomínio

Bernard Berenson, um historiador especialista em arte renascentista, observou que "uma vida completa pode ser um término de tanta identificação com o não eu que não resta nenhum eu para morrer". Sem sombra de dúvida, essa aspiração espiritual tem como meta atingir um relacionamento assimétrico e apropriado entre o eu-ego e o eu supremo, chegando assim à disciplina finamente treinada do autodomínio.

É tolice tentar controlar o eu-ego por intermédio do eu-ego. O controle implica um elemento a ser controlado e um elemento que exerce controle; portanto, uma dualidade. Se o elemento a ser controlado tenta dominar a si mesmo, não há esperança de atingir o equilíbrio e o direcionamento da personalidade. É o eu-ego que deve ser controlado. É o Eu Secreto que deve exercer o controle, e o verdadeiro autodomínio só é alcançado quando nos identificamos com o Supremo nos mais recônditos recessos do nosso ser. Por meio dessa espécie de união com a força vital primal, tornamo-nos então capazes de moldar nosso próprio eu-ego e de exercer controle sobre ele, modelando-o e formatando para que se ajuste às finalidades da nossa vida.

A instigação do subconsciente

São inatos à personalidade de cada ego milhares de ânsias e instintos subconscientes que tendem a nos manobrar em nossa busca espiritual. Raramente, talvez nunca, tomamos decisões em uma área da consciência que seja isenta de culpa, receios e inveja por parte do eu-ego. Por conseguinte, nunca somos realmente livres para decidir nada. Toda decisão brota em nós vinda do subconsciente e nos recorda, em um nível aquém da capacidade de conscientização, de algum incidente há muito esquecido em que o ego sofreu ou teve prazer, e agora, na situação presente, vemo-nos forçados a seguir um caminho ditado pela reação do ego, permanecendo escravos do passado. Simplesmente não é possível combater essa reação. A pessoa que tem um medo exorbitante de alturas, por exemplo, nunca se cura disso apenas se expondo a alturas. Inclusive esse tipo de tratamento tem chance de causar um completo transtorno de personalidade, como uma histeria fóbica que domina a pessoa. Em última análise, esse paciente só consegue superar tal medo modificando a importância do eu-ego, removendo-o de sua posição proeminente na consciência e desenvolvendo uma noção mais profunda e elevada de quem é por meio da identificação com o Eu Secreto. Desse modo, a vida da pessoa passa a ser norteada pela essência mental e espiritual em vez da reação protoplásmica de prazer *versus* dor.

O eu-ego não tem domínio de si mesmo, não pode ser seu senhor; ele apenas se ilude quando tenta obter esse domínio. A maioria das pessoas fica tão frustrada com a força de vontade em sua própria psique que busca com desespero se livrar do fato por demais evidente de que nunca pode se levar a fazer o que quer. Se sofrem de excesso de peso, por exemplo, sabem que podem emagrecer comendo menos. Elas querem ficar magras, mas sua psique se enreda em si mesma. O prazer futuro de serem magras entra em conflito com o prazer presente de comer; comem e continuam gordas. Por mais dano que isso possa causar à sua aparência, isso não é nada quando comparado ao dano causado à sua psique já comprometida. Agora, sabem que não conseguem se levar a fazer algo que devem fazer, e fica perfeitamente claro para elas que não estão no controle da própria vida. Alguma outra coisa está, e sentem que essa é uma coisa indesejável, constituída de caprichos, mau humor, ânsias e sensorialidade. Elas querem ficar livres disso, mas não conseguem se conter, pois estão tentando ser sujeito e objeto de uma mesmíssima coisa: o eu-ego. Em todas as ações, como a Física comprova, existe uma coisa a ser movida e algo que a move. Dada a natureza do espaço, da energia e da substância, um objeto não pode se mover sem algo que aja sobre ele ou contra ele. O eu-ego é uma coisa a ser movida, e precisa de algo anterior que a mova: o Eu Secreto.

Vontade é igual a intelecto

Benedict de Spinoza escreveu: "A vontade e o intelecto é uma só e mesma coisa". Em outras palavras, sempre fazemos aquilo que nosso entendimento nos instiga a fazer. Desejar não basta e o desejo em si é somente uma chave que abre a porta do entendimento. O conhecimento move o mundo. Não podemos fazer que nós mesmos ou outra pessoa faça qualquer coisa que não sejamos capazes de controlar por meio de um completo conhecimento de todos os fatores envolvidos. Existe uma lei por trás de todas as realizações, todas as conquistas, toda criação, toda ação: é a lei do sacrifício. Nada neste mundo é conquistado exceto desistindo de alguma outra coisa, pois nada ocupa e absorve a consciência exceto desalojando outra coisa dessa posição. Aquilo que ocupa a consciência recebe toda a energia, todo o pensamento e toda a imaginação da pessoa, absorve-a por assim dizer, e tende a entrar em sua vida como uma coisa inteira e completa. Você não atinge seu objetivo simplesmente ao querê-lo; em essência, você o atinge pensando nele. Pensando nele, você aumenta seu entendimento a esse respeito e é esse entendimento que assegura o objetivo no final.

O primeiro tipo de entendimento que precisa ser alcançado é o entendimento da psique, de como é dividida, de como consiste no pequeno "eu" (o ego) e no grande "eu" (o Eu Secreto), de como o relacionamento entre essas duas dimensões determina a saúde mental e a eficiência do indivíduo. O autodomínio começa com o conhecimento da identidade equivocada, de como você sempre pensou sobre si da maneira errada. Quando você percebe, por mais difusamente que seja, a pessoa gigantesca que realmente é, então é capaz de sentir compaixão pela luta travada pelo pigmeu que é o ego a fim de educá-lo, dirigi-lo, ampliá-lo e, assim, ampliar a sua vida.

O autor e reformador social inglês Havelock Ellis disse: "Nenhuma disciplina pode ser indolor" e, quando o ego busca fora de si um método de disciplina e crescimento, deve haver a dissolução das amarras, o descarte das algemas, a expansão por novos territórios de aspiração. Tudo o que é velho e restritivo deve ser deixado para trás, assim como tudo o que foi rotina e seguro. A alma deve alçar voo rumo a uma nova e mais elevada área de consciência, com asas valentes, ousando e aspirando. Assim como o êxtase é próximo da dor, virá a dor, depois o êxtase, depois a dor de novo e será rompida a concha que estava fechada e brotará o entendimento.

Autodisciplina

O eu superficial não tem o escopo nem o poder de exercer controle sobre si mesmo. Quando tenta se impor essa disciplina, obtém uma espécie de efeito de pantomima, permanecendo inteiramente o ego superficial, mas revestido de inibições e restrições que fazem dele uma paródia grotesca de si próprio. A disciplina só é possível por meio de uma sujeição. Devemos reconhecer a existência de um ser ou de um princípio maior do que nós mesmos a fim de seguirmos suas diretrizes. Assim que prestamos esse reconhecimento, então a vida como um todo é envolvida no trabalho que está acontecendo, desce sobre nós um poder vindo de mais além, e são realizados trabalhos que antes estavam completamente fora do nosso alcance.

A maior parte dos esforços de autodisciplina é patética ou hilária, pois o eu-ego simplesmente não é capaz de controlar o subconsciente. Os sentimentos que procedem do subconsciente são a força motivacional de nossa vida, e toda a lógica e todo raciocínio são meras racionalizações subsequentes ao fato de sermos obrigados a fazer certas coisas ou a não fazermos nada porque somos impelidos ou contidos pelo subconsciente. Se conscientemente desejamos uma coisa e o oposto fica aparecendo na nossa vida o tempo todo, é porque nosso desejo consciente não se coaduna com nosso desejo subconsciente. O que desejamos de modo subconsciente sempre nos é proporcionado no final. Não há vontade, desejo ou esperança que consiga alterar essa lei imutável, pois o subconsciente tem uma ligação umbilical com a mente suprema, e o que nele é impresso como pensamento, ideia, desejo, é inevitavelmente entregue como fato no mundo da pessoa.

Nós contra nós mesmos

Na realidade, é impossível à mente consciente sustentar uma imagem que esteja em oposição direta aos sentimentos subconscientes. Por exemplo, se temos medo de saltar de um trampolim e decidimos superar esse medo, devemos primeiro condicionar o subconsciente a não sentir esse medo. Se não fizermos isso, não temos absolutamente nenhuma chance de dar esse salto. Podemos subir no trampolim. Podemos olhar para a água lá embaixo. Podemos ordenar às pernas que nos lancem para a frente, mas elas simplesmente não vão se mexer. A imagem que o medo criou no subconsciente nos deixa paralisados, e nos protege do perigo que teme. Essa imagem condicionada foi instalada no subconsciente pelo impacto da mente consciente, mas a imaginação e uma nova imagem condicionada, isenta de medo, pode ser instalada ali também pela mente consciente e, quando isso acontece, estamos livres para saltar do trampolim quando quisermos.

Em si, a força de vontade é algo muito mal compreendido e supervalorizado. Como uma cascavel, em geral ataca quem a agride e causa um ferimento profundo em vez da deferência buscada. Reza a lenda que havia um sujeito obcecado com o poder de sua mente e com a própria vontade. Ele pensava que era capaz de comandar todas as coisas animadas a atender aos seus desejos, então tentou provar a eficiência de seu pensamento sobre coisas inanimadas. Trancou-se no escritório, colocou um bloco pequeno de madeira na mesa de trabalho, sentou-se na frente dele e tentou deslocá-lo usando a força do pensamento. Três dias depois, quando a família não conseguiu obter resposta a seus chamados e batidas na porta, derrubaram-na e encontraram o pobre sujeito, sentado na mesma cadeira, em estupor catatônico, estado do qual nunca se recuperou. Em vez de ter imbuído o bloco de madeira com sua própria força de vontade, o bloco de madeira é que parecia ter removido dele toda a vontade. Nos poucos anos de vida que ainda teve, ele nunca mais evidenciou o menor sintoma de exercício da vontade. Tinha de ser alimentado, vestido e cuidado de todas as maneiras. Aquele homem tinha desperdiçado completamente sua vontade.

A verdade essencial sobre a vontade é que não se trata de algo que desenvolvemos, mas de algo que se desenvolve em nós. A vontade se configura a partir de uma consciência mais vasta, universal e altamente desenvolvida, e torna-se manifesta em nós como uma tendência para agir ou opinar a que não desejamos nos opor. A maioria das pessoas no mundo todo é mais dirigida do que dirige. Pode-se afirmar sem erro que todos os que se imaginam dirigindo são, na realidade, dirigidos. A vontade não é dominada pelo ego como a literatura moderna de ficção e a dramaturgia nos querem fazer pensar.

Uma individualidade inflada não é o que constitui a motivação subjacente dos capitães da indústria, da ciência, das artes e da guerra. Rara e realmente sábia é a pessoa que alcança os píncaros da proeminência mundial e se dá conta de que foi levada a esse ponto como um instrumento e não na condição de condutor principal; que, a cada passo do caminho, serviu a algo maior; que algo maior do que ela agiu nela e por meio dela para atingir fins que foram creditados a ela. Apesar de tudo, essa pessoa está a salvo das investidas do tempo e da mudança; e, justamente por estar a salvo e por ser a mesma na vitória e na derrota, no prazer e na dor, sua posição no mundo permanece segura, uma vez que não tem mais nada a aprender acompanhando as eternas oscilações entre opostos por meio das quais a inteligência eterna e infinita mergulha nas profundezas de seus próprios sentimentos e conhecimentos.

A verdade sobre a força de vontade

No entanto, o mundo costuma creditar à pessoa realizadora uma grande dose de determinação, uma grande força de vontade para superar obstáculos. A civilização moderna tem um senso dramático, uma noção da existência basicamente derivada das histórias da Cinderela, ou de Frank Merriwell e de outros protagonistas de contos de fada nos quais tudo é preto ou branco, com a vitória final e inevitável do branco. Nosso senso de valores sempre fica profundamente chocado quando nos inteiramos de que nossos heróis têm defeitos em outros aspectos além daqueles que os tornou heróis. Aplaudimos o boxeador peso-pesado implacável que dá socos no adversário até nocauteá-lo, mas, quando descobrimos que, de vez em quando, ele faz a mesma coisa durante uma briga de bêbados, não conseguimos entender de onde vem essa motivação. Porém, é exatamente a mesma motivação que o inspira nas duas vezes. Em ambas, trata-se do mesmo homem. A única coisa que muda é como a sociedade o vê.

Essa dualidade de aplauso e condenação existe em muitas outras facetas da nossa civilização. Em tempos de guerra, o matador vira herói; em tempos de paz, vai para a cadeia. Casas e cidades são tomadas à força de colonos em fronteiras sem lei por homens que recorrem à crueldade e à violência, mas esses mesmos homens, quando a sociedade se torna mais estática, vão presos por atacarem cidadãos mais fracos dessa sociedade que ajudaram a construir. De todos os padrões temporários, o mais virulento é aquele que condena as pessoas por serem quem nasceram para ser, como se fosse por culpa delas e elas pudessem se tornar algo diferente ou melhor, se pudessem. Temos tanta certeza de sermos os senhores do nosso destino que nos tornamos cegos para o fato de praticamente o mundo todo estar encarcerado. Mais raro do que o homem honesto de Diógenes, é sua contrapartida: o homem livre.

No fim das contas, a vontade não nos pertence: nós é que pertencemos a ela. Nos mais recônditos recessos da mente, do espírito, da consciência, existe em nós a motivação para ser e nos tornar. Por bem ou por mal, essa motivação é nossa para viver, a vida toda. Esse é o nosso destino e não podemos fugir dele; temos de encará-lo ou morrer. Quando o encaramos, vamos ao encontro de nós mesmos e nos conhecemos ou nos evitamos; ou somos levados às alturas pelo conhecimento alcançado ou somos esmagados pela ignorância alimentada por nossa cegueira. O caminho que tomamos é por onde *temos* de seguir. Vitórias e derrotas, sucessos e fracassos, conhecimento e ignorância estão todos lá. Iremos provar de todos eles à medida que formos trilhando nosso caminho rumo a um autoconhecimento cada vez maior.

Assim, a força de vontade é apenas o lampejo, através da personalidade, de um poder interior para se tornar algo além do papel que a pessoa desempenha em dado momento. Ela pode nascer pobre e desfavorecida e se tornar rica e poderosa quando adulta, e dizemos que obteve sucesso exercendo sua força de vontade. No entanto, na maioria dos casos, essa pessoa não analisou o seu caso e depois, conscientemente, decidiu ir atrás de poder e riqueza. O ambiente condicionou seu subconsciente para isso. Acumulados em seu subconsciente, os obstáculos e as agruras de sua infância geraram um desejo incontrolável de viver uma situação de abundância e poder, de modo que sua vida adulta inteira foi dedicada à busca dessas gratificações. Essa pessoa não é mais livre do que aquela que não obtém o menor sucesso. Ela foi levada a isso por um subconsciente incontrolável; ainda é prisioneira, moradora algemada.

A busca não revelada

Em nossa sociedade, certamente é considerado muito mais desejável terminar rico e com poder do que sem nenhum dinheiro e dependente. Mas, se a vida é uma busca espiritual e não material, então faz pouca diferença o grau na escala de aquisições materiais alcançado pela pessoa desde que obtenha sabedoria sobre como viver e descubra sua alma imortal. Na base de todas as coisas vivas, é evidente que existe um ser animado, residente em cada uma delas, e a esse ser não pode fazer muita diferença qual entre suas manifestações consegue acumular mais do que as outras. A vida está indo para alguma parte, está envolvida em uma busca não revelada e de suma importância, e os que se pautam mais de perto pelos fins almejados são os que desvendam os segredos e contribuem para a iluminação e o entendimento progressivos. A vontade de saber, compreender, crescer e tornar-se faz parte integral de cada ser e não podemos evitá-la. No entanto, cada um de nós deve se desenvolver e expandir de acordo com as próprias linhas individuais; não há gabarito que possa ser estipulado para ninguém. A melhor maneira de obedecermos ao nosso destino é quando ouvimos a voz do coração. Não há raciocínio consciente capaz de calar essa intuição, e somente seguindo suas diretrizes é que poderemos descobrir nosso verdadeiro eu.

Cada um de nós está às voltas com se tornar aquilo que a mente subconsciente deseja para nós. Para entender o motivo de tantas vezes nos comportarmos contra o que desejamos, é necessário perceber que as longas linhas da vida são controladas pelos desejos do subconsciente, e que o único modo de mudar nosso destino é mudar os objetivos do subconsciente. Quando uma bomba explode, você não se comporta de acordo com a mente consciente, mas de acordo com a mente subconsciente e se, nesse caso, você gostaria de se comportar como um herói, então é melhor começar sem demora a condicionar seu subconsciente a fazer que você se comporte com heroísmo em situações caóticas de muito barulho e confusão. Em todas as emergências, em todas as ações exaltadas e de grande esforço, nós nos comportamos conforme o subconsciente, e não há vontade suficiente ou firmeza de decisão bastante para mudar isso, exceto se essa capacidade de decisão for posta a serviço de educar o subconsciente antes da emergência.

> Muitas vezes, nossos remédios estão dentro de nós,
> Mas os atribuímos aos céus.
>
> William Shakespeare

Como elevar a consciência

Não obstante, podemos desenvolver uma espécie de força de vontade que se manifesta como o libertar-se de reagir a circunstâncias, ao reconhecer que existe um poder maior que nos levará ao ápice mais pleno como alma humana quando permitirmos que ele nos use por completo, quando nos tornarmos instrumentos de sua manifestação na Terra. Então, por meio de uma espécie de elevação da consciência, somos capazes de transcender as provocações e as ânsias constantes do subconsciente e de instalar em seu lugar os ditames sensatos de uma inteligência iluminada. Nesse momento, nos elevamos acima das circunstâncias, acima das reações. Então, tomamos as rédeas do nosso destino exatamente na mesma medida em que o ego abdica da função de poder regente da nossa vida.

O primeiro passo no desenvolvimento da força de vontade é buscar mais além da limitada natureza superficial as respostas para todos os problemas. A pessoa simplesmente não consegue instilar a coragem de um leão na consciência de um camundongo, e uma mudança na consciência é o que se deve buscar sempre que a discórdia surgir. Tentar coagir o ego com o uso da força de vontade é como tentar furar todas as borbulhas do mar com um alfinete. Algumas vão se desmanchar, mas a causa de sua criação não mudou e elas continuam surgindo. O mesmo ocorre com a vontade do ego que, na melhor das hipóteses, é somente um tipo de supressão, represando por um momento as ânsias e os instintos do subconsciente que, porém, continuarão irrompendo e provocando o dobro de danos devido à força acumulada com essa contenção. Enquanto continuarmos nos iludindo de que o exercício da vontade do ego pode trazer benefícios para nossa vida, somos manobrados por uma ilusão que, no final, nos privará de todo poder e de toda força quando se mostrar absolutamente incapaz de oferecer qualquer medida de controle.

Avatares instintivos

Uma grande parte do sofrimento neste mundo é causada pelas culpas ocultas e enterradas no fundo do subconsciente de pessoas infelizes que decidiram se reinventar exercendo a força de sua vontade egoica para combater seus defeitos. Essas pessoas enterraram suas falhas na psique, onde um estrago incalculável decorre de reprimir tal energia, ao privá-las de sua vitalidade natural. A vontade do ego, quando usada para conter a energia natural do eu, restringe a personalidade como um todo e substitui a audácia pela timidez, o otimismo pelo pessimismo, a energia pelo desânimo. Pouco se pode ajudar quem se escraviza sujeitando-se ao ego, ao aceitar as restrições, as limitações e as carências, delineadas pela necessidade de se ajustar a algum padrão preexistente ao qual essa pessoa nunca deveria se submeter e ao qual nunca realmente poderia se submeter, fosse como fosse.

Às vezes, vemos pessoas cuja vida desabrocha em ampla medida, pessoas feitas por um molde heroico, sejam elas grandes ou pequenas, pois não se ajustam a nenhum padrão, não se encolhem diante de nenhum medo ou apreensão, mas parecem possuir, graças a algum golpe de muita sorte, uma presença completa, confiante e cativante. Essas pessoas não sofreram para aprender os "nãos" da vida. São canais de expressão desobstruídos para a energia e a construtividade daquela força em constantes crescimento e evolução que subjaz à criação. O apetite e o entusiasmo dessas pessoas são notáveis. Tudo está ao seu alcance, tudo serve para que cresçam. Medem os obstáculos como oportunidades para provar sua força, para aprimorar sua maestria. Esses felizardos vivem protegidos por uma sorte que os alimenta e orienta, pois não entulharam seu armazém subconsciente com milhares de restrições e correntes. Nessas pessoas, a vida encontra os canais de saída jubilosos que tanto busca, e esses avatares instintivos são rapidamente transportados ao ponto máximo de sua profissão, são reconhecidos e rodeados de gente onde quer que estejam. Esse desdobramento dinâmico é possível em cada um de nós, não tentando dobrar de mau humor a vontade para que alcance determinado objetivo, mas ao nos libertar do excesso de preocupação com o ego, confiando nos excelentes propósitos da vida, depositando nosso destino e nossa energia em mãos perenes.

Tu não estás ocioso: em tua mais elevada esfera
Teu espírito se debruça sobre tarefas queridas.

James Russell Lowell

Como se expressar

A coisa mais importante que cada um de nós pode aprender sobre a força de vontade em si é que ela de nada vale quando acompanhada por uma preocupação sombria. As pessoas que se movimentam de acordo com seu eu interior estão em sintonia com um poder que não há força de vontade no mundo capaz de modificar o mínimo que seja, e elas se movimentam com alegria. As preocupações sombrias da vontade do ego são apenas desejos conscientes em desarmonia com o desejo subconsciente e, quando ambos se enfrentam, o desejo subconsciente sempre vence. Longe de impor a vontade contra anseios subconscientes, devemos descobrir primeiro nosso verdadeiro eu baixando todas as guardas, abdicando de preconceitos e dissolvendo inibições para que o poder que nos faz ser o que somos possa finalmente fluir através de nós. Se a imagem que é então revelada é por demais repulsiva tanto à mente consciente como às leis e regras da sociedade, então devemos nos dedicar a inculcar um novo conjunto de reflexos no subconsciente por meio de um método de autocondicionamento; em suma, devemos refazer nossa psique. No entanto, será uma raridade se ela for refeita como a imagem exata dos desejos conscientes. O mais provável é que esses desejos sejam falsos, para início de conversa, tendo se acumulado no subconsciente por conta de conflitos do ego e da propaganda social. Todos nós somos produto de uma força básica em ação no universo e cada um de nós, pelo simples fato da nossa existência, somos parte integral do progresso dessa força na matéria primordial, e através dela, alcançando a consciência, depois a superconsciência e mais além. Somente quando somos nosso eu natural é que temos a capacidade de projetar o poder e maestria inatos. É estranho que a maior parte da humanidade viva em uma camisa de força, contida e reprimida em todas as frentes da existência, geralmente com conhecimento de causa, mas sempre justificando essa restrição como necessidade para se conformar, e essa é a ilusão que nos amarra. O poder supremo único e a mente vital que habita todas as criaturas não assumiu todas as suas múltiplas máscaras visando à uniformidade, mas pela variedade e infinidade de suas expressões. Qualquer tipo de conformidade no desenvolvimento da psique e do caráter da pessoa nunca deve ser mais do que fortuita, ocorrendo apenas porque a verdadeira natureza de dada pessoa acontece de ser semelhante à verdadeira natureza de outra. O tempo todo, o objetivo deve ser a expressão individual e, quando essa é a força motivacional da vida de uma pessoa, ela imediatamente aumenta de valor na sociedade, agindo como uma caixa de repercussão cósmica absolutamente única, que contribui com suas interpretações para todos com que entra em contato e, nessa medida, se torna um membro muito mais valioso da sociedade do que o conformista com suas ideias preconcebidas, reações predeterminadas e uma psique basicamente infeliz.

O conceito revolucionário

Assim, temos diante de nós o mais revolucionário dos conceitos: não logramos o autodomínio pelo exercício da vontade, mas por meio da busca do nosso Eu Secreto, a dimensão oculta do ser que abarca tanto a mente consciente como a subconsciente. Podemos aplicar nossa vontade nessa direção, no que diz respeito à dedicação e à determinação, mas mesmo nesse sentido devemos fazê-lo com alegria e bom humor, caso contrário é certo que seremos derrotados. A porta para todos os segredos é aberta com uma chave: ela é simplesmente forte demais para investidas de um aríete.

Um pequeno esforço despendido na direção certa e no momento certo tem o poder de mover mundos. No golfe, jogadores de baixa estatura e físico esguio lançam a bola muito mais longe do que os adversários mais corpulentos e musculosos. O ponto é o entendimento. A percepção do momento e a alavanca certa produzem o resultado, e não há energia humana que baste para desencadear até mesmo o menor dos acontecimentos que se passam todo dia no palco da vida. Porém, um leve empurrão aqui, uma breve pressão ali, apropriadamente aplicados na força progressiva que é a vida em si, canalizam essa energia fantástica tornando-a um fluxo irresistível, e acontecem milagres, pontes, edifícios e sociedades são construídas, sob o comando e de acordo com a consciência individual que transcendeu suas restrições e limitações e criou algo que a ultrapassa.

A tocha olímpica

Ralph Waldo Emerson disse que "aquele que atingiu a maestria de alguma lei em seus pensamentos privados é, nessa medida, mestre de todos os homens cuja língua ele fala e de todos aqueles que falam uma língua na qual a sua pode ser traduzida". Uma disciplina interior põe cada casa individual em ordem, permite que o eu seja dominado e regido por um poder maior do que o ego individual e cultiva a substância da qual são feitos os heróis. Tenacidade e determinação resultam de uma fé nascida e cultivada no íntimo da pessoa e de sua confiança inabalável nos excelentes objetivos da vida e no valor do destino humano. Os que jogam a toalha diante de contratempos trabalhosos só fazem isso porque o objetivo que almejam não parece valer a pena tanto esforço. Qualquer pessoa que esteja buscando louros apenas para o engrandecimento do ego possivelmente não tem o que é preciso quando as chamas do conflito ardem em temperatura máxima. Quando a motivação brota das profundezas da consciência tem tanta força que é irreprimível; e nada menos do que a destruição da pessoa poderá finalmente driblar esse objetivo.

Uma visão interior sustenta cada empreendedor. Qualquer pessoa em busca de criar algo lança-se inicialmente nessa empreitada por tê-la visualizado em sua mente. Ver é crer, e ver através da magia da imaginação cria a visão prévia necessária à ação, proporcionando à ideia sua contraparte material no mundo físico. Assim como nada abala a visão interior do vidente e do santo, tampouco nada pode mitigar a visão interior em cada um de nós, pois há uma força de transformação na consciência que redunda em resultados materiais. Na situação que cerca um dado observador, existem todas as possibilidades, mas o observador só é tocado por aquelas que sua capacidade de conscientização está condicionada a perceber. A determinação e a tenacidade são produtos da visão interior e nunca são mais do que sintomas de uma consciência que inspira ações positivas, um otimismo estável, e uma esperança e um bom humor inabaláveis.

O aspecto realmente importante sobre a evolução do ser humano desde a massa protoplásmica semiconsciente, instintiva, exploratória é o fato de que carrega como uma tocha olímpica as sementes de uma consciência capaz de evoluir, e que luta para ascender a partir do mundo material nascente. A capacidade da consciência de se expandir constantemente, um entendimento sempre maior, e uma maestria crescente são os objetivos óbvios da evolução. Essa evolução agora não é mais tão material em sua essência, mas mental ou espiritual, implicando a consciência e a espiritualidade, quase com a exclusão de toda espécie de materialidade.

O negócio principal de todo mundo

Meu amigo Arthur buscou enriquecer no ramo da indústria. Estudou bastante para estar à altura dessa tarefa e formou-se em Engenharia em uma das melhores escolas de tecnologia do país. Fez um estágio de alta qualidade em uma das maiores fábricas nacionais, com grande aproveitamento, antes de se aventurar por conta própria. Apesar de tudo, desde o começo sua empresa decepcionou. Era um negócio pequeno que subsistia em particular à base de contratos com empresas maiores, e não havia motivo para que ele ficasse rico imediatamente. Porém, considerando suas habilidades pessoais, sua dedicação e o fato de que o serviço que fornecia tinha alta demanda, era estranho que mal conseguisse fechar as contas. Sua firma não tinha capital acumulado, não podia expandir e, enquanto dezenas de ideias de produtos inovadores surgiam na cabeça do Arthur, não havia meios de realizá-las. Outras pessoas na mesma situação que ele prosperavam, e ele estava certo de que era vítima do azar. Quanto mais batalhava contra as adversidades, mais reais e intransponíveis elas se tornavam. Por fim, tornou-se um derrotista e confidenciou aos amigos: "Tive muitos golpes de falta de sorte e estou exausto. Que os deuses do azar levem a melhor". E eles fizeram isso. Arthur perdeu o negócio.

Foi um choque terrível. Durante algum tempo, pareceu um zumbi. Depois da falência de sua empresa, ele parecia incapaz de trabalhar. A esposa conseguiu um emprego administrativo em um escritório e eles viviam do pequeno salário que ela recebia. Arthur tinha perdido toda a motivação. Foi em busca de psicoterapia.

Recomendaram que fizesse um retiro em um monastério. Embora não fosse adepto de nenhuma religião, finalmente concordou com um retiro de quatro meses e, durante esse tempo, prometeu que não se preocuparia com negócios de modo algum e que meditaria sobre a vida, suas origens e significado, a questão de quem e o que era, e de qual poderia ser o seu destino. Tinha acesso livre à biblioteca do monastério e, embora fosse obrigado a realizar algumas tarefas que lhe passavam, mesmo assim ficava muitas horas debruçado nos livros que seu tutor lhe havia recomendado. Ao final do retiro, era outro homem.

Sua mudança incluía um aspecto de alargamento, de uma percepção mais abrangente, de um entendimento e uma paciência com respeito a todas as coisas que antes tinham sido estritamente confinadas ao ramo de negócio no qual trabalhava. Arthur abriu outra empresa e quase que de imediato teve sucesso. Em poucos anos, tornou-se uma das mais bem-sucedidas do país. Sobre sua transformação, ele disse:

Sempre cometi o erro de pensar que o homem poderia ter sucesso simplesmente acumulando conhecimentos sobre aquilo que queria fazer, mas estava enganado. Durante o retiro, aprendi que na vida acontece algo muito maior do que fabricar partes de avião. Ninguém está aqui apenas para garantir a própria sobrevivência. A pessoa leva em seu íntimo a semente de uma perfeição em andamento, e somente quando ele volta o olhar para dentro e descobre essa carga preciosa é que se torna capaz de viver a vida com reverência suficiente pelos outros para entender quais são suas tarefas. Meu sucesso nos negócios não veio porque aprendi mais sobre o negócio, mas porque aprendi mais sobre o que estava *fora* do meu negócio. Na verdade, pode-se dizer que descobri que aquilo que eu sempre pensei que fosse o meu negócio era secundário e que, em vez disso, meu principal negócio é espiritual.

Torres douradas

No coração de quem enxerga as torres douradas na linha do horizonte existe uma resolução ardente. Essa pessoa atravessa desertos e áreas desoladas; sejam quais forem os obstáculos, segue adiante, impelida por essa imagem. O segredo de não desistir nunca é implantar na tela móvel da consciência uma imagem nítida do objetivo a ser alcançado. Deixe que essa imagem seja sua torre dourada. Proteja-a para que não seja manchada, não fique difusa nem se dissolva, e você não precisará ter medo de vacilar ao longo do caminho nem de se resignar a uma derrota ou a desistir por completo. Não permita que dúvidas se apossem de você porque parece que seu caminho se desvia do rumo apropriado. Existem tantas estradas até a terra prometida quantos peregrinos que fazem a viagem, e cada um chega no tempo certo, desde que mantenham a fé em sua torre dourada. Todos nós seguimos juntos rumo a um destino final, mas cada um de nós é uma nota única e distinta no universo, e cada um de nós tem de percorrer um caminho próprio pelas lições a serem aprendidas ao longo da jornada, pelas experiências a serem vividas.

O biólogo inglês Thomas Henry Huxley escreveu: "Talvez o resultado mais valioso de toda educação seja a capacidade de você se levar a fazer o que tem de fazer, quando deve ser feito, goste ou não". E é verdade que a imagem mental nem sempre nos inspira o mesmo entusiasmo para agir. Às vezes, somos tomados pela preguiça, dominados pela procrastinação, e nossa determinação tem de ser reabastecida na fonte de uma concentração renovada. Mas não adianta exortar "Vá trabalhar, vá trabalhar", quando a tarefa a ser cumprida é repugnante. A primeira coisa a fazer, para que o serviço seja de fato executado, é criar uma imagem inteiramente nova e atraente dessa tarefa.

Se, por exemplo, você é vendedor e seu trabalho é dar dez telefonemas todo dia para possíveis compradores, então estará tornando essa tarefa extremamente difícil para si mesmo se sua imagem mental for dar dez telefonemas. Com essa imagem em mente, é surpreendente que não consiga nem sequer sair de casa. Você pensa em fazer dez ligações, elas se tornam repetitivas, você fica ansioso para liquidar a fatura e se livrar da responsabilidade. Depois, lembra o trajeto de carro, o atraso inevitável e a irritação; lembra que uma tal pessoa não vai estar no escritório, que outra não vai mais aceitar pedidos, e enfim o dia inteiro vai ser desperdiçado e você bem que poderia ter ficado em casa. E, claro, é isso que acaba fazendo.

Agora, o outro lado da moeda. Em vez de pensar em dez telefonemas, suponha que a imagem em sua consciência esteja ligada a sucesso e à realização. Então, seu trabalho não é fazer dez ligações por dia, mas cultivar de modo sistêmico e prazeroso a relação com cada comprador possível do produto que você vende. O jogo sempre tem de valer o esforço e, antes que você se lance de cabeça em cada desafio com determinação e foco total, primeiro deve estar certo de que a atitude correta dará resultado. Nossa constituição é de tal tipo que não conseguimos de jeito algum nos encaminhar em nenhuma direção sem o duplo incentivo da confiança e da esperança. Visualize o desejo que está em seu coração. Mantenha essa imagem nítida e vibrante. Ela atuará como toda a motivação de que você precisa para encaminhar suas ações de modo certo e cheio de energia.

A disciplina apropriada

Suponha que você é escritor, pintor ou alguém cujo trabalho é criativo e basicamente realizado na solidão. Quando está diante de seu cavalete ou da escrivaninha, com mãos ociosas, recriminando-se por não estar realizando nada e agoniado com a própria letargia, quando seus dias se tornam improdutivos e você sente a frustração e o peso de sua falta de produtividade, então dê atenção à sua imaginação e às imagens que se apresentam na tela plástica e criativa de sua mente. Nossa tendência é fazer aquilo que está no foco da nossa consciência; se a imagem que sustentamos está muito distante das questões da vida concreta em que estamos envolvidos, então nos entregamos a devaneios, não conseguimos trabalhar e somos dominados por imagens irrelevantes que se perseguem umas às outras no campo da nossa consciência. É então que podemos convocar nossa força de vontade, não a vontade que tenta nos forçar a trabalhar, mas a vontade de escolher os objetos de sua atenção. Desse modo, em vez de pensar em uma pescaria num local paradisíaco, podemos nos concentrar no trabalho que temos pela frente. A mente coloca o problema em foco. Possibilidades e soluções são consideradas e, em pouco tempo, nossos dedos estão ocupados como se tivessem vontade própria.

De vez em quando, impulsos e caprichos decorrem de uma sintonia especial do eu-ego com o Eu Secreto, mas com muito mais frequência brotam de um subconsciente caprichoso e devem ser controlados em vez de ceder a eles. Em geral, os impulsos são ânsias para o conforto da criatura e, se vivêssemos em obediência a eles, dificilmente conseguiríamos de fato conquistar qualquer coisa. Iríamos preferir ficar na cama a manhã toda em vez de levantar e ir para o trabalho, porque ficar deitado é bom, mas, se ficássemos ali tempo suficiente, logo estaríamos sem emprego e sem ter como nos sustentar. Iríamos nos entupir de sorvete, bolo e comer todas as coisas de que gostamos e que o estômago aguentar. Mas, com isso, em pouco tempo teríamos de ser transportados por um caminhão, tamanha nossa obesidade. Preferimos brincar e nos divertir e nunca ter de nos preocupar com os outros, mas se seguirmos por esse caminho acabaremos ficando sem dinheiro, sem amigos e sem família. A pessoa sábia logo aprende que impulsos e caprichos são apenas o ego tentando se furtar à disciplina que lhe é imposta. Em vez de afrouxar essa disciplina, a pessoa deve aplicá-la com ainda maior rigor. Todo desejo humano deve ser temperado pela disciplina apropriada, caso contrário se torna desregrado e, cedo ou tarde, chegamos ao entendimento de que o lazer só tem valor depois do trabalho, que comer é bom quando sentimos fome, e é bom dormir para descansar; ficamos sabendo que é absolutamente impossível experimentar um só prazer que seja na vida, sem uma dose concomitante de dor.

Superconhecimento

O que não deve ser confundido com impulsos e caprichos é o surgimento, proveniente da consciência universal, de uma orientação ou diretriz que se apossa da alma da pessoa e a encaminha, de modo infalível, rumo ao percurso que a conduz ao seu destino. Os desavisados podem ser facilmente levados a crer que certo impulso é esse direcionamento ou essa sintonia, mas quando vivenciam uma verdadeira aproximação com o Eu Secreto, toda ilusão subsequente sobre o que é um impulso e o que é uma intuição é finalmente dissolvida. Na parede que separa a alma humana de sua fonte, de vez em quando se forma uma rachadura que revela, por um instante, a perfeição matemática e a correção cabal do mundo que está além e a da alma que aí reside. É esse estado psicológico que, no misticismo e em muitas religiões, é chamado de "sintonia" ou "graça". Quando somos envolvidos por essa sensação, nossas escolhas e diretrizes são como garantias vindas do alto, e tudo conspira a favor do nosso pedido no mesmo momento em que esse pedido é formulado.

Esse aspecto do "superconhecimento" nos dá a melhor indicação da natureza e da serventia da vontade. Assim que entendemos que um desejo oposto aos objetivos do Eu Secreto não garante à pessoa nada além de frustrações, então finalmente estamos cientes do princípio da sintonia, que é o segredo de se viver com eficiência. Escolher, na realidade, não cabe ao escopo do conhecimento humano apenas porque o conhecimento humano é limitado à mais reduzida fração do conhecimento total. Simplesmente não adianta tentar tomar uma decisão sobre as coisas quando praticamente a totalidade de suas características está oculta. A vontade individual posta em prática contra acontecimentos e pessoas é a forma mais flagrante de vaidade e não assegura nada no final além de sofrimento e derrota.

Ações executadas no plano do ego mirando vantagens são atos realizados sem o entendimento de seu verdadeiro significado, e todo êxito ou satisfação obtido por meio desses atos são como a espuma na crista da onda, desaparecendo com ela. Nossa consciência ocupa uma posição tão frontal na totalidade da nossa psique que sempre ficamos como que hipnotizados pelas lisonjas, pelos anseios e pelas súplicas do ego. Aspiramos à conquista de cumes que, tão logo sejam alcançados, mostram-se como os platôs mais baixos de todos e nos obrigam a perceber como nossos deuses eram falsos. Objetivos verdadeiros são espirituais, e a preguiça, a procrastinação e o medo são superados não reclamando com o eu, mas buscando as sementes que alimentam a consciência e estão no fundo da natureza do ser.

A lei que liberta

À medida que nosso entendimento aumenta, nossa força de vontade aumenta também, mas tenha em mente a diferença entre os dois: a verdadeira força de vontade é eficiente e alcança resultados por meio de um simples almejar; a falsa força de vontade nunca obtém qualquer resultado. Conforme a consciência se expande e ganha novas dimensões, o poder individual também cresce. Alcançar uma consciência expandida e comungar com as forças celestiais mais elevadas não são coisas exclusivas do santo contemplativo nem do místico isolado, mas estão disponíveis a todas as pessoas. A recompensa disso é sempre uma eficácia completa, seja nas áreas criativas ou no mundo executivo, seja de ordem espiritual, mental ou material, pois o poder está em compreender, e aí também está a certeza; os que alcançaram essa consciência ampliada devem, portanto, ser capazes de efetivar sua vontade e seu caminho no mundo, simplesmente unindo-se a ele.

Ser o que realmente somos e nos tornar o que somos capazes de nos tornar são os únicos cursos de ação abertos a quem deseja levar uma vida plena. Sejam quais forem os percalços da vida que causem frustração, sejam quais forem as cartas em sua mão que lhe enviou a fortuna – como você nasceu, onde, com que tipo de corpo, com que nível de inteligência – existe no universo uma lei que liberta e você pode se tornar o mais elevado dos elevados, o mais sábio dos sábios, pois tem ao seu alcance o instrumento para alcançar a liberdade absoluta. Assim que houver reconhecido por si mesmo que dentro do seu corpo está a consciência suprema que originou os mundos e os universos, então finalmente você está em condições de deixar que o ego abra mão do leme para permitir que uma força de mais sabedoria mapeie seu itinerário pela vida. Assim que você tiver posto sua sorte e também suas energias nas mãos do Eu Secreto, sentirá uma paz e uma quietude interior que superarão qualquer alegria que você já tenha experimentado na vida. Sua existência se tornará algo completo.

Cada dia será um degrau a subir rumo ao objetivo ou ao propósito definido. Por fim, você ficará encantado com os milagres que acontecem quando o Eu Secreto assume o comando.

Como superar a culpa e a hostilidade

A culpa e a hostilidade são acessórios do ego, que se equipa com ilusões a fim de sobreviver. Se um sentimento incômodo de culpa o acompanha é porque o ego é feito de coisas acumuladas, ensinamentos, lisonjas, impressões sensoriais, e nada disso tem muita relação com a verdade eterna, mas, apesar disso, atuam como um censor moral de cada ato executado pela pessoa. Se você sente culpa, nunca cometa o erro intelectual de pensar que seus sentimentos surgem da censura do Eu Secreto, que não faz esses julgamentos rasos e humanos. A culpa, em geral, é um somatório de ensinamentos da sociedade atuando no indivíduo como instigadores ou interruptores de determinadas ações. Raramente, essa censura se baseia na verdade duradoura, uma vez que as pressões da sociedade para a conformidade costumam divergir das pressões do Divino para a individualidade. A hostilidade é simplesmente a outra face da culpa. O que se manifesta como hostilidade na pessoa agressiva aparece como culpa na passiva. Sem dúvida, não há nada de bom em nenhum desses bloqueios emocionais, que são produtos do ego e desaparecem quando nos centramos nas regiões mais profundas da consciência. Então, torna-se praticamente impossível envolver-se nas vaidades do pequeno eu em ações que servem ao Eu Secreto.

O caminho para a paz de espírito está em abandonar a vontade como instrumento do ego, por fim abandonar o ego também e radicar a consciência no Divino. Com a ampliação da consciência resultante de tal transferência psicológica, alcançamos um nível de entendimento que antes nos era impossível. De uma maneira que transcende as explicações materiais, assumimos um pouco da identidade de tudo o que cruza a nossa consciência. Desse modo, compreendemos os outros ao efetivamente participar da consciência alheia, e esse superconhecimento, essa intuição profunda, introduz em nossas ações e em nosso trabalho uma alta carga de eficiência e uma preordenação quase sobrenatural. Movimentamo-nos no centro dos acontecimentos como se os estivéssemos ordenando porque nosso movimento ocorre de acordo com a verdadeira natureza dos eventos, e somos guiados em tudo por um princípio que vê o fim a ser alcançado e os meios para tanto. E, como abandonamos o ego e nos movemos em resposta a essa vontade universal, agimos com certeza absoluta, eficiência total, sem perigo, ansiedade ou medo, e somos a partir de então tomados pela paz de espírito e por uma alegria absoluta.

5
Mente Sobre a Matéria

O CAMINHO QUASE UNIVERSAL QUE AS PESSOAS TOMAM é se render às circunstâncias, jogar as mãos para cima e dizer: "É assim mesmo". É um fato curioso e lamentável que, quando as condições são contrárias ao nosso desejo pessoal, atribuímos nossa frustração à má sorte. Mas, quando somos levados a algum pináculo do sucesso, não é mais questão de sorte, mas de nossas habilidades superiores. Na realidade, toda sorte e nossas habilidades emanam de convicções profundamente arraigadas no subconsciente individual.

Desejo e destino

Em geral, as pessoas nunca decidem realmente se é a mente que controla a matéria ou se é a matéria que controla a mente. Elas aceitam o fato de que a mente controla a matéria em algumas ocasiões, mas costumam considerar essas ocasiões como exceção em vez de como a regra. Para elas, a atitude mental determina o resultado de disputas atléticas e supera deficiências físicas, mas, quando se trata de adotar por completo uma abordagem que prioriza a mente na vida diária, isso não costuma acontecer.

Se a mente controla mesmo a matéria, isso deve resultar de um princípio absoluto, adequadamente aplicado. Esse princípio absoluto não poderia ser algo que funciona parte do tempo, de vez em quando ou como resposta aleatória ou ao acaso; teria de ser uma lei que sempre funciona exatamente da mesma maneira. Se, por exemplo, a pessoa adotou a abordagem da mente controlando a matéria em determinada situação e não conseguiu os resultados desejados, não seria falha da lei, mas do entendimento da lei e da aplicação de seus princípios.

Quando examinamos uma realização, a primeira coisa que percebemos é que quem não quer escalar uma montanha nunca a escala. A seguir, notamos que, mesmo em meio aos que claramente querem escalar montanhas, muitos nunca escalam nada. Com base nisso, deduzimos que o primeiro ingrediente essencial a realizações é o desejo. Depois, verificamos que entram em cena outros fatores mais arbitrários e, portanto, mais obscuros.

É difícil dizer por que as pessoas querem alguma coisa. O que notamos é que praticamente todo mundo prefere sentir prazer em vez de dor, mas sabemos que algumas pessoas não só enfiam alfinetes no corpo como mantêm posturas físicas agonizantes durante longos períodos de tempo. Essas parecem ter escolhido a dor em lugar do prazer, pelo menos no sentido físico, e parecem ter feito isso movidas por um impulso interno superior ao eixo dor-prazer ou relacionado a ele de maneira obscura. O desejo de concretizar um objetivo é a única coisa que torna suportável uma experiência dolorosa. O desejo também é um opioide. Muitas pessoas, quando fazem um esforço físico extremo, dizem que não sentiram nenhuma dor, embora depois que o esforço termina haja ferimentos na pele e os músculos e as articulações apresentem lesões. Esportistas são notáveis nesse sentido.

Levando nossas observações um pouco mais adiante, logo percebemos que existe uma grande diferença quanto a graus de desejo.

Uma pessoa pode querer e estender a mão, e esse é o maior esforço possível para ela. Outra pode querer e quebrar correntes, tamanha sua necessidade. O desejo é algo que impele. Quanto maior o desejo, mais impulso, e esse impulso é a visão interna que se apossa do indivíduo. Na mesma medida em que estamos vivos e aprisionados em uma carne e suas reações, vamos incansavelmente atrás das visões que nos possuem. Não faz a menor diferença para o impulso motor, que se desenvolve dentro de nós, que a imagem mental seja de edifícios a serem construídos ou bancos a serem roubados. Você pode ter absoluta certeza de que as coisas que ocupam sua mente logo farão parte da sua vida, se já não fizerem.

Bênção e maldição

Algo curioso se desenvolveu no ser humano. A qualidade da reflexão mental que lentamente evoluiu em nossa psique ao longo de eras de nossa evolução como espécie nos tornou capazes de formar imagens mentais completamente divergentes do mundo que nos rodeia. Se quisermos, podemos usar a fantasia e, num piscar de olhos, mudar nossos trapos para trajes de luxo, ir de Kansas a Istambul, e, desse modo, no centro consciente do nosso ser, não somos mais escravos do mundo em que nos encontramos. Disso decorrem dois fenômenos: estigma e bênção.

O estigma é múltiplo: a vida é amplamente uma questão de se disciplinar para aguentar a dor e alcançar o fim desejado, mas a pessoa imatura costuma usar a força da imagem mental como refúgio da realidade; por isso, desenvolve uma espécie de pensamento ilusório que faz dela alguém absolutamente ineficaz em todas as circunstâncias. Essa pessoa faz o poder da imaginação se voltar contra si própria, destruindo sua capacidade de influir no mundo exterior quando a utiliza para lidar com problemas sem a menor relação com o mundo exterior. As vítimas desses delírios são incontáveis. Algumas estão em hospitais psiquiátricos, em centros de reabilitação para viciados, em casas de passagem. São a maioria dos internados para tratar o alcoolismo. Em todas as partes do mundo, podem ser encontradas vivendo como zumbis, como em um transe em que realizam os movimentos de quem está vivo, mas com o pé no outro mundo.

Por outro lado, está a bênção que a imaginação traz. É a visão mística que nos capacita a contemplar o que nos cerca com olhos de raios X e perceber seu potencial oculto. A força mental para criar imagens, quando empregada no mundo exterior das coisas e dos acontecimentos, transformou a vida na Terra e nos habilitou, em um intervalo de poucos séculos, não só a alcançar o domínio de nosso ambiente imediato como a nos levar ao ponto de estender esse domínio através do contínuo espaço-tempo do universo.

Com toda conveniência, quase todos os pensadores modernos dividem o mundo em duas diferentes classes de coisas: substância e inteligência. A ciência se empenha em classificar a substância, catalogando os elementos e suas diversas combinações, delineando a configuração das moléculas cuja coesão constitui os elementos, subdividindo as moléculas em vários pesos atômicos e até mesmo diferenciando o átomo em núcleo e seus elétrons rodopiantes. Nesse nível, a diferença entre hidrogênio e chumbo, por exemplo, torna-se surpreendentemente pequena. Ambas as substâncias têm um núcleo invisível rodeado por certo número de elétrons, maior no caso do chumbo, mas um aumento praticamente irrisório, e a diferença entre as duas substâncias parece mais uma questão de grau do que de espécie. Nossa confusão aumenta quando, graças ao súbito processo da fissão nuclear, o átomo em si é reduzido a algo imensurável, que desaparece com a irrupção de uma chama, e nos vemos forçados a indagar enfim se a substância é de fato substância afinal de contas, ou se talvez represente um conceito muito mais sutil, somente uma ideia, da própria inteligência.

Por trás do átomo

Se examinamos uma consciência, inevitavelmente encontramos um corpo de algum tipo, um peso, uma escala, uma dimensão que abriga a inteligência que está sendo examinada e recusa qualquer espécie de escrutínio separado dela. O mais provável é que matéria e inteligência sejam uma coisa só, em que a inteligência é apenas uma manifestação superior da matéria, tornando-se aparente apenas na substância que alcança complexidade. Assim que tivermos concordado que a inteligência é uma manifestação da forma, é pequeno o passo que precisamos dar para vislumbrar a verdade de que a inteligência é evolutiva no crescimento da matéria. É inescapável que isso nos leva a concluir que a inteligência, embora seja uma manifestação da matéria, é superior à matéria e basicamente a controla. Em suma, a inteligência, ou consciência, ou capacidade de conscientização tem inerente em si o controle de todas as circunstâncias físicas, de todos os acontecimentos.

A esse respeito, Walter Russell, artista norte-americano e autor do Novo Pensamento, tem uma observação interessante: "Aquilo que o homem chama de matéria ou substância não tem existência de fato. A assim chamada matéria são apenas ondas do movimento da luz, eletricamente divididas em pares de opostos e, em seguida, eletricamente condicionadas e modeladas no que chamamos de as várias substâncias da matéria. Em resumo, a matéria é apenas movimento da luz, e movimento não é substância. Nossos pensadores criativos devem basicamente buscar a luz para executar os milagres de amanhã".

Luz, energia, inteligência: qualquer uma dessas palavras que você escolher para identificar como a força motriz do universo tem como fator primário ser capaz de reconhecer que a substância é apenas relativa, de jeito nenhum algo sólido e absoluto, mas representativo da ação da mente e sempre subserviente à mente. A escrivaninha não é uma escrivaninha, exceto no sentido sensorial mais cru possível.

Na realidade, é um recinto, ou uma série de recintos, em que as moléculas estão acelerando com velocidade muito maior do que uma bala de rifle. Em torno das moléculas, existe um milhão de vezes mais volume do que dentro delas; se, por exemplo, as moléculas do aço interrompessem sua movimentação apenas por um instante, seria possível atravessar o aço com o dedo tão facilmente quanto seria cutucar o ar.

Na base da construção da matéria existe uma simetria inata, uma espécie de ideação matemática que só pode ser atribuída a uma cabeça pensante. O próprio átomo, que é a menor unidade de constituição da substância, tem uma coesão e uma composição estética que, além de todas as coisas, implica individualidade. O átomo indica propósito e um convite à sobrevivência. E, quando um número suficiente de átomos com a configuração eletrônica correta se combina para produzir uma molécula de proteína, então é bem pequeno o tempo decorrido antes que braços, pernas, olhos e cérebro se desenvolvam; logo, na superfície da matéria, está em movimento um ser autônomo buscando dominar o ambiente: o humano.

A consciência é proporcional à complexidade

Quando voltamos nossas reflexões para as origens da vida e os propósitos da evolução, sofremos de imediato o impacto de uma complexidade crescente. Da ameba ao ser humano, passaram-se muitos milhões de anos e essas duas criaturas parecem ter pouca relação entre si, mas a distância da matéria inanimada para a animada, representada pela ameba, talvez seja mais inacreditável do que a distância entre a ameba e o ser humano, pois este representa apenas um incremento de complexidade enquanto o primeiro caso representa algo inteiramente diferente do estágio precedente. Da massa inorgânica de rochas, sedimentos e vapores emergiu um elemento capaz de movimento, que cresceu e se sustentou: a vida. No entanto, apesar do crescimento, não houve tanto a evolução de uma coisa a partir de outra que lhe era dissimilar, mas sim o acréscimo a algo de características inexistentes na forma anterior, de modo que a diferença de condições entre algo animado e algo inanimado é basicamente uma questão de complexidade *versus* simplicidade.

Nenhum físico ou químico irá negar que a molécula de proteína é mais complexa do que a dos elementos inorgânicos. Alguma grande mudança transpirou na natureza em certo momento para que a vida brotasse da substância inorgânica, mas, a fim de que isso nem sequer viesse a acontecer, a consciência tinha de ser inerente à totalidade da matéria. A consciência é responsável pela forma. Onde quer que haja forma, ali também está uma presença inteligente, que seguramente habita as rochas e as montanhas tanto quanto o ser humano. A forma da coisa depende da ideia que mantém suas moléculas rodopiantes dentro de certos limites, e esse contorno é certamente tão mental quanto o conceito da matemática e também certamente é mantido por um ser pensante cuja presença é verificada internamente.

Isso nos aproxima perigosamente dos domínios estabelecidos da religião, mas aqui não estamos tratando da imagem de um pai que criou filhos e os está educando e instruindo. Na realidade, estamos lidando aqui com as origens primeiras da inteligência, de como e por que se manifesta no universo; estamos interrogando se os humanos estão divorciados dessa inteligência originária, sujeita a ela como escravos a um senhor, ou umbilicalmente ligados a essa inteligência de tal maneira que são ela, e ela é os humanos.

Como o pensamento condiciona as coisas

Os que entendem o caos como origem dos mundos, a coincidência como fator responsável pela formação da vida humana e a futilidade como marca registrada da vida encontram essa espécie de universo a cada instante. Os que percebem um criador rígido, mandando e desmandando em seus vassalos, não podem evitar ficar impressionados com a desigualdade da espécie humana e enxergar quanta amargura e dor existem no mundo. Os que veem uma presença inerente a todas as coisas sabem, instintivamente, que todas as formas do mundo são apenas ideias dotadas de substância, que a mente que sustenta cada uma delas existe em seu interior, e que, por conseguinte, são parte constitutiva de toda paz, perfeição e eficiência. Como sempre, o mundo acaba sendo exatamente o que nossa consciência está condicionada a ver. É essa premissa assombrosa e tremendamente dinâmica sobre a qual a vida se estrutura, a lei central sobre a qual a própria evolução se equilibra.

Vemos somente o que pensamos que iremos ver e, como consequência, o mundo é habitado por coisas e acontecimentos desenterrados da nossa consciência. Uma coisa, uma pessoa ou um acontecimento não mudam por causa da nossa consciência, mas todas as qualidades são inerentes a cada uma, e filtramos como perceptíveis apenas aquelas que já ocupam a nossa consciência. Por essa razão, as pessoas são vilãs em certa ocasião e heroínas em outra, e cada um de nós, durante a vida, desempenha uma infinidade de papéis. Não é tanto uma questão de sermos diferentes em cada ocasião, mas de sermos constantemente percebidos por pessoas diferentes que nos veem apenas através da fresta estreita de sua visão individual e nos aceitam como aquilo que esperam que sejamos.

Pense em uma faca comum. Para o padeiro, é um utensílio para repartir o pão em fatias. O sociopata enfurecido a verá como uma arma com a qual se livra do alvo de sua ira. O cirurgião que vai até um paciente para cuidar dele a usará como instrumento para salvar uma vida quando abrir o ventre da pessoa e remover o apêndice inflamado. O menino que passa pela cozinha pensa nela como algo a incluir em sua brincadeira. Não obstante, a faca é de fato um composto de elementos inanimados e de moléculas anteriormente vivas – aço e madeira, moldados de certo modo –, mas, ainda assim, não passa de um indício do que é realmente, pois nossos sentidos só revelam uma mínima parte de todas as qualidades de qualquer coisa que chame nossa atenção.

Portanto, uma coisa é o tipo de coisa que existe somente por causa de uma relação pessoal com quem a contempla, e na verdade nunca tem qualquer qualidade verdadeira porque os órgãos dos sentidos são crus demais para perceber qualquer verdade sobre essa coisa além daquilo que procede da nossa consciência. E é principalmente isso que nos afeta, pois, quando vemos a faca, não pensamos no tipo e na qualidade do aço nem se há substância ou se é apenas uma ideia, mas olhamos para a faca somente para determinar sua ligação conosco e é somente isso o que vemos.

Matéria é movimento

Apenas entender a premissa científica de que a matéria não é mesmo matéria, mas uma movimentação intensa dentro de limites espaciais é chegar ao auge de uma liberdade mental e espiritual que nunca mais permitirá que você seja intimidado pelas coisas e situações à sua volta. A verdade mais essencial é que as coisas não são mais reais do que o condicionamento da sua consciência e, por um ato de conscientização ampliada, você pode transformá-las, das coisas que pensa que são, em algo total e completamente diferente.

É aqui que batemos à porta do oculto. Com base no que dissemos antes, seremos capazes de mover montanhas, transformar água em vinho, acalmar os ventos. E realmente poderemos, assim que nos inteirarmos da verdade desafiadora, e reveladora, de que todas as montanhas estão na cabeça, assim como todas as limitações, faltas e tempestades. Tome essa decisão abrangente de que a matéria é dominada pela mente e, de imediato, você verá que o mundo e tudo o que está nele é apenas efeito da consciência, uma manifestação parcial do pensamento. Assim, na medida em que sempre é um reflexo da ideia na mente do observador, exibe prontamente algum outro de seus infinitos reflexos no momento em que mudar o pensamento na cabeça do observador.

Isso significa o seguinte: as coisas só mostram aquele lado que reflete o pensamento da pessoa a respeito delas. Na verdade, as coisas não mudam quando muda o pensamento sobre elas, mas elas contêm todas as possiblidades e revelam ao observador somente um aspecto que sua consciência está preparada para perceber.

Detalhar a metafísica do universo é de grande ajuda para a pessoa se ajustar à premissa de trabalhar primeiro com a mente e deixar que os acontecimentos sucedam a partir de seu próprio impulso interior. Assim que estivermos plenamente convencidos das causas mentais de todas as coisas, não nos sentimos mais forçados a correr de um lado para outro, nem precisaremos fazer malabarismo ou tentar achar um modo de obrigar o mundo a se encaixar no nosso padrão mental. No centro de todas as coisas e de todos os acontecimentos, há uma inteligência única, que também está no próprio centro da sua existência como pessoa. Tão logo tenha alcançado sabedoria suficiente para se concentrar em sua própria consciência e na disciplina que amplia sua capacidade de percepção, você pode ter certeza de que o mundo externo será um reflexo do interno e que você está trabalhando com a causa fundamental do ambiente à sua volta.

Todas as possiblidades existem em cada um de nós porque somos, cada qual, uma manifestação da mente que é totalidade, infinito e unidade. Cada um de nós é somente menos que o total de acordo com nosso isolamento dele, e, quando expandimos nossa natureza mental, nos aproximamos da perfeição, do poder e da onisciência originais. O domínio da mente sobre a matéria não é tanto o domínio mental das coisas materiais, mas a constatação da multiplicidade de suas facetas e de sua ilimitada potencialidade. Quando o observador aceita uma faceta de algo como a totalidade dessa coisa, ele automaticamente confere essa limitação à coisa em termos de sua influência sobre o observador. Nesse sentido, nossa vida é guiada por sombras, pelos aspectos significativos que outorgamos a coisas e situações que encontramos no mundo, e nossa consciência é tanto produto das circunstâncias quanto essas (desse modo subjetivo) são resultado da nossa consciência.

Nosso eu epidérmico

Mesmo uma pequena reflexão sobre a qualidade condicionante da consciência é o quanto basta para rapidamente nos darmos conta de como atua na nossa vida de modo contínuo. O amor é cego porque quem ama sempre percebe a imagem mental do ser amado. A taxa de divórcios é produto do desencanto. Não é *por causa* do desencanto que o amor desaparece. O desencanto acontece *depois* que o amor desaparece. Os lugares onde ocorreram triunfos, ao serem revisitados, sempre parecem estranhamente pequenos e de baixa qualidade, e não correspondem à arena magnífica construída pela lembrança repleta de emoções. Quando a dor se associa a lugares e acontecimentos, não conseguimos mais visitá-los nem ter contato com eles, ou mesmo desenterrá-los de nossa memória, tanto quanto não nos é possível criar asas e sair voando, tão excêntrico é o ego em seus esforços de buscar o prazer e evitar a dor a fim de ocultar nosso verdadeiro eu.

A capacidade do ego de encobrir, de adotar uma atitude ambígua que ora vê, ora não vê, de dançar conforme a música, é o que nos leva a usar mil "eus" para levar a vida em frente, sem nunca ser realmente nenhum deles, nem mesmo reunir todos eles. Uma vez que não sabemos realmente quem somos, buscamos em todas as situações um papel a desempenhar, geralmente sem sentir a menor vergonha, mas aceitando alegremente o fato de um eu camaleão que adapta suas cores ao ambiente em que se encontra. No trabalho, somos um eu para o chefe e outro diferente para nossos subordinados.

Em casa, somos um eu com nosso cônjuge e outro diferente com os filhos. No clube, somos um eu diferente do que apresentamos no pequeno grupo de amigos íntimos. E com frequência temos um eu diferente para o vizinho da frente e para o vizinho do lado. Raramente sabemos como é que entramos nos vários papéis que desempenhamos, mas é preciso viver cada um deles e, quando damos um jantar e escolhemos cuidadosamente quem convidar pensando em quais pessoas se darão bem, não é a homogeneidade de pessoas que buscamos, mas se já desempenhamos o mesmo papel com todas elas e, assim, podermos ser um único eu na reunião daquela noite. Se, por acaso, chega alguém que não foi convidado, essa invasão repentina desencadeia um profundo sentimento de consternação diante da necessidade de desempenhar dois papéis diferentes que nos é então imposta. Essa situação desperta no fundo da psique as notas inquietantes da esquizofrenia.

Os grandes diretores de teatro, a fim de levar os protagonistas a entender o personagem que representam, sempre preferem uma abordagem menos superficial, instintivamente cientes de que uma pessoa só é realmente compreendida a partir de dentro, já que em qualquer outra posição só poderá lidar com os sintomas. A investigação do mundo pela humanidade adotou essa postura interior *versus* exterior, em que o interior é exemplificado pela psicologia, pela religião, pela parapsicologia, e o exterior pelas ciências físicas. Até o momento, a ciência progrediu mais, mas a corrida não é sempre vencida pelo mais rápido. Mesmo estudando a substância em seus laboratórios, de montanhas a átomos, a ciência desvendou somente o enigma de construções elementares, e seu único feito na busca do segredo da vida vem sendo perseguir a matéria que sai do estágio físico e adentra alguma dimensão de invisibilidade onde não pode mais ser percebida, nem muito menos ser entendida pelos métodos e instrumentos que existem atualmente.

Percepção intuitiva

Somos animais reativos e geralmente desempenhamos os papéis que esperam de nós. Rara e sábia é a pessoa capaz de se desvencilhar desse automatismo. Ela é capaz disso somente se reconhecer que, em cada um de nós, reside o mesmo espírito que dá vida a tudo. Com esse entendimento interior, é capaz de permitir que os acontecimentos se desenrolem por si, por impulso próprio. A percepção intuitiva permite que a pessoa ocupe seu lugar em cada acontecimento, de acordo com o que é melhor para sua própria natureza.

Todos nós nascemos na sujeição aos sentidos e, na mesma medida em que damos todo crédito às evidências que eles fornecem, seguimos escravos deles. Somente quando chegamos a uma intuição mística da universalidade da inteligência é que por fim somos capazes de entender que, essencialmente, a matéria é apenas mente e que, em cada um de nós, reside o mesmo ser, que existe em toda parte, todo o tempo, e em todas as coisas, parecendo ser diferente segundo a forma em que penetrou, mas permanecendo essencialmente um só, indivisível e infinito.

De vez em quando surge alguém que, por meio de algum salto evolutivo incomum, parece ter se livrado da servidão que coíbe os outros. Uma dessas pessoas foi Edgar Cayce, o bruxo de Virginia Beach. Ele não somente era capaz de ler a mente das pessoas e prever coisas e acontecimentos distantes, como também pareceu conseguir acessar a mente universal com todo o conhecimento ali contido. As percepções de Cayce ignoravam o tempo, o espaço, a matéria; suas façanhas, cuidadosamente documentadas, nunca foram refutadas. Sob transe hipnótico, revelou-se um grande erudito, tendo na ponta da língua um vasto conhecimento de medicina e religião. No entanto, no estado normal de vigília, era dono de uma educação bastante falha. E Edgar Cayce não é o único fenômeno mental. Praticamente todas as crianças prodígio, todos os gênios, exibem esse estranho poder de transcender as limitações da matéria com um salto mental gigantesco. Mozart, Einstein, Gandhi, Jesus Cristo, todos gênios, usaram o mesmo poder mental secreto para realizar seus milagres. Embora seja rara a pessoa em quem o gênio se manifesta ininterruptamente, cada um de nós, em algum momento da vida, também tem o privilégio de experimentar um momento de intuição mística, às vezes até alguns ou inclusive muitos.

Conhecimento interior

Um rapaz chamado George padecia de enxaquecas fortíssimas. Certa noite, durante uma crise especialmente mais forte que o comum, saiu para a rua esperando que se ele andasse um pouco a dor diminuísse. De repente, foi tomado pela certeza absoluta de que respirar ar puro lhe daria alívio. No mesmo instante, foi até o pronto-socorro de um hospital e, apesar das objeções do médico de plantão, convenceu-o a colocá-lo no balão de oxigênio e imediatamente sentiu alívio. Hoje em dia, esse tratamento é geralmente aceito pela comunidade médica, mas, naquele tempo, era muito pouco adotado e George nunca tinha ouvido falar dessa opção. Outro homem, chamado Tom, fortemente deprimido depois de ter perdido o emprego, acordou um dia de manhã com a sensação de que teria muito sucesso no ramo da fabricação de válvulas. Tom tinha apenas um conhecimento superficial de válvulas. Sabia que faziam alguma coisa em bombas e motores, mas não exatamente o quê. Não tinha treinamento em engenharia nem experiência comercial, mas isso não o deteve. Foi até uma empresa de válvulas e pediu para conhecer as instalações. Imediatamente ficou encantado e certo de que a fabricação dessas peças era para ele. Duas semanas depois, em uma festa, Tom conheceu um sujeito que se apresentou como inventor. Na toalha de mesa da anfitriã, esboçou o desenho de sua nova válvula. Dois dias depois, Tom e o inventor estavam no banco, solicitando um empréstimo. Hoje, a fábrica de válvula deles é a maior do país.

A faculdade latente

A intuição é a força por meio da qual tudo é feito. Ninguém nunca ergueu um edifício empilhando tijolos. O edifício é construído primeiro na cabeça de uma pessoa, que o vê tapando o Sol, nítido e firme em sua imaginação, muito antes que seja realizado o primeiro movimento físico para colocar essa estrutura de pé. As pessoas que vivem computando fatos só acumulam a menor das porcentagens do conhecimento que existe no universo. Essa espécie de gente quer que os fatos lhe digam o que fazer, mas os fatos nunca fazem isso, já que simplesmente não existem fatos suficientes para tanto.

Rudolf Steiner escreveu que "em toda pessoa, há faculdades latentes por meio das quais ela pode alcançar o conhecimento de mundos superiores". É uma certeza interior, um palpite intuitivo, que nos leva à ação certa. Sentimos um tremendo orgulho do poder da nossa razão, mas isso é precipitado. Na verdade, raramente seguimos nossa razão; é ela que normalmente nos segue. Quando estudamos a história mundial, vemos o quanto isso é verdade. A razão dizia para Cristóvão Colombo que o mundo era plano, e a intuição, que era redondo. A razão ditava que ele deveria seguir pela rota marítima segura, em torno de sua Europa natal, mas a intuição o levou por águas desconhecidas até um mundo novo. A razão dizia a Pasteur que as doenças eram causadas por febres no sangue, e a intuição o levou a pesquisar bactérias e uma área totalmente nova para a medicina preventiva. Adquirimos habilidades no trabalho e em nossas ações quando aprendemos a confiar de forma plena em nós para nos guiar por um impulso interior, deixando de agir em resposta a acontecimentos e circunstâncias à nossa volta.

A doutrina da mente que manda na matéria

Há três pontos principais na doutrina da mente que manda na matéria que devem ser claramente entendidos: (1) existe um meio cósmico real, mas invisível, que sustenta o mundo aparente; (2) existe uma conexão indiscutível entre esse mundo real, mas invisível, e o mundo ilusório dos sentidos; (3) a consciência disciplinada pode discernir essa conexão e controlar esse relacionamento.

Quando abordamos esses pontos em ordem, somos impactados de imediato pelo fato de que é muito difícil provar a existência do meio cósmico. Até agora, nossos métodos de investigação científica pouco fizeram em termos de estudar a consciência em microscópios de laboratório, embora as investigações da parapsicologia tenham sido um tanto mais prolíficas. Os experimentos do dr. J. B. Rhine, na Universidade Duke, conseguiram efetivamente demonstrar que existe algum método de comunicação mental entre pessoas, além da dimensão sensorial, mas toda essa área da existência humana continua basicamente inexplorada, como um continente escuro e desconhecido. As pessoas têm sonhos em que se veem fazendo alguma coisa em determinado lugar, e alguns dias depois realmente se encontram nesse mesmo lugar, fazendo essa mesma coisa. Há relatos de pessoas que de repente sabem de algo bom ou ruim que se passou com um amigo, ou têm uma forte convicção de que uma casa pegou fogo ou um ente querido está em perigo ou com dor. Não se passa um único dia sem que inúmeras manifestações dessa natureza sejam documentadas no mundo todo. O continente desconhecido e não investigado da psique humana está acenando. Quando finalmente lhe dedicarmos nossa plena atenção, o mundo será testemunha de um salto evolutivo como nunca se imaginou possível.

O meio cósmico

O meio cósmico que conecta as pessoas umas às outras e as mentes entre si é a inteligência universal que permeia todas as coisas, todas as pessoas e todos os lugares. Por meio dela, temos uma ligação umbilical com nossos semelhantes, pois, em um sentido muito real, cada um de nós e nosso semelhante somos um só, uma vez que a mesma mente fundamental está em todas as pessoas. Assim que alguém enfim se convence de que o princípio da multiplicidade infinita não é válido em nenhuma concepção do universo, essa pessoa é finalmente levada ao conceito da unidade interior, da absoluta união de todas as coisas. Quando esse novo princípio realmente foi assimilado, a pessoa se dá conta de que existe somente uma única vida em ação no universo, e que ela está em cada um e em todos nós. A pessoa enxerga como ela atua de forma secreta no cerne de todas as coisas e, por meio dessa constatação, é capaz não só de influir nas manifestações dessa vida dentro de si como nas outras pessoas e coisas.

O mundo percebido pelos sentidos é apenas uma representação parcialmente revelada do mundo que existe no plano mental. O estranho é que as coisas com que deparamos no espaço e no tempo nos pareçam tão reais. Damos uma batidinha na mesa e sabemos que é dura e está ali, mas a existência da mesa como uma extensão de uma ideia é um conceito que raramente temos em mente. Passamos a maior parte do tempo pensando, planejando, confabulando, tentando originar ideias, mas nossas ações sempre partem do fato de que as coisas que encontramos no mundo são as coisas verdadeiramente influentes. Quando somos capazes de perceber todas as coisas como manifestações de pensamentos conceituais, então vemos mais além de cada uma até a ideia que lhe deu forma. Assim que nosso olhar se voltar nessa direção, teremos começado a lidar com a força criativa básica do universo e a ver as possibilidades do segundo ponto da doutrina da mente mandando na matéria, a saber, a conexão indiscutível entre o mundo da consciência e o mundo da substância.

O ego apaixonante

"Em si, o intelecto não move nada", disse Aristóteles, e a psicologia moderna tem confirmado essa lei. Deparamos com as circunstâncias que refletem a qualidade do estrato mais profundo da nossa consciência. Em suma, vemos somente o que somos, e é essa qualidade apaixonante do ego que nos ilude quanto ao mundo. A maioria das pessoas se encontra repetidamente nas mesmas situações, várias vezes seguidas. Há os propensos a acidentes; os que se afligem com a própria saúde o tempo todo; outros fracassam nos negócios, um atrás do outro. Certas pessoas levam uma vida que é uma tragédia épica, em que o destino lhes parece enviar um infortúnio atrás do outro. Mas não é um infortúnio que elas apenas deparem com a manifestação externa do funcionamento interno da própria mente.

A vida está sempre nos colocando em contato com as coisas que não conseguimos compreender. Enquanto nossa consciência não amadurecer, enquanto nossa visão interior não for penetrante, também continuaremos topando com as circunstâncias que nos derrotam, de cabeça cheia e cabisbaixos, até por fim compreendermos ou então sermos completamente derrotados. A conexão indiscutível entre o mundo mental invisível e o mundo exterior dos sentidos é esta: o mundo exterior é sempre uma projeção do interior. Seu conteúdo emocional é o mesmo que o conteúdo emocional da consciência que o contempla; sua influência sobre nós é sempre conforme o que percebemos. E o que percebemos tem origem no nosso íntimo, não fora de nós.

Imagens mágicas

Os dois primeiros pontos da doutrina da mente sobre a matéria nos levam a entender como somos escravos das circunstâncias, como nós nunca damos origem às ações, mas agimos como resultado de sermos estimulados a isso. Esses dois pontos, se por fim aceitos sem abrandamento, seriam um conceito de vida realmente sem esperança, mas no terceiro ponto da doutrina temos o fermento por meio do qual a configuração inteira da vida é modificada, deixando de ser a aura sem vida da desesperança, em prol da centelha rósea da antecipação. O terceiro ponto da doutrina nos diz que podemos alterar o ambiente à nossa volta e as nossas circunstâncias disciplinando a consciência.

Segundo o autor e ocultista francês Éliphas Lévi, "as operações mágicas são o exercício de uma força natural, mas superior às forças comuns da natureza. As operações mágicas são o resultado de uma ciência e de hábitos que exaltam a vontade humana acima de seus limites usuais". Sozinha, porém, a vontade não é a resposta. Sozinha, a vontade é, no mais das vezes, um caminho até a dor, não até o poder. Quando pensamos na força de vontade, quase todos imaginam o exercício da vontade contra outras pessoas e outras coisas, mas o único lugar em que nossa força de vontade pode ser usada com eficiência é para disciplinar nossa própria consciência. Em última análise, podemos escolher pensar somente aqueles pensamentos que queremos pensar, e é esse poder mental de escolha que nos concede liberdade. Com isso, temos o poder de nos refazer segundo qualquer imagem que conseguirmos visualizar. Podemos curar o corpo e a alma, alterar e exaltar nossa própria personalidade, aprimorar a força de vontade e produzir estados hipnóticos, o êxtase. A pessoa pode mudar e deixar de ser a mais reles das preguiçosas para se tornar muito eficiente e realizada, e tudo isso não porque nos esfalfamos no mundo, mas porque integramos nossas muitas facetas em um único ser, assumimos pensar e modificamos a qualidade da nossa mente. Todo o poder de cada um de nós está em disciplinar a nossa própria consciência, e toda a nossa eficiência consiste em sermos capazes de ter fé em nós mesmos. Isso porque somente a fé consegue desenvolver em nós uma imagem mental contrária à que alimentamos até então.

A evidência de coisas invisíveis

São Paulo disse que "a fé é a substância das coisas esperadas, a evidência das coisas não vistas". Por meio da fé somos capazes de agir como se *soubéssemos*. Quando temos conhecimento de fato, vamos em frente com confiança; quando duvidamos, sentimos insegurança a nosso respeito, ficamos apreensivos. Esse é o contraste entre a pessoa de muita fé e a de pouca fé. Quem tem bastante fé vive como se tivesse ao lado um gênio da lâmpada especial, um poder sobrenatural que podem convocar a qualquer momento, enquanto a pessoa de pouca fé se entrega às visões nubladas e distorcidas que tem na mente, agindo com hesitação, duvidando, receando.

A substância das coisas esperadas é real, formada por imagens mentais tão concretas e detalhadas quanto as do mundo exterior. A evidência das coisas não vistas é uma evidência interior, constituída pelo poder da imaginação de gerar imagens. É totalmente impossível para nós agir contra o nosso conhecimento. A pessoa não atravessa na frente de um carro em alta velocidade porque sabe que será morta, assim como não tenta andar sobre a água porque vai afundar. Às vezes, ela nem se arrisca em um novo negócio porque acredita que vai fracassar. Não há persuasão que consiga mudar a reação da pessoa ao que ela sabe, mas o que ela sabe pode ser modificado e a maneira mais direta e eficaz de fazer isso é mudando as imagens em sua consciência. Se a pessoa aprender a visualizar claramente seu objetivo, um dia ela será capaz de embarcar em uma nova aventura e ter sucesso. O conteúdo emocional de sua imagem mental se assentará em camadas mais profundas da mente e ela será instigada a agir da maneira certa.

Se pensarmos que somos fortes, acabaremos sendo fortes. Se pensarmos que somos determinados, acabaremos desenvolvendo nossa tenacidade. Se pensarmos que somos dotados de força, acabaremos nos impondo às circunstâncias. A mente tem um poder infinito de nos influenciar, pois agimos de acordo com as concepções mentais que formatam imagens capazes de estimular em nós o impulso para agir e nos posicionar. Comer, ter apetite, a vida sexual, respostas musculares, a atividade intelectual são todas ações desencadeadas pelas imagens em nossa mente. As ideias nos estimulam em todas as coisas. O próprio mundo é uma ideia e reagimos a ele, mas podemos mudar a influência que o mundo exerce sobre nós quando geramos ideias conscientes e, desse modo, nos estimulamos a parar de reagir.

Ideias e ação

O dr. José Delgado, já falecido, professor de neurofisiologia e cirurgião da Universidade Yale, afirmou que o comportamento de animais e, possivelmente, de seres humanos pode ser mudado de forma drástica por cargas elétricas indolores aplicadas no cérebro. Em certos experimentos, macacos comeram sete vezes mais do que o normal ou se tornaram subitamente mais afetuosos, ou repentinamente ferozes, e testes com humanos desencadearam medo, afetividade, risadinhas sem sentido, e lembranças surpreendentes, dependendo da área do cérebro que era estimulada. Parece óbvio, nesses experimentos, que a estimulação elétrica é apenas um substituto do que normalmente seria a estimulação neuronal. Quando reconhecemos que a estimulação neuronal é sempre desencadeada pela reação a ideias em nossa mente, então nos tornamos plenamente cientes da importância de controlar os pensamentos e de tratar com cuidado o poder mental de gerar imagens.

Nossa tendência é sempre nos tornar aquilo que ocupa nossos pensamentos. No longo prazo, a pessoa não é tanto um corpo, mas a soma total de ideias em sua mente. Basta estar com uma pessoa por um instante para ficar sabendo de várias dessas ideias. Se ela é brilhante, você percebe que, para ela, o mundo é um lugar acolhedor e confortável. Se é fria, logo percebe que ela é cercada pela hostilidade. Se é alguém indiferente, então sabe que essa pessoa tem medo de ser magoada. Os excessos sempre dão pistas. Alguém que ri demais pode estar escondendo suas lágrimas, como um Pierrô. Comemos demais para compensar a falta de amor, bebemos demais para abafar os medos, brincamos demais para fugir das responsabilidades da vida, trabalhamos demais para acumular segurança em um mundo volátil. Mas nossa resposta sempre é relativa a uma imagem em nossa mente, às ideias que nos ocupam, aos fantasmas que enxergamos, aos demônios que nos perseguem, aos potes de ouro que imaginamos no final do arco-íris.

Devemos aprender a assumir nossa posição com a crença inabalável de que estamos certos. A dúvida lança uma sombra de indecisão sobre todas as coisas. Devemos expulsar a dúvida da nossa mente e cristalizar as imagens que nos levem a agir de modo positivo diante de todos os nossos problemas.

> Quem duvida do que vê
> Por mais que faça, não crê.
> Olha o Sol, se duvidava,
> Logo, logo se apagava.
>
> William Blake

Projetistas da vida

Começar a visualizar claramente as coisas não é tão difícil quanto parece. Todos nós temos uma profunda tendência psicológica a usar a imaginação para enxergar não só as condições existentes, mas também suas possiblidades. Porém, somos impedidos de fazer um uso apropriado da imaginação devido a uma dependência excessiva das coisas materiais. Por exemplo, vemos a forma convencionada de um automóvel; aceitamos essa forma e não nos permitimos visualizar nada diferente. Com isso, damos um tranquilizante à nossa imaginação criativa e calamos uma parte importante da nossa natureza. Mas os projetistas, não. Esses não podem se dar ao luxo de visualizar o automóvel em sua forma aceita atualmente. Para eles, sempre deve existir uma forma nova. Enxergá-la é o que garante seu sustento.

Temos em nós um projetista inato da vida. Na medida em que aceitamos o poder criativo da imaginação, somos capazes de influir no formato e na substância da vida e em seu efeito sobre nós. Modificamos os acontecimentos e as pessoas, não recorrendo a alterações intrínsecas, mas mudando nossa percepção sobre eles. Cada coisa, cada acontecimento, cada pessoa tem uma potencialidade infinita. Em cada um, vemos apenas aquilo que a nossa consciência é capaz de perceber. Quando aprendemos a olhar por mais tempo e com olhos de assombro, desenvolvemos uma espécie de percepção que nos permite alcançar profundidades insuspeitas. Como vemos de forma diferente, reagimos de modo diferente e nossa vida muda de acordo com isso.

Para muitas pessoas, o poder mental implica truques como deslocar objetos com a força do pensamento ou materializar e desmaterializar coisas, dominar mentalmente por completo outra pessoa, mas, de fato, os adeptos dessas práticas só trabalham em si mesmos. Eles são os olhos por meio dos quais todas as coisas são vistas e, na mesma medida em que conseguem influenciar a própria percepção, são capazes de influenciar o mundo. Quanto maior o conhecimento, mais próximos estão da essência da verdade; quanto mais próximos da essência da verdade, mais se identificam com outras pessoas e outras coisas. Por meio dessa identificação interna, alcançam o entendimento da lei da natureza secreta de cada pessoa, de sua vida e do mundo em que vive.

Mude seu modo de pensar e mude o mundo

Se na sua vida há um problema que você deve resolver, não acione a vontade para lidar com ele. No fim, o problema é resolvido não por ser combatido, mas por ser entendido. A razão para esse problema existir, antes de mais nada, é uma falta de entendimento. Você deve se permitir se convencer dessa premissa simples: todos os problemas residem na ignorância; eles representam um bloqueio de compreensão por parte da pessoa que os experimenta. Enquanto o bloqueio persistir, o problema permanece. Não existe a menor possiblidade de chegarmos a resolver um problema sem compreender sua natureza.

A vida é um movimento constante em que a simplicidade é resolvida pela complexidade, e a complexidade, pela simplicidade. A alquimia que causa o crescimento natural das coisas é simplesmente a consciência ampliada. O problema mais complexo do mundo cede diante do entendimento e, uma vez resolvido, torna-se simples.

Para alcançar o domínio da mente sobre a matéria, é preciso aceitar a premissa básica de que existe uma única presença, em todas as pessoas e em todas as coisas, que lhes dá vida. Por trás de todas as formas está uma unidade básica, uma unicidade essencial, que nunca é destruída apesar de todas as diferenciações. Quando, por meio da consciência mais elevada e de uma percepção aumentada, somos capazes de atravessar as muitas máscaras por trás das quais se oculta a mente única, a vida única, então atingimos a eficiência em todos os nossos afazeres e nossas ações ao entendermos a lei dinâmica do vir a ser, existente em cada forma. Tudo isso para dizer que não há nada no mundo que não possa ser influenciado ao influenciar primeiro nós mesmos, pois, no fundo, tudo é matizado pela qualidade da nossa consciência. Podemos mudar a nossa consciência e isso muda o que vemos; a ferramenta com a qual podemos efetuar isso é a imaginação. Podemos aprender a visualizar em nossa mente apenas aquilo que queremos admitir em nossa vida, e, quando tivermos realmente aprendido a fazer isso, os equivalentes físicos dessas ideias logo aparecerão no nosso caminho.

Você pode ser qualquer coisa que queira, desde que confie na própria imaginação. Imagine o que deseja de verdade. Nunca permita que essa imagem seja distorcida ou corrompida. Mantenha-a vibrante, clara e nítida. Essa imagem entrará discreta e silenciosamente em sua vida, sem toques de clarim nem rufar de tambores, pois estará seguindo uma lei que existe no universo inteiro, a saber, tudo é basicamente uma ideia e deve começar primeiro na mente do observador.

6
Imagens Mentais

PLOTINO DISSE: "TER VISTO AQUELA VISÃO NÃO É MAIS RAZÃO, é mais do que razão, antes da razão e depois da razão, assim como também é a Visão que é vista. E talvez não devêssemos falar aqui de ver, pois o que é visto não é discernido por quem vê, se realmente aqui é possível distinguir entre quem vê e o que é visto como coisas separadas. Portanto, é difícil dizer o que essa Visão é, pois como a pessoa pode descrever como algo além de si mesma aquilo que, quando discerniu, parece não à parte de si, mas como uno consigo?"

Pensar é ser

O que é visualizado na mente torna-se parte de quem possui essa mente porque somos o que pensamos. É estranho como sabemos pouco sobre a mente. Pouco mais foi identificado a respeito da mente desde os tempos de Descartes e de sua brilhante premissa, "*Cogito, ergo sum*" – "penso, logo existo". Só sabemos que existimos porque pensamos. Caso o pensar cessasse em nós, nós automaticamente deixaríamos de ser. Se o pensar começasse em algum ponto específico do espaço, esse ponto começaria imediatamente a viver. É profundamente significativo que existamos graças ao pensamento, e é ainda mais significativo que, a qualquer momento, sejamos a soma total dos pensamentos que temos.

Parece razoável presumir que o ser pensante que habita em nós seja o pensamento propriamente dito; que, quanto mais complexos e universais forem nossos pensamentos, mais complexos e universais nos tornemos. É impossível separar a imagem mental de um observador do observador em si porque os dois são um só, em um sentido muito real. Aquilo que atrai a atenção da consciência torna-se essa consciência. Quando nossa consciência está focada em alguma coisa, nós nos tornamos essa coisa. É esse poder da consciência de se tornar o pensamento que pensa que dá à mente sua ascendência sobre a matéria. Nossa exploração do mundo exterior praticamente conquistou o espaço e o tempo, mas ainda sabemos muito pouco sobre o que é a mente humana e quais são suas influências. Como o pensamento é invisível, nunca cai sob o escrutínio do microscópio de laboratório. Como consequência, estamos quase tão mal-informados sobre as qualidades e os atributos do pensamento quanto estávamos nos primórdios da história escrita. Embora agora já se saiba que os pensamentos que a pessoa tem determinam toda a sua vida, a pessoa comum continua pensando basicamente em resposta a estímulos sensoriais em vez de desejos internos.

Lei mental

Primeiro o pensamento e depois a coisa: essa é a lei, mas a maioria das pessoas vive de acordo com a premissa oposta, ou seja, primeiro a coisa e depois o pensamento. O poder da imagem mental ainda atua, mesmo que nessa inversão da forma, mas, nesse caso, apenas confere validade a tudo o que elas veem e a todas as situações que vivem. Essas pessoas são incapazes de ir além das limitações impostas por suas emoções, pois dão crédito a todos os estímulos sensoriais.

Cada um desses estímulos é associado a uma reação emocional. Toda vez que essas pessoas se deparam com um acontecimento ou com algo que já se depararam antes reagem de uma maneira predeterminada. Com isso, torna-se impossível para elas progredir e alcançar qualquer nível de eficiência na vida, pois, dada a própria natureza de seu posicionamento mental, as coisas do mundo as controlam e elas nunca controlam as coisas. Essas pessoas são temerosas ou hostis, ressentidas, invejosas ou tristes, mas cada uma dessas emoções é inspirada por um estímulo vindo de fora e nunca por convicções ou desejos internos. Essas pessoas são as mais ardentes defensoras de suas aberrações mentais. Quando debatem, são facilmente provocadas ou se tornam histéricas. Como suas convicções estão encrustadas nas emoções, elas as defendem com unhas e dentes, convencidas de que será um desastre absoluto caso suas ilusões sejam perdidas. O melhor que pode acontecer é a vida reduzir o ego dessas pessoas a nada. Então, seus olhos ganham uma grande medida de nitidez e elas são finalmente capazes de ver que sempre apenas reagiram em vez de agir. Quando a humildade se instala na alma da pessoa, ela enfim consegue perceber que não vive sozinha no mundo, mas tem milhões de irmãos e que no coração de cada um deles existe o mesmo espírito vital.

Previsões do futuro

"Saber não é nada; imaginar é tudo", disse Anatole France. O que captura a atenção da nossa consciência é a capacidade infalível de fazer previsões do futuro. Na verdade, se conhecêssemos os pensamentos que ocupam a mente de alguém, poderíamos oferecer-lhe uma descrição precisa de sua vida futura, incluindo seus mínimos detalhes. O sucesso das pessoas que leem a sorte, seja qual for o meio que utilizam – cartas, folhas de chá, bolas de cristal –, é sempre o resultado de uma comunicação telepática entre o vidente e o consulente. Os pensamentos que nos possuem dominam por completo nossa movimentação na vida. Existe nos pensamentos um impulso motor que nos leva a fazer as coisas nas quais pensamos, e essa é uma lei que está muito acima das considerações morais ou éticas. Esse impulso atua de modo igualmente rápido para o que é considerado mau e para o que é considerado bom. Se você ficar pensando em roubar o posto da esquina e alimentar essa imagem na sua cabeça durante várias semanas, um dia vai se encontrar no posto empunhando uma pistola, pronto para esvaziar a caixa registradora. As pessoas que cometem os assim chamados crimes passionais costumam relatar que viveram sob a pressão de uma compulsão que não podiam mais controlar nem entender. Essa compulsão se origina em seus pensamentos. As imagens projetadas na tela móvel da mente finalmente fincam raízes nos impulsos motores do corpo, e a pessoa é impelida a agir conforme a ação é visualizada nos recantos mais profundos da consciência. O *Dhammapada* nos adverte a vigiar nossos pensamentos e realmente deveríamos fazer isso. Tudo o que admitimos na mente assume contornos, forma e substância em nossa vida, e somente podemos impedir que isso aconteça deixando de viver, pois a lei da vida é a lei do pensamento tornar-se coisa.

Pensar com clareza

A qualidade de nossas imagens mentais determina a rapidez com que obtemos efeitos no mundo exterior. Como a maioria das pessoas é relativamente inconsciente do fato que pensa, pouco levam em consideração quão bem pensam e qual o nível de clareza e realidade das imagens que visualizam. A maioria tem pensamentos difusos. Quando convocamos algo em nossa mente, isso nos vem como uma presença vaga e nublada. Não a vemos realmente, nem sentimos, ouvimos, tocamos, penetramos, assimilamos, mas, em vez disso, temos uma vaga sensação a esse respeito por meio de alguma formulação verbal dessa ideia. Dizemos "minha casa", mas a imagem não traz à mente a casa real, somente uma vaga ideia dela em termos de impostos a serem pagos, da fachada a ser pintada, da grama a ser cortada, da festa do sábado passado. Adotamos significados acerca de tudo em termos de sua importância pessoal, mas raramente convocamos imagens em nossa consciência pelo simples motivo de nunca termos sido treinados a pensar dessa maneira, de nunca termos realmente entendido o significado dessas imagens.

Pense em algo conhecido. Pense em uma sala em que você passa boa parte do tempo. Veja-se sentado em uma cadeira nessa sala. Olhe à sua volta. O que você vê? Há quadros na parede? Onde? De que tipo? De que cor? Onde estão a mobília, os livros, os documentos? Tem poeira nos cantos? Onde estão os abajures? Como funcionam? Veja-se nessa sala com tanta intensidade que realmente *se sente* lá. Veja a cor e a solidez dos objetos. Repita o exercício por alguns dias. Se tiver sorte, viverá uma experiência que causará espanto. Durante uma dessas meditações, enquanto estiver mentalmente visitando essa sala, você terá uma súbita sensação de que de fato está lá. Quando esse tipo de experiência acontece, você *estará* lá em um sentido psíquico, mas muito real, tão tremendo é o poder da visualização mental correta e nítida.

Uma porta escancarada

Há outros testes que você pode fazer para se convencer de como seus pensamentos têm sido indistintos e do poder que existe em deixá-los mais nítidos. Se você é casado, tente se recordar subitamente do rosto de sua parceira. Talvez fique chocado ao se dar conta de como isso é difícil. O que lhe vem de imediato é uma *ideia* de sua esposa e essa ideia tem o formato indistinto de um sonho nebuloso. Concentre-se em tornar essa imagem mental tão nítida quanto uma fotografia. Esforce-se para que sua atenção esteja totalmente focada nisso. A imagem vai ficar cada vez mais clara. Em breve, verá esse rosto diante de você, cheio de vida, vibrante, e poderá ter certeza de que se estendesse a mão poderia tocá-lo. Não se surpreenda se sua esposa lhe disser, à noite: "Pensei em você o dia inteiro".

Isso não é lenda, nem superstição ou desejo. Quando lidamos com a mente, estamos lidando com o que há de mais significativo na vida. A consciência contém poderes dos quais ainda não ouvimos falar e que permanecem desconhecidos. Nossas primeiras tentativas atrapalhadas de entender feitos paranormais divertirão os pesquisadores daqui a cem anos. Despertar para a telepatia, a clarividência e a precognição mal arranhou a porta que se abre para o vasto depósito de poderes e percepções fantásticas. Nosso primeiro passo nesse caminho é dado quando nos damos conta do poder original da mente sobre a matéria e entendemos como nossos pensamentos influem no mundo em que vivemos. Assim que apreendemos de verdade a tremenda força que leva uma imagem mental a se tornar um fato físico, vemos que é preciso dedicar esforços para nos tornar pensadores claros e concisos em vez de pessoas afobadas, correndo de lá para cá.

Desequilíbrio psíquico

Devemos aprender a visualizar com clareza completa para que a imagem convocada na mente tenha a mesma solidez, cor e dimensões que no mundo físico. Pesquisas realizadas com conteúdos oníricos têm revelado que algumas pessoas sonham em preto e branco enquanto outras têm sonhos coloridos. Há sonhos em pantomima e outros com efeitos sonoros. Alguns sonhos exibem pessoas sem rosto e há aqueles em que é sempre noite, ou sempre dia. Essas pesquisas têm comprovado bastante bem que bloqueios emocionais limitam nossa capacidade de visualizar por completo as coisas em nossa mente. Podemos tentar visualizar que estamos concluindo com êxito uma tarefa que desejamos realizar, mas, por mais que tentemos focalizar nossa atenção interior, nunca conseguimos chegar de fato nessa condição. Se, por exemplo, se trata de mudar de casa, podemos relatar que conseguimos ver a casa nova e tudo o que há nela, mas somos incapazes de nos visualizar lá dentro.

É o subconsciente que bloqueia esse tipo de visualização. Algum medo, hostilidade ou ressentimento criou em nossa mente um poderoso bloqueio contra mudar de casa e isso proíbe tal imagem de entrar em nossa mente e, assim, impede que o acontecimento se desenrole no mundo físico. Não é nada fácil para nós superarmos a censura subconsciente dos nossos pensamentos. Essa censura representa uma autoidentificação errônea, um desequilíbrio psíquico, universalmente causado pela centralização da consciência no ego em vez de nas camadas mais profundas do ser. As pessoas que permitem ao eu superficial controlar sua vida estão nas mãos de um fantasma liliputiano. Afinal, ficamos mentalmente atados por milhares de pequenos incitadores que vêm do subconsciente. São esses estímulos que dão forma e substância ao nosso ego, essa coisa que achamos que somos, que nunca somos, e que não passa de limitações que acabamos aceitando e considerando reais.

Instigadores subconscientes

A fim de testar o desequilíbrio psíquico da pessoa, a psicanálise moderna usa um teste elaborado pelo psicólogo suíço Hermann Rorschach, no qual a preocupação subconsciente de um paciente é diagnosticada a partir de imagens espontâneas que ele visualiza em manchas de tinta complexas. Como as manchas são aleatórias e multiformes, deduz-se que as imagens que o paciente enxerga representem a espécie de coisa na qual sua consciência está habitualmente focada. Em outras palavras, esse teste fornece uma chave para os pensamentos que ocupam a mente da pessoa e fornecem ao psicólogo um método de interpretação da neurose. A premissa desse diagnóstico é que cada pessoa vê em todas as coisas o pensamento que, *a priori*, ocupa sua mente. Nesse sentido, a vida em si acaba se revelando apenas um gigantesco teste de Rorschach. Os formatos, as formas e as substâncias têm infinitos significados e infinitas possibilidades. Para o observador individual, cada uma delas adquire suas cores e qualidades diretamente dos pensamentos que ocupam a mente da pessoa. Quando escolhemos os pensamentos que pensamos, escolhemos a nossa vida.

A realidade é que pouquíssimas pessoas têm a liberdade de exercer escolhas quanto a pensar porque a maior parte de seus pensamentos provém de lembranças subconscientes vinculadas à dor. Essas pessoas não são livres porque se identificaram de forma errônea. Sua ideia de quem são é basicamente constituída de acontecimentos e relacionamentos. Portanto, se assumem como coisas mutáveis, como ego, e sua noção de eu é fundada em relacionamentos recordados de modo difuso e percebidos indistintamente. O ego sempre pensa em resposta ao subconsciente. Somente o grande eu, a noção de eu livre das limitações do ego, é capaz de gerar pensamentos, ou ser receptivo a eles, sem ambiguidades. Todos damos muito valor ao ego. Para nós, a personalidade representa tanto um fascínio como um delírio. Por seu próprio significado, a personalidade é restrita ao indivíduo e, nessa medida, representa uma noção limitada do eu. Somente através do ponto de vista mais amplo e abrangente do Eu Secreto é possível à mente individual se orientar corretamente na vida. É assim que consegue apreender significados e relacionamentos a partir de um ponto de vista mais amplo e abrangente, e compreender por meio da percepção imediata em vez de pelo raciocínio e por dedução.

Desempenho instintivo

A partir de um pequeno ponto de vista no centro, o ego pensa para fora. O ego busca saber, tateando no desconhecido, tentando racionalizar o que encontra lá. Como o espaço infinito o rodeia, é permanentemente impossível ao ego alcançar um grande entendimento. Como o que pensa é matizado pelo que já sabe, e como o que sabe se baseia em uma interpretação estritamente pessoal e infinitesimal, por sua própria natureza, portanto, o ego nunca pode alcançar o verdadeiro conhecimento. Antes de podermos ser verdadeiramente sábios, antes de podermos chegar ao nosso direito natural de termos poder e compreensão, é preciso nos desvencilhar em alguma medida das armadilhas do ego e adotar uma espécie de consciência mais ampla. Em vez de pensadores centralizados, devemos aprender a ser pensadores periféricos ou de borda. Devemos aprender a deixar que o pensamento se desenvolva em nós sob o impulso de alguma coisa de fora e maior do que nós. Devemos aprender a ser capazes de fazer coisas sem focar nossa atenção nelas. Devemos aprender a agir através de um entendimento instintivo da verdadeira natureza das coisas e da tarefa a ser realizada.

O ego nos impede de agir desse modo. Sentir constrangimento é temer e se sentir coagido. A pessoa que age naturalmente por instinto pensa com a mente de fora ou periférica, mais ampla. Quem está tomado pelas considerações do ego e por sua noção de quem é fica preso nas malhas do medo e da tensão diante da mais simples das tarefas. Não pensamos naquilo que fazemos bem. Simplesmente executamos, graças à nossa mente de fora, mais ampla. Quando perdemos nosso contato com essa mente, sofremos o baque de perder o estado de graça, pois, ficando somente por nossa própria conta, focando apenas cada pequeno movimento, não podemos executar nem as tarefas mais simples.

> Uma centopeia estava caminhando bem feliz
> Até chegar um sapo zombeteiro. Ele disse:
> "Diga-me, em que ordem você move as pernas?"
> Isso a encheu de dúvidas a tal ponto
> Que caiu exausta na estrada
> Não sabendo como correr.
>
> Katherine Craster

Parece não haver absolutamente nenhum limite para os feitos que podemos realizar quando conseguimos apreendê-los com nossa mente de fora ou mente periférica. Existe a pessoa que fica equilibrada na ponta do dedo indicador na extremidade de uma haste de três metros. Há a que anda em uma corda bamba, atravessando a garganta das Cataratas de Niágara. Outra pula de um trampolim e dá três saltos mortais no ar antes de cair de pé. O malabarista mantém 12 bolas no ar ao mesmo tempo. Quando assistimos a essas ações, ficamos assombrados e nos perguntamos como é possível. Como um ser humano pode fazer essas coisas? Essas façanhas são possíveis porque tais pessoas dominaram a arte de agir sem pensar. Aprenderam a calar o pensamento do eu central e ficar de lado, por assim dizer, apreendendo o ato como um todo contínuo, vendo-o como um só movimento fluido e incessante. Com isso, os braços e as pernas se movem, os músculos se coordenam, há dispêndio de energia e tudo em função de uma imagem completa, desenhada pela mente mais ampla. Esses prodígios executam suas ações de modo reflexo, sem pensar, respondendo apenas à imagem do que querem fazer, assim como alguém é capaz de andar na rua, pensando no que quer fazer, sem jamais cogitar sobre colocar um pé adiante do outro.

Como confiar em seu eu maior

A razão pela qual a maioria das pessoas joga golfe tão mal é que fragmentaram a tacada em muitos movimentos menores e cada um deles se torna o foco da atenção quando o jogador se posiciona para lançar a bola. É uma surpresa que não quebrem a coluna ou lesionem um tendão. O milagre é que de fato consigam acertar a bola, uma vez que estão pensando em tudo menos nisso. Os raros golfistas que dominaram a arte de acertar o buraco também dominaram a arte de *não pensar como* fazer isso. O grande jogador se posiciona para lançar a bola somente depois de ter decidido *aonde* quer que ela chegue. Ele não pensa em *como* dará sua tacada. Podemos adotar o mesmo método em tudo o que fazemos. Podemos parar de pensar como fazer as coisas e começar a concentrar a atenção apenas aonde queremos ir. Assim que tivermos tomado uma decisão, precisamos aprender a confiar em nossa mente de fora, nossa mente maior, para um desempenho no ponto.

Há um profundo motivo psicológico subjacente para isso. O cérebro e os demais órgãos do corpo não devem ser alvo de confiança mais além da inteligência da qual evoluíram. Sujeitar todo o desempenho às limitações da razão humana é o mesmo que sujeitar todas as ações a restrições e erros. Uma inteligência eterna e infinita desenvolveu o cérebro e o corpo, e ambos se aninham no colo dessa inteligência, são produtos dela e nunca seus senhores. Devemos parar de forçar o ego a agir como a fonte de ações e pensamentos e, em vez disso, aprender a deixar que os pensamentos se desenvolvam em nós, que a ação se desenvolva em nós, como resultado de confiar completamente em um senso mais amplo de ser.

Chuang-Tzu escreveu:

> O bêbado, quando cai da carroça, pode sofrer, mas não morre. Seus ossos são como os de todas as outras pessoas, mas ele encara o acidente de maneira diferente. Seu espírito está em uma condição de segurança. Ele não tem consciência de estar andando na carroça, nem de ter caído. Ideias sobre a vida, a morte, o medo etc. não conseguem abrigo em seu peito, por isso ele não sofre com o contato com existências objetivas, e, se essa segurança toda vem do vinho, quanto maior não seria a que vem da espontaneidade?

O que almejamos aqui é uma tentativa de funcionar por meio da totalidade de nosso psiquismo, em vez de uma pequena parte dele, como o cérebro, a razão ou a memória. Deveria ser óbvio que o todo sempre é maior do que as partes. Se pudermos aprender a pensar e a agir com a totalidade do nosso funcionamento psíquico inteiro, então é óbvio que nossa eficiência será vastamente aumentada. O importante a lembrar é que o centro da atividade mental não está na consciência ou nos processos de pensamento, mas em algo muitíssimo maior que isso, fora disso e, de algum modo, em seu interior.

Mente ativa

Quando aprendemos a deixar nossa mente em paz, ela começa a funcionar de uma maneira espontânea, natural a ela. Ela se livra de inibições e restrições, e nossa eficiência e energia aumentam de modo significativo. Podemos esperar grandes recompensas ao aprender a funcionar de maneira inconsciente. Todas as nossas imperfeições advêm de uma dolorosa autoconscientização. Somos capazes de sufocar a voz da autoconsciência, que está sempre reclamando, quando mergulhamos no vasto oceano do ser que é o Eu Secreto. Ali ela se funde e se perde, como uma gota d'água se funde e se perde no oceano. Tornamo-nos pessoas naturais em vez de pessoas artificiais, e todos os nossos atos e pensamentos adquirem uma espontaneidade que brota diretamente do Divino. A mente divina contém uma engenhosidade inimaginável e um poder criativo inacreditável, e, na medida em que aprender a confiar sua vida e seu ser a ela, você terá esse mesmo poder.

A coisa mais notável sobre a humanidade é a mente. O mistério que cerca a outra pessoa é o fato de que ela pensa, de que os pensamentos dela são invisíveis e, portanto, estritamente dela. Dentro dos limites de seu próprio ser, a pessoa vive em um mundo que ninguém realmente penetra, habitado por formatos e estruturas, acontecimentos e pessoas que só ela conhece, com um significado enraizado em símbolos. E, na mente da pessoa, esse mundo tem para ela uma importância maior do que o mundo material em que vive. Quando vai dormir, ela se retira do mundo material, mas, mesmo durante o sono, o mundo em sua mente ainda está com ela. O mundo mental tem um significado ainda maior durante o sono. Durante essas horas, os pensamentos, embora ainda revestidos de termos materiais, adquirem uma importância simbólica, e as coisas com que sonha vêm a ela como significados disfarçados que se apresentam na tela de sua consciência, revelando os conflitos que existem em seu subconsciente.

Estamos com a nossa mente durante as vinte e quatro horas do dia e nunca paramos de pensar. Somos mil vezes mais influenciados pelos pensamentos que cruzam nossa consciência do que jamais seremos pelas situações que vivemos no mundo sensorial. Somos verdadeiramente criaturas mentais e as qualidades animais que possuímos são apenas residuais, remanescentes de uma evolução cujo grande ímpeto, em primeiro lugar, foi o esforço para produzir a mente. Assim como a consciência evoluiu da matéria até chegar a dominá-la, também um dia estará livre da matéria, pois a própria natureza do ser pressupõe uma existência maior do que qualquer uma que possa ocorrer, estando presa à carne. O ciclo de nascimento, crescimento, decadência e morte está vinculado a um mundo físico com sua produção necessariamente constante de formas diferentes, no esforço de encontrar as mais eficazes. No entanto, esse ciclo não é mais compulsório para a mente, que assentou em uma forma absoluta e não muda mais de tipo, somente de grau. A evolução nos trouxe ao ponto em que um ser mental serve melhor aos avanços sendo livre do ciclo de nascimento e morte. Sem dúvida, esse passo faz parte do plano evolutivo, e pode estar previsto para algum momento futuro ou estar presente para nós agora. Nesse meio-tempo, o fato que se tornou aparente é que o caminho da nossa salvação está em enfatizar a existência mental e no afastamento gradual da sujeição física.

Pensar é fazer

Até agora, ninguém conseguiu deter o envelhecimento físico do corpo, e atualmente todos estão sujeitos a uma morte física no fim. Enquanto nossas atividades, nossos prazeres e nossas sensações estiverem enraizados no corpo físico, não temos outra alternativa a não ser sofrer dores, a dissolução e a decadência. Porém, quando nos distanciamos do corpo físico e nos instalamos na mente, somos capazes então de experimentar um crescimento constante que não só nos proporciona uma satisfação pessoal profunda, como atende aos mais caros desejos da vida e da evolução. Ter claramente a noção de que o intelecto é superior à matéria e a supera é dar o passo mais importante de todos para ter uma vida serena e eficiente. A alma cresce internamente mesmo que o corpo decaia externamente, e os que por fim conseguem fundir seu senso de quem são com o Eu Secreto terão se perpetuado na eternidade e atingido a imortalidade.

As imagens que se desenrolam em nossa mente nos levam inevitavelmente a agir. Essa é uma lei da vida e não podemos nem iniciá-la nem detê-la. Devemos fazer aquilo em que pensamos. Como não podemos parar de pensar, somos inevitavelmente levados a agir pelos nossos pensamentos, mesmo que essa ação seja do tipo mais negativo. Como o ser humano é uma entidade dinâmica, escolher não fazer algo é uma ação tanto quanto fazer algo. Por exemplo, o medo de fracassar nos predispõe a não tentar nada que seja arriscado. Como consequência, somos propensos a deixar que todas as coisas nos ultrapassem, impedidos de agir devido à natureza das imagens em nossa cabeça. Geralmente, essas imagens são postas em nossa mente pelo medo, ou algum derivado dele, e essas qualidades emocionais negativas procedem do subconsciente e foram instaladas aí pelo ego. Podemos nos livrar delas estabelecendo um relacionamento apropriado entre o ego e a mente universal.

Podemos nos tornar inteiros livrando-nos do autoconceito do eu superficial, mergulhando o ego em nosso ser mais amplo, e ao nos tornar um só com todas as coisas e todas as pessoas.

Como nos livrar de bloqueios mentais

Não podemos nos obrigar a ter pensamentos diferentes dos que temos habitualmente. Não conseguimos excluir certos pensamentos da cabeça, nem forçar outros a entrar, apenas usando a força de vontade. O pensamento tem origem nos mais profundos recessos do nosso ser, em uma área basicamente inacessível à mente consciente e que, em sua maior parte, simplesmente não responderá a coerções. A transformação psicológica não é possível sem o despertar espiritual; antes de podermos mudar o tipo e a espécie de pensamento, é necessário fazer primeiro uma alteração em nosso conceito do eu. Uma pequena reflexão sobre o ego revela que é uma armadilha delirante, pois basicamente o ego é uma noção de separatividade, que se alimenta de um senso de comparação. O ego sente satisfação em ser melhor que os outros, sente-se extremamente triste quando é pior, e realiza todas as ações por motivos egoístas, a saber, avanços, aplausos e poder. A maior doença do mundo é ficar satisfeito com o ego, pois ficamos cegos para a real natureza da vida e para o nosso próprio potencial. Somente quando estivermos insatisfeitos com o ego, nas derrotas e nas desilusões, é que estaremos prestes a enxergar o véu que nos separa de nosso eu. É nesse momento que subitamente podemos ver que nossos olhos e nossa alma podem se abrir e atravessar até o ser mais profundo e mais amplo que concede uma qualidade universal a todas as pessoas.

Melhoramos imensamente nossa capacidade de visualizar quando nos livramos dos bloqueios e gatilhos mentais que estão armazenados em nosso subconsciente. Somos capazes de tirar tudo isso do caminho por meio de um equilíbrio psíquico adequado entre o ego e o Eu Secreto, e atingimos esse equilíbrio com a rendição do ego e a entrega da nossa vida ao Divino. Isso não é tão difícil quanto parece. Em primeiro lugar, não somos responsáveis por nossa existência. Não escolhemos o corpo que habitamos nem a vida na qual nascemos, ou nossa língua, costumes, educação; até mesmo as pessoas que conhecemos foram escolhidas para nós por um poder maior. Quando aprendemos a confiar completamente nesse poder, entregando-lhe a noção de quem somos e nossas ações, nossa mente, nossas habilidades, nosso talento, esse poder nos amplia devido a essa própria entrega. Esse poder se serve de nós para seus propósitos e muitas vezes com mais eficiência do que jamais seríamos capazes. É tremenda a energia a ser ganha quando entregamos o ego ao Eu Secreto. Cada um de nós se torna uma força em dobro. De repente, estamos livres de restrições e de interdições, e nossa saúde, energia e recursos não conhecem limites.

Deixar que aconteça

Terry era uma jovem brilhante. Durante o ensino secundário, tirava sempre notas máximas e foi premiada com uma bolsa de estudos em uma universidade famosa na Costa Oeste, no entanto estava sempre nervosa e tensa e parecia temerosa e apreensiva o tempo todo. Tinha um sobressalto ao menor ruído, era tímida e receosa com pessoas desconhecidas, não conseguia falar quando tinha oportunidade de dar uma opinião, tinha medo de altura, de lugares fechados e ficava constantemente doente. Mesmo tendo se formado com distinção na faculdade, teve muita dificuldade para arrumar emprego devido à impressão desfavorável que causava no possível empregador. No entanto, seu histórico escolar prevaleceu e ela enfim foi contratada pelo laboratório de uma grande indústria onde fazia parte da equipe do departamento de pesquisa. Então, sem motivo aparente, teve um colapso nervoso e foi internada em um hospital psiquiátrico.

Alguns meses depois, quando teve alta, mostrava-se distraída demais para se reajustar à vida e foi encaminhada por uma amiga a um retiro religioso.

O retiro estava localizado no alto de penhascos que davam para o Oceano Pacífico. Em dias claros, uma larga fatia da costa californiana podia ser avistada. O monte castanho formado pela Ilha Santa Catalina se destacava no horizonte, como um camelo emergindo das águas, e geralmente soprava uma brisa amena vinda do mar, trazendo o odor das algas. Terry ficava horas e horas sentada em um banco de pedra, contemplando a paisagem. A grandiosidade da natureza se impunha ao seu olhar e ela se sentia muito pequena, com o ego se encolhendo. Em um desses momentos, sua conselheira se aproximou e sentou-se para conversar.

— Estou vendo que você está melhor — disse ela. — Seus olhos mostram isso. Você não está mais tão preocupada consigo mesma.

— É verdade — Terry respondeu. — Aqui é muito calmo, é por isso.

— Todo lugar é calmo, se sua alma estiver devidamente centrada.

— E como é que uma pessoa pode centrar a alma devidamente?

— Livrando-se da insegurança.

— Isso é bem difícil quando essa pessoa tem complexo de inferioridade.

— O complexo de inferioridade é uma ilusão.

— Pode parecer uma ilusão para você — Terry respondeu —, mas para mim não é. Sinto medo e apreensão em tudo o que faço porque me sinto inferior; tenho medo de não fazer as coisas direito.

— Então, livre-se da ideia que faz de si mesma como uma pessoa que faz coisas. Aceite-se como um instrumento apenas. Entenda que um poder maior do que você está agindo através de você para realizar seus objetivos. Esse poder não sente constrangimento, medo ou apreensão. É dinâmico, irresistível e eterno. Se você conseguir se entregar totalmente a esse poder, nunca mais se sentirá envergonhada ou receosa de novo, e realizará coisas que nunca pensou que seriam possíveis.

Terry ouviu atentamente as palavras de sua conselheira. Nos dias que se seguiram, contemplou o mar e o céu e enxergou a verdade. Quando deixou o retiro e voltou para casa, não estava mais doente e sentia uma disposição mental e física que nunca havia experimentado. Retomou o trabalho com serenidade, tornou-se capaz de falar abertamente com as pessoas, reunia-se com elas de coração leve e acabou se tornando líder de equipe. Hoje, comanda a própria empresa de pesquisa. É abastada e respeitada e há anos não fica mais doente. Tudo isso ela atribui ao seu despertar religioso.

— Sempre achei que estava no comando — ela disse — e essa responsabilidade me assustava. Assim que aprendi que o mundo e os acontecimentos da minha vida estavam em mãos mais seguras do que as minhas, consegui sair da frente e enxergar a ação de uma inteligência superior em tudo. O que parecia que eu havia conquistado fora conquistado por algo fora de mim, que atua através de mim assim como atuará através de você. Tudo o que eu faço é deixar que aconteça.

O líder perfeito

Libertar a mente das restrições impostas pelos pensamentos egocentrados é a primeira coisa a ser feita. Isso é obtido quando você entrega sua vida ao Eu Secreto. Coloque suas esperanças e ambições, seus sonhos e talentos, seu próprio eu, em uma bandeja mental de prata. Entregue essa bandeja para o Eu Secreto, dizendo: "Pronto, fique com isto. Você dirige. Eu vou escutar, seguir seus conselhos e cumprir sua vontade". Se você adotar essa postura mental sem reservas, sua vida mudará e você terá embarcado na maior de todas as aventuras. Além disso, desse momento em diante, as imagens em sua mente irão se manifestar no mundo exatamente como você as visualizar.

As pessoas que nunca tiveram a experiência de centrar o eu fora do ego acreditam que, ao fazer essa declaração, não irão mais agir em função das escolhas do ego e que, daí em diante, não passarão de um monte de massa informe porque não haverá mais nada que as motive depois de terem desistido de sua vontade. Não poderiam estar mais erradas! De todo modo, nunca nos pomos em ação. A vida toda é o Eu Secreto que nos põe em ação. Todas as nossas dificuldades são causadas pelo fato de que temos uma noção ilusória de quem somos, entulhando o subconsciente com emoções negativas, e que originam imagens de restrição, limitação, falta e medo as quais são projetadas na tela criativa da mente. Desse modo, a quantidade de energia que pode fluir através de nós sofre restrições. O ego é um impedimento na dinâmica natural do ser. Contudo, mesmo quando se faz presente em todas as suas distorções, ainda somos dirigidos pelo Eu Secreto, mas nossa força foi filtrada e tornou-se ineficaz. A pessoa que foi depurada não é nenhum monte de massa informe. O mais provável é que entre em cena a pleno vapor, tal é o poder que se manifesta através dela. No entanto, ela mesma não faz nada. A força se serve dela para se manifestar, e ela apenas pega carona nessa onda, agindo com serenidade e segurança em meio a conflitos, como instrumento dessa força que tem tudo sob controle.

O poder do pensamento

Assim que o equilíbrio psicológico foi alcançado, é notável como nos ocorrem imagens mentais claras. É como se o mundo interior ganhasse ainda mais realidade do que o exterior, mais dimensões, mais possiblidades, pois, por meio de nossa nova percepção psíquica, nos inteiramos de que existe a mesma consciência em todas as coisas. Quando visualizamos algo em nossa mente, sentimos a maneira como afetamos o mundo físico e vemos que a consciência que foi impactada em nós afeta a consciência na coisa que foi visualizada. Ganhamos consciência de que é impossível a qualquer coisa ser externalizada em nosso mundo sem ter sido primeiro retratada em nossa mente. A ação mais simples assume um novo significado. Não podemos pegar uma caneta, levantar e ir até a porta, atender o telefone, sem primeiro ter tido uma imagem mental desses atos. Tomamos consciência dessa sequência como a causa e o efeito natural de todas as coisas, e atingimos a rara percepção do fato de que, por meio de um ato de visualização mental, podemos parar de responder aos estímulos do mundo sensorial.

Se, quando ouvimos a campainha, visualizamos não atender quem está à porta, não atenderemos. Mesmo em uma circunstância tão trivial, encontramos um grande significado, pois ele nos ensina que, em qualquer situação, podemos nos recusar a desenhar a imagem mental decretada pelos estímulos sensoriais e desenhar seu oposto exato. Com essa simples visualização, tornamo-nos seres iluminados e disciplinados, livres da sujeição ao mundo dos sentidos. O processo por meio do qual os pensamentos passam a ser coisas tem origem na inteligência única da qual todas as coisas são feitas. Tudo é consciente e tem uma forma que é determinada pela capacidade de consciência contida nela. Quando muda a ideia de uma coisa no interior da consciência suprema única, então a própria coisa muda, pois, antes de mais nada, era uma ideia.

O poder mental criador de imagens sofre o impacto do conhecimento de si mesmo e de seu senso interno de eficiência. Esse senso de capacidade nunca é suficiente quando brota do eu superficial, mas sempre corresponde à tarefa quando resulta de uma identificação da pessoa com o Supremo. O despertar espiritual nos permite visualizar com clareza, mas mesmo antes desse despertar podemos nos disciplinar para exercitar a fé e acreditar nas coisas que desejamos. Jesus, que certamente foi um dos grandes mestres mentais, afirmava que aquilo em que acreditamos acontece conosco. Ele repetidamente ilustrou em palavras e atos que as respostas aos nossos sonhos chegam quando antes já aceitamos a realidade dessas respostas em nossa mente. A pessoa que obtém um sucesso dinâmico na vida dominou a arte de agir como se fosse impossível fracassar. Essa abordagem audaciosa libera dentro dela uma energia e um discernimento que a preparam para todas as ocasiões. Nada é impossível para a pessoa que consegue visualizar seu objetivo na mente, com clareza e sem reservas. A Mente Subconsciente Universal é quem faz todas as coisas e responde aos conceitos que projetamos nela com nossa mente consciente.

Como visualizar o objetivo

Não existe um objetivo importante demais ou trivial demais para a mente universal se manifestar, exatamente como é visualizado, mas a verdade é que poucas pessoas se dão ao trabalho de visualizar o que querem ou dedicam algum tempo a isso. As pessoas costumam deixar que as coisas sejam decididas para elas pelos acontecimentos em que se envolvem no mundo. Se, por exemplo, encontram um amigo que comprou um carro novo, é provável que jurem para si mesmas e para a família que um carro novo é o que mais querem. Contudo, no dia seguinte, esse desejo se dissolve quando sabem que um colega de trabalho foi promovido e tudo o que querem é esse novo posto, e não mais um carro novo. Depois, no outro dia, é algo diferente, e assim por diante. O desejo da semana passada já está ultrapassado, a menos que aconteça alguma coisa que inspire a mesma reação. Essas pessoas projetam um desfile constante de imagens diferentes no subconsciente, que se movimenta de lá para cá, e elas nunca chegam a fazer nada. Como realmente não sabem o que querem, não é nenhuma surpresa que não conquistem nada. É preciso ter disciplina mental para querer algo e ficar firme, para entender que tudo é conquistado com sacrifício e que nada é grátis, fácil ou simples.

Quando olhamos para pessoas de destaque ou donas de fortunas, temos a impressão de que foram agraciadas pela natureza, e mais dotadas em termos de corpo, mente e coisas materiais. Mas, se passarmos mesmo que por um pequeno despertar espiritual, chegaremos à constatação que nos fará enxergar que, por trás de todas as pessoas bem-sucedidas, há anos e anos de esforços incessantes, suor e lágrimas, que as disciplinaram para se tornar os seres humanos eficientes que são. Controle e eficiência não se alcançam com facilidade; são resultado de uma grande dose de rendição do eu. Um jovem com aspirações, focado no ego e em questões pessoais, tem tão pouca ligação com uma pessoa bem-sucedida quanto a noz com o carvalho. Mil eus egocentrados desfilam no campo da consciência da pessoa durante sua juventude. Em certo sentido, ela é todos esses eus, mas também nenhum deles. Em todas as coisas, essa pessoa confiou em um poder externo que cortejou diariamente.

Afirmações

Devemos visualizar e o que visualizamos manifesta-se em nossa vida. Se quisermos mudar nossa vida, a ferramenta necessária para efetuar essa mudança é a imaginação. Temos de aprender a visualizar a pedido de uma escolha mental consciente e devemos nos ensinar a visualizar todas as coisas de maneira clara e concreta. Uma maneira eficaz de realizar isso é definir um período específico para afirmações todo dia, e o momento mais benéfico para esse exercício é logo antes de dormir. Nessa situação, a imagem tem condições de assentar no subconsciente sem as distrações decorrentes das atividades diárias. Quando afirmamos nossa imagem mental, temos de saber o que é que desejamos alcançar, seja sucesso ou saúde, aprimoramento da personalidade, mais felicidade, o que quer que seja. E temos de pensar de maneira clara que temos isso. Certifique-se de que seja algo bom para você, algo que está disposto a dedicar tempo e esforço a fim de alcançar.

As coisas importantes são uma concepção nítida e uma disposição para fazer todos os sacrifícios necessários para alcançá-las. A imagem que formamos na mente deve ser tão nítida que quase podemos tocar, e deve ser projetada com sentimento. Afirme verbalmente essa imagem. Ponha essa afirmação por escrito, em poucas palavras e com clareza, para poder repeti-las para si mesmo enquanto visualiza seu objetivo. Conscientemente, relaxe a mente e o corpo quando estiver nesse momento de afirmação, com a sensação de que não está fazendo nada acontecer, só aceitando o que acontece. Sinta que isso é real em sua mente, onde reside a verdadeira causa de tudo. Conclua seu exercício de afirmação com um sentimento de fé, esperança e serenidade. Saiba que sua imagem se manifestará no mundo tão seguramente quanto você sustenta essa imagem clara e firme em sua cabeça. Ao longo do dia, pense, sinta e aja como se seu desejo já tivesse se manifestado. Então, você se comportará como se isso tivesse acontecido, e essa mudança completa de seu posicionamento psíquico atrairá a situação até você.

É maravilhoso experimentar o poder da mente sobre a matéria. Assim que você tiver conseguido trazer para sua vida alguma circunstância desejada por meio de um ato de fé e visualização, nunca mais se sentirá só, sem amigos e sem amparo. Você sabe que tem em si a chave para toda criação. A abundância, a felicidade, o sucesso e as realizações são ilimitados. Em sua imaginação e em sua mente, existe o poder de prover tudo.

7
O Poder da Escolha

Se você perguntar a cem pessoas se sua vida acabou sendo o que elas queriam, é provável que nenhuma delas diga que sim. A maioria leva uma vida insatisfatória, não se sentem realizadas em muitos aspectos de sua natureza, mas essas pessoas são incapazes de definir quais são esses aspectos ou como fazer para que se sintam realizadas. Acabaram se tornando desse jeito porque não escolheram por si mesmas; apenas permitiram que os acontecimentos e as circunstâncias decidissem por elas. Depois de serem moldadas por milhares de estímulos sensoriais diferentes, continuarão vivendo o mesmo processo uma vez que não exercem seu poder de escolha.

A única ação verdadeira

Nossa única ação verdadeira é o exercício da escolha. O modo como crescemos e amadurecemos, assim como o tipo de pessoa que nos tornamos são processos que dependem de um número incontável de decisões que tomamos à medida que passam os anos. O poder da escolha é o que faz de nós o que nos tornamos. Esse poder é o eixo de uma roda com uma quantidade incontável de raios, em que cada um representa um caminho a ser trilhado, e onde cada pessoa sempre está no centro de um número infinito de possiblidades. Se fazemos nossas escolhas em liberdade, de modo consciente, então somos iluminados e estamos moldando nossa vida de modo consciente. Se nossas escolhas resultam de reações emocionais às circunstâncias nas quais nos encontramos, então somos autômatos e a vida é que está nos moldando. Tornar-se livre das reações e iniciar pensamentos a partir da interioridade é o objetivo evolutivo da humanidade. Assim que uma pessoa dá um passo nessa direção, por menor ou hesitante que seja, ela se livrará das algemas para sempre. Terá derrubado os muros da prisão das reações sensoriais e descoberto o fato completamente transformador de que, em seu interior, reside o poder de crescer em qualquer sentido que escolha.

Podemos escolher em que pensar apesar das circunstâncias que nos cercam. Podemos escolher em que focar nossa consciência e, dessa maneira, determinar a direção em que crescer. No fim, nós nos tornamos aquilo em que pensamos, e é essa lei espantosa que permite às pessoas superarem o ambiente em que se encontram. Pode surgir um santo em uma favela, uma pessoa rica vir da pobreza, uma pessoa iluminada sair da ignorância, o líder de uma nação nascer em uma tapera perdida. A história da humanidade é um registro da superação de obstáculos. A pessoa que se recusa a baixar a cabeça diante das limitações impostas pelas circunstâncias é levada a aspirar a essa superação pelas imagens que se formam em sua mente. Ela quer algo; com esse querer, visualiza; ao visualizar, é levada a agir de uma maneira que conduzirá à materialização desse desejo.

Pensamento linear

As pessoas basicamente ignoram o fato de que sua vida é decidida pelos pensamentos que têm. São propensas a achar que as circunstâncias estão além de seu controle, ou que o poder de comandá-las só é obtido com um conhecimento intrínseco de como funcionam no plano físico. No mundo ocidental, está basicamente perdida a capacidade da pessoa de influir em seu ambiente por meio de como se sente. A educação ocidental nos ensina a pensar de modo linear. Formulamos uma ideia geral sobre algo examinando essa coisa pedaço por pedaço. Sentir e intuir são essencialmente ignorados. Nas sociedades orientais mais antigas, a educação visava a uma percepção intuitiva da ideia básica de uma coisa. O atleta oriental pratica sua atividade à base do sentir, tentando desenvolver a percepção do movimento inteiro. O atleta ocidental muito provavelmente subdividirá sua atividade em diversas ações menores correlatas, com uma perna dobrada de um jeito, um braço de outro, o quadril virado para cá, o ombro para lá. O resultado disso é que em geral ele não sentirá mais o que está praticando e só com uma repetição constante e exercícios contínuos é que conseguirá que o movimento certo se aloje em seu subconsciente para que, no final, termine se movimentando sem pensar.

É muito difícil ensinar alguém a dançar desenhando no chão diagramas dos passos necessários, mas a pessoa que se movimenta de modo instintivo, conforme o ritmo da música, pouco precisa de instrução, tão ágil se mostra como aluno. Os músicos orientais usam apenas anotações sumárias em suas partituras para se recordar da melodia, preferindo tocar conforme sentem. O método mais complicado dos músicos ocidentais é representado pela dupla escala de tons e semitons que delineiam completamente a melodia e a harmonia. Isso não significa uma apologia dos métodos ocidentais de educação, pois o Ocidente tem sua cota de pensadores inspiradores e de atletas instintivos. Trata-se apenas de dizer que o método linear de pensamento, embora tenha se mostrado eficiente na pesquisa científica, certamente não é a única nem mesmo a melhor abordagem para usarmos em nossa lida com o ambiente. Há uma tal profusão em nossos contatos na vida diária que nunca podemos esperar compreendê-los tentando entender suas partes. No caso das nossas percepções, temos de confiar na conscientização de cada coisa, alcançada por um entendimento intuitivo dela.

Pensamento intuitivo

Costuma-se dizer que o setor bancário é um negócio lógico e frio, inteiramente baseado na razão, mas um dos maiores banqueiros do sudoeste dos Estados Unidos certa feita eletrizou sua plateia quando disse como seu banco processava os pedidos de empréstimo. Claro que a papelada toda era feita, as declarações financeiras eram corroboradas, receitas e despesas eram examinadas, os candidatos eram avaliados e o histórico do solicitante, com sua capacidade profissional, era devidamente documentado. Mas, depois de todos esses fatores terem sido considerados, a pergunta que o presidente do banco sempre fazia ao funcionário encarregado de aprovar o empréstimo era: "Que sensação isto dá a você?". Se o funcionário dizia que tinha uma boa sensação, o pedido era concedido. Se falava de sentimentos mistos, era agendada uma segunda avaliação em alguns dias. Se dizia que tinha uma sensação negativa, o pedido era negado. Isso dito, sabemos que, em uma das maiores instituições financeiras, a decisão final era tomada com base na intuição e não no poder do raciocínio. É interessante observar que o índice de inadimplência desse banco era o mais baixo do sudoeste do país.

No passado, nossa sociedade simplesmente não considerava a intuição respeitável, nem acadêmica, nem filosoficamente. Portanto, mal começamos a nos dar conta de suas possibilidades. Sem dúvida, seu escopo contém a síntese potencial de todos os nossos raciocínios mais complicados, como matemática, teologia, metafísica e lógica. Quando tivermos aprendido a exercer nosso poder de escolha e deixado o funcionamento dos detalhes a cargo de uma inteligência maior, encarnada em nossa mente consciente, teremos alcançado uma posição de completa eficiência psíquica.

O poder de escolher está inseparavelmente associado ao poder de perceber. As coisas nos influenciam de acordo com as possiblidades que enxergamos nelas, e sem dúvida não podemos fazer escolhas envolvendo o que não vemos. Todas as possibilidades são inerentes a todas as situações, mas só vemos aquelas que nossa consciência limitada é capaz de perceber. Quanto mais ampla a consciência, mais possiblidades se tornam aparentes e mais significativas se tornam as escolhas que se abrem diante de nós. Para o Supremo, todas as possibilidades são realidades. O Eu Secreto está envolvido com a criação de uma multiplicidade infinita a partir de sua unicidade essencial, e esse é seu prazer, seu brincar inescrutável. Para o ser humano lançado em meio a essas mudanças incessantes, é de máxima importância não permanecer estático e buscar um crescimento constante de modo que seu horizonte de escolhas se alargue durante toda a sua vida.

O exercício da divindade

Os que só conhecem uma coisa não exercem a escolha. Seguem adiante em um único caminho porque não veem outro. Tudo a seu redor é mata desconhecida e, em sua visão limitada, seria impensável que se desviassem do caminho que se estende à sua frente. O conhecimento ilumina. Quanto mais entendemos o que nos cerca, menos estranho esse ambiente nos parece. Quanto mais nossa consciência se expandir, maior a probabilidade de que vejamos a miríade de caminhos que partem daquele que percorremos no momento. Existem tantos caminhos para se chegar à salvação e à eficiência quanto existem pessoas. A alma humana é uma abertura direta para o mundo de coisas oriundas da presença secreta do eu universal – incompleta, sim, parcialmente manifesta, sim – na qual embarca essa jornada de busca de si mesma chamada vida, e esse é o drama da existência e da evolução, encenado nesta esfera mortal.

Escolher é exercer a divindade interior. Escolher é o que indica um desenvolvimento espiritual e mental superior. Por meio da escolha reconhecemos tanto o intelecto como o caráter. A pessoa que é capaz de transcender as limitações e as lisonjas do mundo sensorial coloca-se como um colosso no palco evolutivo da vida. Essa pessoa se assemelhou a Deus ao identificar sua liberdade interior essencial, quando decidiu o rumo que seguirá para crescer. Escolher sempre pressupõe sacrifício, pois ninguém se decide por uma coisa sem abdicar de outra. Essa é a lei do sacrifício segundo a qual tudo vive e por meio da qual tudo cresce, evolui e aspira. Aceitar o sacrifício e conhecê-lo alivia em muito a dor, pois, quando realmente entendemos que só temos uma coisa desistindo de outra, mantemos o que possuímos, mas com rédeas frouxas, preparando-nos para deixar que se vão a qualquer momento. Elas não pertencem apenas a nós. São ideias provenientes da mente universal e, portanto, são propriedade conjunta de todos.

Dor e crescimento

Às vezes, a vida parece nos sujeitar de uma maneira terrível, e nos coloca sob uma pressão quase insuportável, envolvendo-nos em conflitos que estão além da nossa capacidade de resolver. Contudo, somos o que somos somente porque aspiramos a ser maiores, e os obstáculos e a dor que vivemos são somente o resultado de nosso esforço de romper as paredes confinantes do ego e crescer externamente, ganhando em eficiência e entendimento. Khalil Gibran disse: "O Arqueiro mira o alvo na senda do Infinito e vos estica com toda a sua força, para que suas flechas se projetem, rápidas para longe". A finalidade das coisas não se revela à mente humana finita. Ela só está parcialmente disponível à nossa faculdade intuitiva e inclusive apenas na medida em que entendemos que os objetivos e os métodos da vida estão nas mãos de um poder maior do que nós. Nossa verdadeira vocação é desvendar nossa relação com esse poder, desenvolver uma fé e uma confiança completas nele e perceber que nada está em nossas mãos exceto determinar a direção na qual iremos crescer.

Escolher implica liberdade. O debate em torno de sermos livres ou autômatos tem sido uma constante em seitas religiosas e entre filósofos. Qualquer poder capaz de criar o mundo e supervisionar o processo ordenado da evolução deve saber exatamente aonde está indo e como pretende chegar lá. Não é possível a nenhuma mente finita alterar o curso criado por tal poder. Todos os acontecimentos que se passaram no mundo devem ter sido preordenados, pois somente através de sua ocorrência ordenada é que se tornou possível à vida tomar a direção que tomou. No entanto, dentro do escopo absolutamente rígido da ocorrência desses acontecimentos, cada um de nós é livre em virtude da presença inata em nós do poder de assumir qualquer um dos papéis que devem ser desempenhados em cada acontecimento, e somos nós mesmos que afinal escolhemos o papel que iremos desempenhar. Como o eu universal cria todas as coisas a partir de si mesmo, ele é na verdade todas as coisas e, portanto, não considera a vida em termos de pessoas, mas apenas em termos de acontecimentos. Os acontecimentos aproximam os pensamentos na mente de um ser supremo cuja fragmentação em um sem-fim de manifestações serve para assegurar sua participação em todas as áreas de cada acontecimento na forma que melhor convém a essa participação. Assim, o Eu Secreto permeia todos os acontecimentos, e as incontáveis formas que assume, a multiplicidade de máscaras que usa para desempenhar seus vários papéis, parecem ser separadas e únicas somente a outros seres manifestos de forma incompleta, nunca a si mesmo.

Como libertar a energia psíquica

Nosso senso egoico de separação é uma ilusão deliberadamente estimulada por nossa constituição mental e psíquica a fim de sermos capazes de agir dentro do escopo do tipo de pessoa que somos. No entanto, não existe um decreto absoluto a que devamos obedecer, pois, ao mesmo tempo em que a ilusão foi estimulada em nós, o poder de rompê-la também foi instalado. Quando reconhecemos a capacidade para condicionar nossa própria consciência, podemos expandi-la para que inclua qualquer papel que decidamos desempenhar, e é por isso que temos uma liberdade inerente e por que toda pessoa tem em si o poder de controlar o próprio destino.

Decidir libera uma energia psíquica tremenda. Liberta em nosso íntimo potenciais e possibilidades de que nem mesmo temos ciência. Tomar uma decisão é algo maravilhoso. Decidir direciona para a imagem mental, e a pessoa é posicionada no caminho da realização dessa imagem com uma energia que brota de fontes subterrâneas. O que quer que você faça, fará duas vezes melhor se decidir o que quer realizar. Mesmo algo tão simples quanto atravessar a rua se torna mais fácil assim que você decide que não fará nada antes que haja uma interrupção no trânsito. Você não descerá da calçada, então, olhando com todo o cuidado os carros que se aproximam, atento para sair correndo de repente. Você sabe que essa energia é um desperdício. Você fica parado à espera, com toda a paciência, calmo e seguro, porque tomou uma decisão. Todas as tarefas na vida podem ser pensadas do mesmo modo.

A pessoa que inicia uma atividade sem tomar uma decisão sobre o que quer fazer e como pretende realizá-la desperdiça sua energia, contemplando possibilidades inconvenientes enquanto segue adiante. Há quem diga que tomar uma decisão leva a pessoa a adotar uma visão em túnel, e que ela não consegue alterar seu curso de ação porque não consegue enxergar o que a cerca. Mas todas as possibilidades são inerentes a todas as situações, todo o tempo, existindo a cada vez, antes que entremos em cada situação. Só aparecem para nós as possibilidades que somos capazes de visualizar em nossa mente, mas a imagem que temos deverá resultar da nossa escolha. As pessoas a quem ocorrem possiblidades diferentes das que se dispuseram a realizar são as que não tomaram uma decisão definitiva e permitiram que as imagens em sua mente mudassem, o que altera a situação em que se encontram.

Decida e as ferramentas serão fornecidas

As decisões são uma parte importante da vida diária. O treinador diante de seu time no vestiário tenta inculcar em cada jogador a decisão de vencer. Não tomar essa decisão quase certamente resultará em derrota, pois, sem isso, as imagens que se formam na mente são facilmente transformadas em imagens de derrota quando surgem circunstâncias negativas. Quando *decide* realizar algo, você se fortalece mentalmente para enfrentar os rigores e as privações necessárias para alcançar esse objetivo. Acima de tudo, isso pede firmeza mental. O atleta que decide que vai atravessar o Canal da Mancha a nado também tem de decidir que seguirá nadando, por mais que se sinta cansado. Se ele toma a decisão de atravessar o canal a nado e essa decisão não inclui o conhecimento do cansaço que possivelmente sentirá, então ele não tomou de fato essa decisão e, na primeira vez em que o cansaço bater e invadir sua consciência, a imagem que se forma é a de *não* cruzar o canal a nado e ele estará liquidado.

A espécie de imagem mental que assegura o sucesso é a espécie formada na mente com a convicção de que é inabalável, de que sobrevive a todos os ataques, obstáculos e desvios. Essa convicção interior inspira uma grande coragem e forte energia. É a imagem mental que têm todos aqueles que alcançam objetivos e realizam feitos, que fazem acontecer. Muitas pessoas pensam que querem coisas, mas simplesmente não têm desejo suficiente para sustentar a imagem mental perante circunstâncias adversas. A pessoa precisa querer muito a fim de perseverar diante de infortúnios e derrotas. Se aceitarmos o descarrilamento dos nossos planos como evidência de que nunca serão realizados, então é certeza que nunca conquistaremos nada. Nenhum caminho é fácil, exceto aquele que leva ladeira abaixo. Se temos uma aspiração, devemos subir e isso exige esforço, suor e a firmeza de seguir adiante quando surgem dificuldades. As pessoas escalam montanhas não apenas porque a montanha está lá, mas porque querem chegar ao topo. É essa força interna de superar obstáculos, de superar as circunstâncias, de vencer quaisquer adversidades que fez a vida percorrer seu caminho triunfal desde a fase das amebas até chegar aos astronautas.

Firmeza mental

Devemos ser firmes conosco porque é fácil afundar na letargia e esquecer nossas aspirações. Se quisermos embarcar no trem expresso da vida e realmente chegar a algum lugar, temos de estar preparados para ser sacudidos ao longo do percurso; temos de saber que, se sentirmos dor, temos de estar preparados para suportá-la. Todos temos a tendência de ser brandos demais conosco. Queremos ter certeza de não sermos duros em excesso, de que nos protegemos das tensões, mas a verdade é que ficamos fortes levantando peso e entrando em conflitos. Alcançamos a saúde física por meio de exercícios, pelo uso constante do corpo a fim de atingir determinado objetivo. Alcançamos a saúde mental pelo mesmo caminho, mantendo nosso esforço mental voltado para aprender, sempre buscando crescer. O sono é uma panaceia e uma das maravilhas da natureza, mas o mundo nunca é conquistado por quem fica deitado, senão por aqueles que estão em pé, fazendo as coisas. As pessoas com um propósito nunca têm de decidir entre agir e lagartear. Se a imagem que a pessoa tem na mente é de realização, ela será instigada a agir.

No entanto, o propósito é mais importante do que apenas a realização em si. A falta de propósito pode destruir a pessoa, desencadear doenças, levar ao alcoolismo. É o propósito que mantém o organismo coeso. Quando o propósito desaparece, o organismo começa a se desintegrar. As pessoas que se aposentam da vida ativa são um exemplo perfeito.

Cuidar do jardim, jogar golfe, pescar não são propósitos suficientes para manter a pessoa em pé em seus anos de velhice. O organismo humano não foi feito para se deleitar, mas para realizar. Quando nossa atenção se concentra na busca do prazer, não demora muito para nos desintegrarmos física e intelectualmente. Até mesmo nossos sentidos se atrofiam e não conseguimos mais desfrutar dos prazeres. As pessoas que trabalham a vida toda esperando um dia se aposentar ficam frustradas e confusas, depois de dois ou três anos de ócio forçado, e buscam desesperadamente um jeito de voltar ao trabalho. Porém, em geral, sua desintegração durante o período ocioso é rápida e elas não conseguem mais achar um lugar para ocupar no mundo das realizações. Então, tornam-se pessoas amargas e solitárias, e a velhice realmente toma conta. Teria sido bem melhor se tivessem permanecido no trabalho; talvez não na mesma ocupação, mas em outra, compatível com a aposentadoria, de modo a poder continuar vivendo todo dia com um propósito, sentindo-se parte do grande esforço humano de progredir a fim de que seus talentos e habilidades não enferrujem nem se desintegrem, mas se mantenham afiados pelo uso constante.

Usar ou perder

Há uma lei que está patente em todas as dimensões da vida. Em termos simples, é: "use ou perca". Se você ficar com o braço direito engessado por três meses, ele terá diminuído de tamanho quando o gesso for removido. Somente meses de exercícios regulares poderão recuperar sua condição normal. Quando envelhecemos e nos tornamos mais sedentários, paramos de acionar com regularidade nossa musculatura e ficamos fracos e flácidos. O abdome tende a aumentar, a gordura se acumula nas coxas e nos quadris. Se somos forçados a correr na rua, ficamos sem fôlego e temos medo de um ataque cardíaco. Perdemos nosso condicionamento físico e, como consequência, somos presas fáceis de doenças e disfunções. O uso regular e sistemático dos músculos previne essa condição, assim como as partes mais intangíveis da nossa natureza.

Devemos usar nossa coragem ou ela nos deserta; devemos usar nossa determinação ou ela nos deixa; devemos exercitar nosso poder de decisão ou em breve perceberemos que não o temos mais. Assumir uma posição mental sobre as coisas é importante para obter sucesso e lograr realizações, assim como é um elemento básico à saúde mental. Quem nunca sabe o que pensa e se permite ser convencido a respeito de qualquer coisa corre o risco de um grande desequilíbrio emocional, pois vai do céu ao inferno, das vitórias e às derrotas sem a menor noção do que o motiva ou do que faz cada circunstância ser atraída para sua vida.

Fé em si e no próprio destino é a semente da qual decorrem todas as decisões. A dúvida é a essência da velhice e da morte. Cinismo, pessimismo e desespero são os arautos do fracasso, da doença e do desastre. Todas as coisas brotam de imagens mentais e projeções emocionais, e a capacidade de decidir, de se resolver, é automática na pessoa que enxerga sua união com todas as criaturas e a conexão umbilical com o Eu Secreto. Não conseguir se decidir, por mais trivial que seja a questão, é um ato de covardia e contamina a alma. Ser incapaz de tomar uma decisão é, no fundo, uma questão de desistir, uma recusa de entrar em conflito e, mentalmente, reprime o fluxo de energia universal que chega ao indivíduo, retardando, limitando e desencadeando a dissolução e a decadência. Ser incapaz de se decidir implica uma fraqueza moral. Essa letargia não deve ser tolerada, mas superada. Você não vence o medo sujeitando-se a ele, mas encarando-o. Se fizer isso, sua vitória é certa, pois o medo em si é covarde e nunca faz frente a um ataque direto.

Como criar a própria sorte

Seja lá o que lhe dá medo de fazer, faça e você se surpreenderá de não sentir mais esse medo. Seja lá o que você não conseguir decidir, decida e se surpreenderá com o acerto dessa decisão. Nunca sentimos medo do acerto ou do erro de nossas decisões, mas do fato de que, tão logo nos comprometemos, temos de assumir uma posição e defendê-la. Tentar fugir de conflitos é o que nos torna incapazes de tomar uma decisão. É fácil perder a calma, vadiar e ter preguiça mental, comer só o que quer e o quanto quer, jogar a culpa em algo ou em alguém, mas é preciso coragem para manter a calma e ter paciência, fazer exercícios e manter o condicionamento físico, cuidar do trabalho e poupar, aceitar toda a responsabilidade pelos próprios atos, ter fé, não se preocupar. Uma placa na parede de muitos vestiários de times esportivos diz: "O vencedor nunca desiste e quem desiste nunca vence". Às vezes parece que não acontece mais nada na vida além de a natureza nos testar continuamente para ver se temos medo. Há ciclos de sorte e de azar, sem dúvida. Todo mundo que joga cartas sabe disso e joga conforme a mão que recebe. Provérbios como "Desgraça pouca é bobagem" e "Desgraça nunca vem sozinha" indicam como a humanidade sabe há tempos que existem fases de sorte e fases de azar.

A natureza desfere seus golpes mais duros contra nós quando nos deseja fazer crescer. Assim que enxergamos a lógica que há nisso, nunca mais desistimos diante de adversidades. Quando a maré da sorte está contra nós, é hora de se empenhar mais, de apertar o cinto, de juntar coragem, sorrir e ser destemido. É o momento de empregar cada porção de alerta e vigilância. Fique firme e lute. Por pior que pareça a situação, por mais desanimador que pareça o cenário, fique firme. Continue dando o seu melhor e, acima de tudo, não tema. Visualize sua coluna se endireitando, convoque sua força interior para se tornar indômito, incapaz de ceder. A natureza está de olho. O Eu Secreto está de olho. Fardos e contratempos caíram sobre seus ombros por uma razão e, se você não se intimidar e fincar o pé recusando-se a se assustar, estará cumprindo o propósito mais essencial da vida; cedo ou tarde, receberá as chaves do reino dos céus.

Ações verdadeiras e ações falsas

Não é difícil distinguir entre uma motivação psíquica verdadeira e uma falsa, ser capaz de reconhecer quando alguém está cumprindo a vontade do Eu Secreto ou simplesmente obedecendo às diretrizes do próprio ego. A ação que provém da vontade do Divino é sempre dinâmica e construtiva. Nunca é envolvida por emoções negativas, por perspectivas negativas. Vem imbuída de uma convicção interior e de uma serenidade absoluta, de modo tal que sabemos além de toda dúvida que estamos indo no rumo certo. Ao contrário, a ação que procede do ego é quase sempre assolada por dúvidas. A ação iniciada pelo ego é sempre uma ação visando a algum ganho. Quando agimos a mando do ego, raramente sentimos alegria no trabalho ou nos dedicamos a ele por inteiro. Buscamos somente o alvo desejado pelo ego, que invariavelmente é glória, riqueza, poder, prestígio ou algum outro elemento secundário que seduz o pequeno eu.

Outro teste que podemos fazer para saber a motivação psíquica de nossas ações é se elas são eficientes ou não. A ação motivada pelo Eu Secreto sempre é eficiente. A pessoa que age de acordo com a vontade universal é irresistível e está fazendo algo que *deve* ser feito. Por outro lado, a ação executada sob o impulso do ego raramente é eficiente e, quando isso ocorre, é por um alinhamento momentâneo com a vontade divina. Essa espécie de ocorrência é realmente rara, mas, quando acontece, a pessoa é transportada a alturas alucinantes com uma ideia absolutamente equivocada de como isso se deu. Ela credita essa realização ao uso de sua vontade egoica, de modo que continua valendo-se dela e colocando-a em prática. Como resultado, não demora muito para que caia abruptamente de volta no ponto onde começou ou inclusive abaixo dele, tornando-se uma imagem de completa confusão e frustração, sem saber para onde se virar. Essas pessoas são propensas a cometer suicídio. Também são as que parecem ter repentinamente perdido seu talento e habilidade, passando a usar álcool e narcóticos. Porém, em certos casos, se a humildade se desenvolveu antes que a desintegração fosse completa, a pessoa chega a um entendimento e é capaz de refazer a própria vida com base em um posicionamento psíquico apropriado.

O diretor-geral está no andar de cima

Jim era um jovem destemido, com um temperamento forte. Quando recebeu baixa do exército depois da Segunda Guerra Mundial, ofereceram-lhe um emprego na televisão em uma cidade da Costa Oeste. Como era ambicioso, Jim prometeu a si mesmo que chegaria a diretor do canal e depois a líder de mercado. Trabalhou muito, pois queria prestígio e dinheiro e, no intervalo de cinco anos, alcançou seus dois objetivos. Tornou-se o diretor-geral daquele canal de televisão e a liderança do mercado.

Naturalmente, ao longo desse período, a indústria da televisão como um todo passou por um grande crescimento. Aumentou dez vezes de tamanho e, por conta disso, todos os que trabalhavam nessa área foram levados às alturas. Então, começou a competição. Pessoas de talento eram recrutadas em agências de propaganda, estações de rádio, estúdios de cinema, palcos da Broadway. Jim acompanhou a entrada em cena de muita gente nova e resolveu que seria melhor que todos eles, ganharia mais dinheiro, seria o líder. Apesar de trabalhar sem descanso, as coisas começaram a ir mal.

Por mais bem elaborados que fossem seus planos, sempre acontecia alguma coisa que o atrapalhava. Embora pensasse cuidadosamente em cada detalhe do processo, algum fator desconhecido sempre surgia e estragava tudo. Começou a achar que era uma questão de má sorte. As pessoas que ele julgava serem seguramente inferiores levavam a melhor contra ele por conta do que parecia um inesperado golpe de sorte. Acabou ficando amargo, desconfiado e hostil no trato com seus colaboradores. Dois anos depois, foi demitido.

Certo dia, quando estava no pior baixo-astral possível e basicamente tinha desistido, se deparou com um livro que falava da satisfação de entregar a própria vontade nas mãos da vontade universal e, como estava prestes a desistir de tudo de qualquer maneira, decidiu tentar. Ficou espantado com a sensação de paz e serenidade que o tomou depois desse simples ato psicológico de submissão. Aceitou um emprego humilde em outro canal de televisão e começou tudo de novo.

Os amigos repararam na mudança de sua atitude. Não era mais um agitador. Não fazia mais as coisas de forma mecânica, mas com base em um sentimento interior de satisfação. Dava a impressão de ser tolerante e compreensivo, humilde mesmo, o que tornava sua participação na equipe uma grande alegria. Em poucos meses, foi designado para um cargo com mais responsabilidades e, dois anos depois, era o diretor daquela estação. A placa de "Diretor-geral", porém, não está mais na porta da sua sala. Quando lhe perguntam por que, ele diz apenas que "o diretor-geral está no andar de cima".

A fonte eterna

O filósofo e biofísico francês Pierre Lecomte du Noüy escreveu: "Que toda pessoa se lembre de que o destino da humanidade é incomparável, e que, acima de tudo, nunca se esqueça de que a centelha divina está nela e somente nela, e que tem liberdade para ignorá-la, matá-la ou se aproximar de Deus mostrando interesse em trabalhar com Ele e para Ele". Naturalmente, esse é o posicionamento psíquico que devemos almejar, se pretendemos levar uma vida eficiente e esclarecida. O conhecimento de nossa fonte eterna e de nossa subsequente identificação com ela leva-nos a agir e a ter atitudes com um ponto de vista mais amplo e universal do que qualquer coisa que seja possível ao eu egocentrado. Nosso poder de decisão nos permite crescer em qualquer direção que escolhermos e, assim que nos desvencilhamos da presença limitadora e restritiva do eu superficial, conseguimos então expandir nossa visão em uma espécie de percepção cósmica que nos permite realizar todo trabalho de modo intuitivo e com uma eficiência e habilidade que até então nos eram desconhecidas.

Tenha certeza de que você não será uma vítima da letargia quando entregar sua vida ao Eu Secreto. Em vez disso, se tornará muito mais dinâmico. O padrão sem sentido de sua existência humana será completamente alterado e você passará a *ver* o formato invisível do seu destino. Quando o véu é finalmente levantado, você perceberá que o desejo de acelerar, retardar ou mudar os acontecimentos desapareceu. O que será, será, e isso basta. Apenas por conseguir reconhecer que existe um plano maior, você se torna capaz de abdicar de toda tentativa de comandá-lo. Isso não significa que você sai de cena, mas que mergulha nele mais fundo. A única coisa que é sacrificada é a visão limitada do eu superficial. Por fora, você parece muito ativo, dinâmico, cheio de vida, mas por dentro está sereno e seguro de todas as coisas, porque, como diz Trimálquio: "Nossa Mãe, a Terra, está no meio, redonda como um ovo, contendo em si todas as coisas boas, como um favo de mel".

Como condicionar o subconsciente

Enquanto nosso foco estiver na área sensorial da nossa consciência, nunca somos o dono da nossa própria casa, pois nossa verdadeira motivação brota de áreas subterrâneas das quais não estamos cientes e não controlamos. É por isso que as pessoas são em geral incapazes de alcançar resultados por meio de pensamentos positivos. O subconsciente sempre nos dirige; a mente consciente é apenas seu agente.

Quanto mais a mente consciente parece autossuficiente, mais é usada como instrumento pelo subconsciente. Você não pode dar ordens ao subconsciente; essa é a abordagem psíquica errada. O subconsciente deve perceber e então aceitar. Ele não reage a coações. Contudo, embora a mente consciente não consiga mandar no subconsciente, pode condicioná-lo a reagir de modo diferente. Se temos medo, não podemos nos tornar corajosos por força de vontade, somente condicionando nosso subconsciente a promover em nós o sentimento de bravura.

Por isso, os períodos de meditação são tão importantes. Por meio deles, podemos mudar nossa percepção da prosperidade, da saúde e da felicidade, conforme a mente consciente inculca um aspecto condicionante no subconsciente.

Podemos escolher de maneira consciente o caminho a seguir, mas somente em grandes pinceladas. Nossas escolhas diárias nos são impostas pelo subconsciente, pois sempre agimos e pensamos intuitivamente, instintivamente. Se estamos insatisfeitos com nossas circunstâncias e com nossas ações, devemos condicionar o subconsciente para que nos inspire pensamentos e ações diferentes. O poder do autocondicionamento está disponível a todos. Podemos conquistá-lo com períodos diários de meditação ou simplesmente mantendo em foco, o tempo todo, a consciência daquilo em que queremos nos tornar. Entenda isto: quando as possibilidades estão todas no ar, temos de seguir a personalidade e a noção de eu que já temos instaladas no subconsciente, pois, quando se trata de agir, todos os nossos pensamentos e movimentos são instintivos.

Como encarar fatos ocultos

É preciso ter firmeza e coragem para encarar o fato de que você escolheu cada circunstância e cada coisa em sua vida não conscientemente, é óbvio, mas de modo subconsciente. As pessoas que habitualmente ficam doentes se apavoram com a ideia de que escolheram adoecer, parecem aturdidas diante do descaramento de quem sugere que elas podem melhorar apenas escolhendo ficar bem. Se alguém lhes explica a qualidade condicionadora do pensamento positivo, às vezes elas o experimentam pela primeira vez, mas em geral sem obter resultados visíveis, pois sem dúvida pensam de forma negativa, dizendo a si mesmas que estão bem quando sabem que estão doentes. As pessoas podem sarar escolhendo ficar bem, mas raramente isso acontece no mesmo instante em que tomam essa decisão. Primeiro, é necessário que embarquem em um programa de condicionamento de sua consciência para uma percepção deliberada de sua saúde. Essas pessoas ficaram doentes porque sua consciência escolheu a percepção deliberada da doença e isso deve ser descartado, substituído. Essa é uma tarefa que não será realizada da noite para o dia. É curioso que outras pessoas tenham mais efeito em nosso subconsciente do que nós mesmos. Um bom hipnotista costuma ser capaz de realizar curas espantosas que, no entanto, são em geral temporárias porque a ideia implantada pelo hipnotista logo será dissipada e reposta pelo elemento instigador que causou a doença, para início de conversa. A mente consciente da pessoa instalou o instigador da doença no seu subconsciente e continuará a fazê-lo até que o padrão de pensamento seja modificado.

Como capturar uma sombra

Não existe um jeito rápido e fácil de recondicionar o subconsciente. A hipnose e a psicanálise não são panaceias. Só você pode efetuar esse recondicionamento e isso exige concentração e um esforço continuado, mas sempre existe o grande consolo de que, no fim, você será dono da própria vida. É curiosa a frequência com que as coisas nas quais nos concentramos nos escapam. Às vezes, parece que o mero ato de focar a atenção em algum objetivo faz que ele se torne impossível de ser alcançado.

Siga uma sombra, ela ainda lhe escapa;
Finja se afastar, ela o perseguirá.
Corteje a dama, ela o rejeitará;
Deixe-a em paz, ela o cortejará.

BEN JONSON

Existe um motivo psicológico profundo pelo qual nossos propósitos conscientes são derrotados com frequência: é o fato de que em geral estão desalinhados com nossos propósitos subconscientes. Se falhamos, é porque, no nível subconsciente, desejamos falhar, embora nossa mente consciente pareça desejar o sucesso acima de tudo. Porém, a mente consciente em si não pode fazer nada, pois sempre está nas garras do subconsciente. Ela só pode condicionar o subconsciente e, desse modo, receber sua cooperação para a realização dos objetivos conscientes. Todas as decisões são tomadas de maneira subconsciente e, se não nos opusermos a elas, ocorrem com facilidade e rapidez. Tentar fazer escolhas de forma consciente, no calor do momento, apenas causa conflitos entre o consciente e o subconsciente; no fim das contas, a escolha é feita no subconsciente, de todo modo. Se as escolhas feitas nos dois níveis se opõem, então veremos o fracasso dos nossos esforços de obter sucesso, teremos a doença como resultado de nosso empenho de ter saúde, ou o ódio brotando de nossa tentativa de amar.

A esfera de eficiência que o consciente tem sobre o inconsciente é esta: com a mente consciente podemos escolher conscientemente nos tornar a pessoa que gostaríamos de ser. Podemos nos tornar corajosos, vibrantes, leais, confiáveis e cheios de amor, bondade e tolerância pelo simples uso de métodos conscientes de condicionamento, concentrando nossa atenção naquilo em que gostaríamos de nos tornar, permitindo que essas impressões se instalem profundamente nos níveis subconscientes através da imaginação. Se fizermos isso de maneira contínua e com regularidade, cedo ou tarde começaremos a agir e a pensar do modo como nossa consciência está focada. Com isso, seremos capazes de nos comportar em todas as situações da maneira instintiva e natural que sempre desejamos. Literalmente nos refizemos conforme a imagem dos nossos desejos quando focamos a atenção nessa imagem e permitimos que ela se enraíze no subconsciente. Somos capazes de agir e de pensar de acordo com uma noção do eu que construímos em nossa mente. Nosso poder de escolha decorre de nosso poder de vir a ser, e sempre somos um reflexo da imagem que temos em mente. Podemos nos tornar qualquer coisa que desejarmos mudando nosso ponto de vista psicológico.

Embate de opostos

Ter uma mente é algo maravilhoso, mas acarreta responsabilidades. Rudyard Kipling disse: "Há quarenta milhões de razões para o fracasso, mas nenhuma desculpa". E, quando nos inteiramos da natureza criativa e libertadora da nossa mente, logo nos conscientizamos de que, no mundo que nos rodeia, encontramos as imagens projetadas no âmbito da consciência. Dedique algum tempo a ter coragem de encarar o fato de que você tem poder de escolha. Você decidiu tudo o que entrou em sua vida, assumindo uma posição mental a esse respeito, permitindo que essa posição tomasse forma no subconsciente, com sua disposição de aceitá-la. Se é rico, você aceitou uma percepção da abundância. Se é pobre, aceitou uma percepção da pobreza. Se está bem e cheio de vida, aceitou uma percepção da saúde. Se está doente, você aceitou uma percepção da doença.

A vida inteira é um embate de opostos, o preto e o branco sendo os extremos e a área cinzenta o que está no meio. Alto, baixo, largo, estreito, escuro, claro, força, fraqueza: sempre temos de escolher entre eles e, por meio de nossas escolhas, tornamo-nos o tipo de pessoa que somos, e moldamos os acontecimentos e as circunstâncias da nossa vida. Ninguém mais é responsável por isso, só nós mesmos. A escolha sempre é nossa. Nós é que a fazemos e, assim, decidimos nossa vida e nosso destino.

8
Como Superar a Oposição

O MUNDO É HABITADO POR MUITOS TIPOS DIFERENTES DE PESSOAS. A garota que tira pétalas da flor, bem-me-quer, malmequer, pensando em um futuro marido, é como qualquer pessoa diante do limiar da vida em busca de seu destino. Rico, pobre, mendigo, ladrão, médico, advogado, patrão: o que me tornarei? Há os que se tornam comerciantes, fabricantes, professores, artistas, guerreiros e, para cada um desses, o mundo parece de um jeito, pois o que enxergam instiga a uma escolha e dita cada passo do caminho. O guerreiro enxerga as oposições. Para ele, o mundo é organizado em forças que se opõem e, no embate e na resolução dessas forças, ele busca o papel que vai desempenhar. A competitividade e o conflito vêm de se perceber obstáculos. A pessoa que sente hostilidade no ambiente se torna um guerreiro, em termos psicológicos. Seja qual for a área de atuação que escolha, uma sala de aula ou o campo de batalha, uma loja ou uma biblioteca, o guerreiro encontra oposição em tudo o que faz, pois é pelo estresse e pelo esforço do conflito e pela resolução das forças e das ideias que a evolução da própria vida está em andamento na Terra.

Oposição gera crescimento

A oposição é o ambiente natural da vida. Removida a oposição do ambiente em que a pessoa vive, ela prontamente fenece e morre. O músculo aumenta sua força sendo exercitado. Os calos protegem a mão que é diariamente usada em trabalhos pesados. A mente que é constantemente usada torna-se alerta e ágil. Mas, quando não sofremos oposição, ficamos ociosos e frustrados e nosso organismo se deteriora pela falta de determinação e propósito. Crescemos quando enfrentamos obstáculos e os superamos. Por meio de esforço e aspirações, somos refinados e nos tornamos pessoas melhores, seres mais inteligentes e perceptivos do que jamais poderíamos nos tornar se ficássemos vegetando em um ambiente completamente benigno. Quando nos damos conta de que a oposição é importante para o crescimento, aprendemos a buscá-la constantemente, não no sentido de falsificá-la, mas de identificar onde já existe e então, desenvolvendo o discernimento e a conscientização, superá-la.

Ninguém jamais derrubou um muro atirando-se contra ele. Quando sofremos oposição, é sempre por forças inescrutáveis e implacáveis. Toda oposição é cega porque nossos próprios olhos estão vendados. Assim que enxergamos a verdade sobre a oposição, ela deixa de se manifestar. Nosso esforço não deve se dirigir a derrubar muros, mas a elevar nossa consciência a fim de conseguirmos perceber métodos de entrada e de saída. Algumas pessoas enfrentam a oposição com entusiasmo e sem hostilidade; quem age de outro modo ou é vencido ou acaba virando as costas e fugindo. O ódio, a hostilidade e o ressentimento não nos deixam ver o tipo de coisa que se opõe a nós. Nesse estado psicológico, nunca chegamos a enxergar a verdade sobre um obstáculo, e essa impenetrabilidade acabará nos derrotando por fim. Você não pode se atirar contra o mundo e esperar outra coisa além de derrota e desespero.

Pontos cegos emocionais

Todos os obstáculos não são verdadeiramente obstáculos, mas apenas bloqueios mentais por parte da pessoa que assim os percebe. Ela os supera não ao se opor a eles, mas ao tentar entendê-los. No final das contas, todos os obstáculos são reduzidos a um só: uma falsa noção do eu. Para superar a oposição, devemos primeiro buscar o autocontrole e o esclarecimento a respeito daquilo que se opõe a nós. Se for um amigo disputando a mesma vaga de emprego, não ganharemos o trabalho nem ficaremos com o amigo se nos deixarmos levar pela hostilidade. Esse tipo de bloqueio emocional nos deixa cegos para a verdadeira natureza daquele trabalho e de qual é a melhor maneira de consegui-lo. Nossos olhos ficam fechados para as qualidades do nosso amigo que podem capacitá-lo a vencer a disputa e a realizar o trabalho tão bem quanto nós, ou até mesmo melhor.

Reconhecer que uma oposição é, de fato, um bloqueio do nosso entendimento é o maior passo que podemos dar para superar obstáculos. Assim que soubermos o que temos de fazer, é relativamente fácil agir do modo necessário. A dúvida e a confusão são improdutivas. A mente decidida, mesmo que tenha sido uma decisão equivocada, pelo menos produz seu trabalho; é dinâmica e criativa e atua no mundo. A oposição rodeia aqueles que não conseguem se decidir, mas nas paredes vazias surge uma porta para quem toma uma decisão.

Disposição para entrar em conflito

Existe um jeito certo e um jeito errado de fazer todas as coisas, mas não necessariamente escolhemos o jeito certo da primeira vez que nos dispomos a fazer algo. Quando nos envolvemos no que acontece, temos a possibilidade de entender o que se passa, mas, se não nos envolvemos, se nos mantemos à parte e tentamos ver de longe o que está acontecendo, é extremamente improvável que algum dia cheguemos a entender esses fatos. Alcançaremos no máximo um entendimento acadêmico do que acontece. Teremos de avaliar o que estamos pensando de acordo com alguma experiência passada, e, como essa experiência passada só pode ter a mais remota ligação com o que estamos tentando analisar no presente, será muito difícil enxergar a realidade dessa relação e seu potencial. Conseguimos entender o que estamos tentando dominar somente fazendo isso. Não há quantidade de aulas ou de estudos que forme um artesão. O que quer que você deseja fazer, faça, e verá como sua habilidade melhora. Os passos até a maestria em algo são dados ao longo de uma ladeira repleta de obstáculos em que cada um deles aprimora nosso entendimento quando o enfrentamos e superamos. Há um jeito certo de fazer o que está para ser feito, e o jeito certo transparece na sua execução; essa execução implica uma abertura para entrar em conflito e enfrentar oposições sem medo, hostilidade ou ressentimento.

A qualidade mais necessária na conquista da vida é a coragem. É muito difícil iniciar uma ação dinâmica a menos que a pessoa tenha a audácia que se recusa a ser intimidada por obstáculos. São três as principais reações possíveis ao organismo humano quando se vê diante do perigo: fugir, lutar ou se imobilizar. Temos evidência de todas elas no reino animal. Diante de um perigo, o leão luta; o antílope corre, e o gambá fica paralisado. Essas reações também podem estar presentes em uma mesma pessoa. Diante de um perigo, os que são abalados por essa situação dependem de seu condicionamento emocional e de sua percepção da verdade. Se fugimos diante do perigo, é óbvio que fomos tomados pelo medo, mas a pessoa que fica paralisada também foi tomada pelo medo, tanto quanto a que saiu correndo. Contudo, poucas pessoas fogem hoje em dia. Fomos ensinados que o medo é ruim e deve ser dominado. A sociedade admira as pessoas de coragem, e o medo de que nos considerem covardes costuma ser maior do que o medo de circunstâncias perigosas. Diante de um perigo, a pessoa comum fica paralisada no lugar, tomada pelo medo. Ela não poderia reagir de maneira pior. Pelo menos, a pessoa que sai correndo continua viva para seguir lutando, mas a que não consegue lutar nem fugir só pode ser destruída.

Como encarar o medo

Na sociedade moderna, todas as pessoas estão constantemente às voltas com o medo. Devemos trabalhar para garantir sustento e estamos sempre com medo de não ganhar o suficiente para nós e nossa família. Muitas pessoas são empregadas de algum colosso industrial em que não passam de uma cifra na folha de pagamento e, como não podem deixar de ver o quanto são descartáveis, o sentimento de insegurança é uma constante em sua existência. Elas percebem que não decidiram nascer nem podem adiar a própria morte; como não conseguem enxergar além desses pontos extremos do existir, desviam psicologicamente o rosto de toda consideração do horizonte espiritual. Em geral, levam a vida com sua capacidade de conscientização centrada no ego e, em decorrência disso, permanecem para sempre comparando-se aos outros. São piores ou melhores, nunca iguais; com isso, ou se parabenizam com tapinhas nas costas ou se repreendem por serem inferiores. Apesar de terem a companhia constante do medo, geralmente pensam que o dominaram porque não fogem, mas o medo permanece e indica sua presença na forma de úlceras, pressão alta, problemas cardíacos, artrite, câncer.

Se não queremos fugir de perigos e não queremos ficar paralisados diante deles, então nossa única alternativa é lutar, encarar o perigo e permitir que nossa dinâmica pessoal descubra como superá-lo. Acima de tudo, isso implica dominar o medo, pois, quando a emoção se apossa do corpo e do cérebro, somos incapazes de pensar; ficamos encapsulados dentro de uma concha que a verdadeira essência da situação de perigo não pode atravessar. Isolamo-nos do nosso próprio subconsciente e fugimos ou ficamos paralisados.

Dominar o medo significa subordiná-lo, forçá-lo a deixar o campo da consciência para que a psique fique livre para avaliar a situação e, assim, a consciência da pessoa consiga decifrar a essência da situação, confrontando-a e percebendo seu significado, independentemente do ego. Quando fazemos isso, somos capazes de agir diante da situação de perigo de maneira a reduzir a nada seu potencial de ameaça. Vamos falar do domador de leões. Quando novato, entra na jaula e fica paralisado de medo. Nem estaria na jaula, para início de conversa, se já não tivesse dominado a reação de sair correndo dali, mas agora deve dominar essa paralisia do medo. Quando olha nos olhos da fera enorme fica hipnotizado. Mal consegue mexer braços e pernas como sua mente está mandando. Mas as semanas e os meses vão passando e o domador entra muitas vezes na jaula do leão; então, começa a entender, e as barreiras entre o subconsciente do animal e o seu vão diminuindo. Depois, o domador chega a um entendimento instintivo do leão e o animal se dá conta disso; logo passa a seguir docilmente as ordens. Chega enfim o dia em que entrar na jaula e conseguir que o leão exiba seus truques não implica mais nenhum perigo. O domador desenvolveu tanto sua habilidade de perceber o verdadeiro relacionamento entre ele e o animal, e disciplinou o medo a tal ponto que realiza a façanha de controlar o leão com a mesma facilidade com que dirige seu carro.

Sejam quais forem as situações que parecem colocá-lo em perigo, você pode controlar todas elas; pode agir diante delas com grande bravura, com uma audácia sobrenatural, se simplesmente expulsar o medo de sua consciência, reconhecendo que esse medo procede do ego e deve ser subjugado antes que qualquer obstáculo possa ser superado.

Como aumentar o entendimento

Marco Aurélio disse: "Não presumir que algo é impossível porque você acha difícil. Mas reconhecer que, se for humanamente possível, você também pode conquistar". A fim de reduzir cada obstáculo a seu tamanho apropriado, temos de crescer. Só topamos com um obstáculo, para início de conversa, em razão de alguma pequenez em nossa natureza. Quando nos livramos dessa pequenez, teremos nos desvencilhado do obstáculo também. Todos os obstáculos, na realidade, são ilusões e, na medida em que somos enganados por eles, isso indica um lado da nossa natureza que precisa de mais maturidade e entendimento. Em geral, só reconhecemos uma oposição quando não conseguimos passar de certo ponto com nossos métodos de ação. Se há uma ponte à nossa frente e pretendemos atravessá-la, reconhecemos que um obstáculo foi posto em nosso caminho e que uma pessoa nos cobra para passar. Então, vemos claramente que temos de pagar um preço por esse desejo. Quando seguimos em frente sem oposição, todos consideram que desenvolvemos uma fórmula que fará do nosso caminho um percurso sereno. Não existe essa fórmula e nenhum percurso é sereno por muito tempo. Somos todos marujos em mar tempestuoso que parece nunca ter sido navegado, mas para a mente sábia e mais elevada o profundo e as profundezas são especificamente conhecidos. Cada um de nós navega por esse oceano gigantesco conforme seu nível de entendimento.

Todas as pessoas são criadas potencialmente iguais, mas em qualquer estágio particular do seu desenvolvimento a coisa mais básica que se pode observar é sua absoluta desigualdade. Há os mais baixos, os mais altos, os mais gordos e os mais magros, os mais inteligentes e os corajosos ou mais vigorosos, e parece que não têm quem se lhes compare. Embora todas as pessoas comecem a trilhar a estrada da vida com o mesmo potencial, o desenvolvimento presente desse potencial é uma questão individual, e a oposição que nos confronta, a cada hora que vivemos a nossa jornada através do tempo, é um indício direto do nível do nosso entendimento. É o que não conseguimos fazer, ser ou ver que aparece em nossa vida como um problema. Se nosso problema gira em torno do amor, é porque não conseguimos amar. Se nosso problema gira em torno de sucesso, é porque somos inseguros. Se temos problemas de saúde, é porque somos espiritual e emocionalmente reprimidos. Estamos sempre em busca de superar problemas em nosso subconsciente e geralmente fazemos isso por todos os meios possíveis, às vezes criando as ilusões mais fantásticas a fim de justificar nossas atitudes. Se, por exemplo, não fomos bem-sucedidos, criamos um mundo de pessoas maldosas e inconstantes cujo único propósito é derrubar nossos esforços específicos. Se não somos amados, temos uma relação de todas as vezes que fizemos algo por alguém e a recompensa que recebemos foi sermos ignorados. Se não temos saúde, descrevemos detalhadamente todo o drama de nossa luta tremenda contra os vírus intermináveis que atacam nosso organismo fraco e indefeso. Se somos obesos, pensamos que todo mundo come mais e fica magro. Se somos pobres, pensamos que todas as demais pessoas trabalham menos e ganham mais. Se somos fracos, temos inveja dos fortes, mas raramente temos coragem para fortalecer a mente e o corpo passando por dores e tensões.

A decisão determina o crescimento

Em cada obstáculo está a chave para outro nível de conscientização. Até que tenhamos essa chave, não conseguimos crescer e nossa percepção é delimitada por barreiras. Olhamos para um obstáculo e decidimos se conseguimos ultrapassá-lo ou não. Com essa decisão, determinamos nosso destino. Podemos olhar para essa barreira e decidir que não conseguimos saltar sobre ela, seja qual for sua altura. Podemos olhar para a barreira e decidir que não conseguimos saltar sobre ela naquela altura em que está, mas conseguiríamos se estivesse mais baixa. Podemos olhar para a barreira e pensar que conseguiríamos saltar sobre ela se tivesse o dobro da altura. Nossa tentativa ocorrerá de acordo com nossa concepção mental. Na vida, estamos todos tentando. Os problemas surgem para cada um de nós, ou os encaramos ou não, mas se os encaramos nosso crescimento é garantido.

Algumas pessoas parecem vencer seus problemas com mais facilidade do que as outras, mas essa aparência às vezes é enganosa. As pessoas esclarecidas não comentam abertamente suas dificuldades. Guardam seus problemas para si mesmas, preferindo dar uma impressão de serenidade e de que estão no controle. Têm a clara noção de que todas as pessoas são igualmente acossadas por problemas, que todas têm vários deles a enfrentar, talvez em níveis diferentes, mas mesmo assim igualmente importantes.

A filosofia mais consistente do ponto de vista psicológico é a filosofia religiosa porque reconhece que a vida é aspiração, é a busca do crescimento mais além de seu nível atual de entendimento, rumo a um objetivo tão ilimitado quanto o espaço. Ninguém está sozinho no topo de sua montanha, por menor que seja. Somos sustentados e energizados por um poder que está além de nós e ao qual, no fim das contas, devemos nos entregar e que devemos tentar expressar e efetivar em nossa vida. O que está acontecendo no universo se estende muito além da imaginação de um indivíduo. Estamos nas mãos de um poder que sabe exatamente aonde está indo e que se serve de nós como instrumento para executar sua vontade no mundo. No entanto, o fato enobrecedor e animador é este: cada pessoa pode se tornar qualquer coisa que deseje e pode se encaixar em qualquer concepção que consiga formular, pois ninguém é limitado ao que parece ser, mas tem em si a qualidade inata que lhe permite tornar-se o que quer que consiga visualizar. A pessoa pode estender a mão e tocar as estrelas, pois seu criador pode, e ela é seu próprio criador, parte integrante dele, apenas com menos discernimento.

Destino e discernimento

Se fazemos oposição aos acontecimentos usando a vontade, só estamos nos opondo aos nossos bloqueios mentais. O que parece ser oposição, quando percebemos realmente, não é uma oposição, afinal de contas. A vida está seguindo em frente rumo a algum fim grandioso. Nada é pequeno ou sem importância na realização desse fim. A ponta de um diamante consegue suportar um peso de mil toneladas, e a pessoa é um sustentáculo dessa mesma espécie para seu criador. Prevalece a vontade do Supremo e nós a servimos, mas somos manifestações do Supremo e, portanto, podemos alterar nosso destino. Podemos mudar o que somos pelo pensamento. Podemos mudar o que seremos determinando a direção do nosso crescimento. A vontade da mente universal é uma vontade para a iluminação. O Eu Secreto encarnou em cada ser e busca, por meio dessa manifestação particular, aumentar seu autoconhecimento. Cada um de nós existe não para satisfazer nossos sentidos ou nosso ego, mas foi criado e colocado na Terra para nos encontrarmos, para aumentar nossa capacidade de consciência e nosso autoconhecimento. Todos os obstáculos e acontecimentos da vida servem apenas a esse propósito. Não servimos ao dinheiro, ao prazer ou à vaidade, mas à ânsia interior de crescer, de nos tornar mais do que somos, de descobrir nosso verdadeiro eu e atingir o domínio das circunstâncias que nos cercam.

A fortuna atribui a cada um seu destino pessoal baseado no nível de entendimento que exibe. O indivíduo pode modificar seu destino, mudando seu entendimento, mas não consegue fazer isso combatendo-o com as armas vaidosas da vontade egoica. Na tragédia de Sófocles, Édipo se empenha com todas as forças de sua vontade egoica para escapar da desgraça, e com isso dá justamente os passos que terminam conduzindo a esse resultado. Servimos a falsos deuses quando nos sujeitamos aos sentidos e aos desejos do ego. Seguir esses falsos mestres termina por nos conduzir aos becos sem saída onde ou bem nos destruímos ou atraímos uma desgraça de algum outro jeito. O Eu Secreto instalou em nós a ilusão do ego individual, mas não para combater os moinhos de vento, como Dom Quixote.

As ilusões do eu-ego nos foram concedidas para que crescêssemos, saindo do conhecimento de uma parte para o conhecimento do todo. Com isso, estamos ajudando o Eu Secreto em sua ascendência final, deixando a matéria para trás. A providência combina a predestinação com a liberdade humana pelo motivo de que todas as coisas são o Divino e a vontade do Divino é livre. Porém, quando estamos perdidos nos sentidos do ego, vemo-nos contidos pelos termos de um destino pessoal baseado em reações sensoriais. Só podemos mudar de vida mudando quem somos; enquanto seguirmos apegados ao ego como conhecimento do eu, servimos à vontade do Supremo como servimos a um mestre. Não sabemos disso, naturalmente. Lutamos e reclamamos dos golpes do destino. Com desconfiança, olhamos torto para um mundo que parece nosso inimigo. Tentamos conquistar e controlar e não conseguimos, de modo que nos convencemos de que há uma conspiração em curso para atrapalhar os nossos desejos.

O processo da têmpera

Assim como Édipo desencadeia a própria desgraça lutando contra ela com a vontade egoica, Eneias – na *Eneida* de Virgílio – cumpre seu destino com honra e recompensas ao se submeter à vontade de Deus. Eneias foi incumbido pelos deuses de conduzir o povo de Troia até a Itália e fundar o Império Romano, como instrumento divino na realização dessa empreitada. Apesar de se sentir tentado a evitar a missão, ele finalmente a aceitou; com a vontade dos deuses como guia, trouxe ao mundo a era de ouro da lei romana e da paz. Esses dois personagens clássicos, Édipo e Eneias, ilustram o dilema eterno da humanidade: servir a si mesmo e à natureza sensorial do mundo ou buscar além de si mesmo o princípio norteador, infinito e eterno. O caminho de Édipo é o caminho da dor e da frustração. O de Eneias é o da iluminação e da serenidade. Não obstante, o ego é tão forte em nós que praticamente todo mundo escolhe o caminho da dor e da frustração. Nós nos identificamos falsamente com uma vaidade que exige reconhecimento. Queremos aplausos, fama, dinheiro e essas coisas se tornam deuses para nós em vez do Eu Secreto em cujas mãos propositais encontram-se todas as coisas. Ainda assim, ninguém escapa da influência da têmpera forjada no conflito e na dor. Não importa quão longe tenhamos chegado no caminho da iluminação, entraremos em becos sem saída a mando do ego, ainda alimentando nos recessos subterrâneos da nossa psique muitas ilusões e pontos cegos que nos incitam a seguir por direções equivocadas e a adotar atitudes opostas à verdade. É inevitável que nos deparemos com dores e frustrações, se tivermos avançado o suficiente no caminho da iluminação a ponto de reconhecer a realidade desses sintomas; então, não ficaremos para sempre dando inutilmente murros em ponta de faca, e admitiremos, assim que sentirmos dor, que estamos diante de um boqueio no nosso entendimento.

> Não é saber ser elegante ou ter coisas
> Comer e beber com facilidade
> Mas é a pontada aguda da dor e do medo
> Que faz a criação pensar.
>
> RUDYARD KIPLING

O mundo psicológico ou espiritual

Em cada um de nós existe a capacidade de uma percepção extrassensorial que todos podemos convocar para nos iluminar quando uma oposição parece que nos levou a um beco sem saída. O enorme eu psíquico ao qual nossa mente superficial está ligada permeia todas as coisas e todas as situações, de tal modo que podemos enxergar a real natureza daquilo que se nos opõe por meio de um processo místico e oculto. O laboratório de parapsicologia do dr. Rhine na Universidade Duke comprovou a existência das faculdades extrassensoriais da mente. Muitos milhares de casos documentados da capacidade psíquica de Edgar Cayce também provaram que de vez em quando abre-se uma porta na barreira opaca entre a mente individual e a mente universal que permite a percepção interior de coisas situadas além do espaço, do tempo e das limitações.

Um desses indivíduos foi Peter Hurkos. Hurkos era um holandês simples que previu com acerto que em 1959 o time dos Los Angeles Dodgers venceria o campeonato da Liga Nacional quando todos os especialistas previam antes do início da temporada que o time desceria para a segunda divisão depois de ter ficado em penúltimo lugar no ano anterior. Hukos dizia que tinha 87% de acerto em suas previsões e tinha provas para endossar essa alegação. Afirmava que tinha um dom dado por Deus. Departamentos de polícia do mundo todo contratavam o holandês para rastrear criminosos foragidos e os resultados que ele apresentava eram notáveis. Foi empregado por empresas comerciais como uma espécie de chefe de segurança, examinando os livros contábeis apenas segurando-os nas mãos e conseguia apontar discrepâncias com base em suas sensações. A capacidade psíquica desse homem incomum abriu-lhe uma porta para o desconhecido e deixou mais evidente que nunca o domínio vindouro da mente sobre a matéria, revelando que as conquistas mais fascinantes para a humanidade no futuro ocorrerão no campo mental e no estudo da consciência.

O médico escoes dr. J. S. Haldane escreveu um artigo no periódico *The Sciences and Philosophy* que continha o seguinte trecho:

> A natureza simplesmente zomba de nós quando tentamos divorciá-la de sua percepção consciente. Não existe um mundo físico à parte da consciência. É verdade que Berkeley e Hume mostraram *por meio de uma lógica que nunca foi desautorizada* que, se o mundo físico fosse real no sentido presumido por Newton, nós nunca chegaríamos

> a saber de sua existência. O que interpretamos como algo fisicamente determinado é apenas o que é visto de modo imperfeito. Desse modo, é um mundo espiritual revelado de modo imperfeito que tomamos como mundo material. Não há como escapar à conclusão de que, por trás da aparência de um mundo físico e biológico, estamos na presença de um mundo psicológico ou espiritual.

Quando inicialmente damos crédito ao mundo físico, estamos conferindo substância a uma ilusão. Quando suamos e nos extenuamos diante de obstáculos, é porque não conseguimos reconhecer que são conceitos e que só podem ser modificados na nossa própria mente. Todos os grandes místicos constataram esse foco equivocado da consciência da humanidade. Swedenborg dizia que existem duas coisas em nós: um ser interior de ação e percepção verdadeiras e um ser exterior de reação. Se, na falta de apreender com lucidez o ser interior, a pessoa permite que as reações corporais dominem sua vida, então a totalidade de seus poderes é absorvida por seus sentidos externos e o ser interno, o ser da ação e da percepção verdadeiras, vai aos poucos perecendo. Ao subordinar o ser exterior das reações a uma qualidade interior de luz, serenidade e propósito divino, nossa falsa dualidade é consolidada em uma união com nosso criador e chegamos ao auge da nossa eficiência como indivíduos. O segredo da pedra filosofal é que tal união é o selo do Absoluto. Quando percebemos isso plenamente, chegamos ao entendimento do elo místico que existe entre nós e cada obstáculo que enfrentamos. Aquilo que está separado de nós e parece uma oposição não está separado em absoluto, mas sim permeado pelo mesmo espírito, energizado pelo mesmo princípio que nos energiza. Basta conseguirmos olhar com profundidade para nossa própria natureza, para então enxergar a verdade de cada obstáculo e, quando fizermos isso, ele desaparecerá.

Saber é ver

Henry Miller escreveu que "a maioria dos homens é prisioneira dos instintos. Um pequeno número deles alcança o nível da abstração e disso decorre que se pode dizer que a sociedade teve início. É desse nível que emergem as leis, as artes e todas as criações sociais. O especialismo é a dádiva da intuição, que permite ao homem enxergar tanto o interior como o exterior em todas as suas ramificações. Por conseguinte, a intuição é a forma mais satisfatória, adequada e elevada de saber. *Saber é ver*".

É espantoso tudo o que podemos realizar quando deixamos que nossa mente subconsciente faça seu trabalho. É igualmente notável como é difícil fazer até as tarefas mais simples quando nos dispomos a realizá-las com a mente consciente. Há uma qualidade esquiva na vida que a torna uma espécie de tela para a mente consciente. O microscópio revela outro mundo, mas não explica seus segredos. Pegamos um objeto com as mãos, olhamos para ele com toda a atenção, mas o que nos é revelado sobre ele é tão somente uma sugestão de sua totalidade, que mal aponta para as infinitas qualidades que se escondem de nós pela própria natureza do nosso exame consciente. Não temos dificuldade em andar por uma ponte de 60 centímetros de largura quando não pensamos sobre isso, mas, se essa ponte está sobre um desfiladeiro de 30 metros de profundidade, começamos a pensar em cada passo. Então, é bem provável que caiamos depois de um passo em falso e despenquemos na ravina lá embaixo.

Temos de aprender a confiar em nosso subconsciente para fazer as coisas naturalmente, a mando de um princípio maior do que nossa mente superficial. Não devemos confiar na razão, porque ela não sabe o suficiente sobre aquilo com que está lidando. O conhecimento completo sobre todas as coisas reside na mente universal, e esse conhecimento está em nós. Se aprendermos a convocar essa inteligência para enfrentar cada um dos nossos problemas, logo descobriremos que não existe nenhum obstáculo intransponível. Temos em nós recursos que nos capacitam a atravessar os bloqueios ao nosso entendimento que ocasionaram os obstáculos, para início de conversa. Você examinou sua vida nos últimos tempos para identificar os pontos em que seu entendimento tem bloqueios? São fáceis de reconhecer. Você percebe uma mesma situação acontecendo repetidamente, com uma regularidade monótona? Você sente que pode estar andando em círculos, vezes e vezes seguidas? Como alguém perdido em uma nevasca, todos nós acabamos chegando na trilha da nossa própria vida, pois a lei da vida é que devemos cruzar o mesmo terreno até que nosso entendimento dele esteja completo.

O despertar psíquico

As pessoas questionam por que existem dores e sofrimento em um mudo criado por um Deus amoroso, mas a inteligência maior que tudo criou permeia tudo e, por meio de incontáveis diferenciações de seu próprio ser, busca as múltiplas expressões de sua natureza infinita e eterna. A dor é o caminho por meio do qual essa inteligência cresce e esse é seu único significado. A dor está relacionada ao prazer somente porque o prazer representa a ausência da dor. As coisas que nos fazem sentir bem nos deixam imóveis. O prazer é a marca registrada da satisfação consigo mesmo. As pessoas cujo objetivo na vida é a busca do prazer interromperam seu crescimento espiritual com essa atitude. O Supremo vê o objetivo ao longo do caminho do infinito e usa cada um de nós para alcançá-lo. O cérebro, o corpo, o coração, a mente e o ego que temos são instrumentos de uma inteligência e de uma vontade maiores. Nessa inteligência e nessa vontade maiores está nossa verdadeira identidade, e absolutamente não na mente superficial e no ego.

O conhecimento de que nós e Deus somos um é básico na realização espiritual que nos vem quando alcançamos o equilíbrio psíquico adequado entre o ego e o Eu Secreto. Dizer que somos Deus é uma afirmação de caráter místico que não deve ser confundida com palavras factuais. Não chegamos subitamente à constatação de que somos Deus com qualquer implicação de que estamos pessoalmente a cargo do universo. O Deus de quem falamos é definido pela limitada semântica da linguagem. O Deus que sabemos ser é uma força vital mística que permitimos que se sirva de nós. Qualquer tentativa de nossa parte no sentido de agir no mundo como Deus é imediatamente derrotada, pois não nos é possível coagir nada para fins pessoais separando-nos do Supremo e agindo no nível do ego e, com isso, perdendo a posição psíquica da qual nosso conhecimento brotou originalmente.

O mundo não está aqui para ser usado pelas pessoas que atingiram a iluminação psíquica. Está aqui como campo de ação para ser trabalhado a fim de expressar o Eu Secreto. As pessoas que conseguem chegar à iluminação simplesmente ocupam a posição de sabedoras. Como subordinam o ego e o eu superficial ao trabalho de uma mente e de um ser superiores, alcançam a eficiência e a serenidade, mas não mudam o mundo. O mundo é o que é por causa do que deve se tornar, e foi o que foi antes por causa do que tinha de ser agora. As ações envaidecidas e egocêntricas das pessoas contêm um senso de responsabilidade pessoal e de desastre iminente. Há guerras e rumores de guerra, crises econômicas e crises políticas. Há pragas, doenças e crimes. As pessoas correm de um lado para o outro, apressadas para resolver isto ou aquilo, convencidas de que um desastre pode ser prevenido somente por um esforço individual heroico. Se a vida tem sentido ou qualquer significado, nenhuma filosofia poderia estar mais longe da verdade. A inteligência que se revela na estrutura de um floco de neve, na fotossíntese do verde e das coisas que crescem, na complexa bioquímica do protoplasma vivo, está no comando do mundo e da vida, e o destino e o propósito podem ser entregues em mãos seguras. Nossa posição não é reclamar do destino e das circunstâncias, e salvar o mundo do desastre, mas entender, tentar desvendar o significado da existência para podermos alcançar níveis mais elevados de consciência e, assim, nos tornar instrumentos melhores para a manifestação do Eu Secreto. Se dermos esse passo muito grande e excitante, estaremos cumprindo o mandamento fundamental da vida.

A criatividade se torna o princípio norteador da vida iluminada. Se nos colocarmos nas mãos do Supremo, logo nos daremos conta de que o trabalho a ser feito através de nós será único porque cada um de nós é um instrumento único. Não atacaremos nossas tarefas; vamos ouvir e permitir que o trabalho seja feito. Se deixarmos o ego controlar e originar ações, derrotaremos nosso propósito, pois não podemos ter dois senhores. A ânsia criativa instiga algumas pessoas com tal intensidade que elas devem abandonar tudo para servir a ela; quando fazem isso, encontram a iluminação espiritual. Todo dia bebem da fonte de sua identidade, reafirmam sua dedicação a servir de instrumento e permitem que a mente universal atue através delas.

O trabalho criativo é uma prece

Harry era funcionário de um banco e, aos vinte e tantos anos, tinha uma clara noção da forte insatisfação que sentia na vida. Achava que era porque não estava progredindo e tinha certeza de seu pouco talento para o trabalho que desempenhava. Todo dia acordava na mesma hora, preparava o café da manhã no pequeno apartamento onde morava, pegava o ônibus para chegar ao trabalho onde se sentava a uma pequena escrivaninha atrás de um corrimão baixo de ferro. Na hora do almoço, ia ao mesmo restaurante; depois, voltava para casa à noite e lia um pouco antes de dormir. A monotonia de sua existência e sua falta de criatividade pesavam. Tornou-se antissocial e se mostrava irritadiço e ressentido com as pessoas que o cercavam. Certo dia, na volta para casa, correu para pegar o ônibus que já estava saindo, escorregou e caiu debaixo do coletivo. Suas duas pernas foram esmagadas e foi preciso amputá-las. Quando recuperou a consciência, depois de semanas entre a vida e a morte, e ficou a par de como seu mundo tinha desmoronado, teve uma reação incomum. Em vez de ser dominado pelo desespero, pareceu realmente feliz. Quando lhe perguntaram por que, ele respondeu: "Na verdade, não sei por que, mas por algum motivo sinto que agora posso realmente ser eu mesmo. Perdi uma parte do meu corpo físico, mas acho que ganhei outra coisa".

Depois de receber alta, Harry foi morar em um chalé à beira-mar onde vivia da pequena renda proveniente do seguro. Começou a escrever. Todo dia se instalava diante de uma máquina de escrever e produzia muitas folhas de texto. Depois de algum tempo, esse material foi publicado e, três anos depois, tinha aumentado sua renda com folga. Até mais marcante do que seu sucesso como escritor foi sua transformação como pessoa. Tornou-se alguém radiante. Seu olhar límpido mirava longe quando falava do que sua criatividade significava para ele.

Como Harry disse, "é algo religioso. Acho que é como rezar. É como ser visitado todo dia por uma mente suprema que atua através de você porque precisa que você faça um trabalho específico. Todo dia me sento aqui, na minha casinha, aparentemente sozinho, mas preciso dizer que me sinto mais necessário agora do que em toda a minha vida".

Com um gesto amplo apontou para manuscritos espalhados pela sala toda e comentou: "Tudo isso foi feito através de mim. Não importa se as pessoas acham que é ótimo ou medíocre, ou falho. Foi feito por um poder maior do que eu e esse poder atua através de mim". A alegria no rosto do ex-bancário era testemunha da tremenda transformação espiritual que tinha ocorrido com ele. Harry acrescentou: "Perdi tudo. Meu trabalho, minha saúde, as pernas, mas com essas perdas encontrei algo de importância muito maior. Aprendi que as coisas materiais, até mesmo partes do corpo, não têm importância. O principal da vida é a pessoa despertar para seu verdadeiro eu e servir a esse eu todo o tempo. Esse tem sido o meu privilégio". Depois de uma risadinha, mostrando que não tinha perdido o bom-humor, completou: "Só não recomendo que você perca as pernas para fazer isso".

A condição de ser indomável

Em todo conflito, há poucas pessoas que exibem a força de permanecer e essa força de permanecer quase sempre representa a diferença entre o campeão e os outros competidores. Um espírito audacioso e tenacidade de propósito são marcas dos que agem de acordo com sua própria natureza. A confusão destrói o propósito. A pessoa que assume uma posição afasta a dúvida e é capaz de lidar com seu problema em harmonia com todos os lados de sua natureza. Ela faz acontecer. Sua natureza boa e otimista sobrevive a todos os empecilhos. O desespero e o abatimento não têm como se fixar em sua alma. Essa pessoa elimina esses sentimentos tomando a simples decisão psicológica de agir a mando da vontade do Eu Secreto.

Todo mundo celebra o azarão, aquela pessoa que se recusa a desistir. Quem continua tentando perante uma eventual derrota e faz o seu melhor diante de forças superiores desperta simpatia em nós, com sua profunda ligação atinge lembranças coletivas subconscientes. Todos estamos cientes de que a vida não é fácil, que as lições que nos são ensinadas são aprendidas com dor e tensões, e reconhecemos que a têmpera da qual é feita a pessoa iluminada foi forjada no fogo e ela sobreviveu apenas por sua coragem e perseverança. Maior do que a coragem é a tenacidade, a decisão de ficar firme e seguir tentando. Por meio de um posicionamento paciente e determinado na vida, as portas cerradas diante de nós acabam se abrindo e os muros de pedra desmoronam. Água mole em pedra dura tanto bate até que fura. Flores de caule frágil brotam em meio a placas de concreto. Nada resiste a um esforço persistente e a tenacidade é o *sine qua non* das realizações.

Não devemos permitir que as circunstâncias influenciem nosso modo de pensar. A aparência de um obstáculo não deve nos levar a perder a coragem. Devemos ter fé nas bases de nossa posição e saber que somos capazes de fazer qualquer coisa e ser qualquer coisa que possamos visualizar. A mesma presença que nos dá vida existe em todo obstáculo, e só precisamos entender nossa verdadeira relação com cada um deles para agir com eficiência. O conhecimento interior é necessário a uma ação eficaz. Não conseguimos nem sequer nos inclinar para pegar um papel no chão sem primeiro visualizar essa ação na cabeça, com a absoluta certeza de que podemos executá-la. O conhecimento interior é composto de partes iguais de fé e intuição. A imagem nasce da intuição e a fé a sustenta na mente. Nosso desenvolvimento como indivíduos só acontece quando encontramos oposição. Quando reconhecemos isso, iremos no sentir gratos por nossas fases de pressão e dores, pois é então que estamos sendo convidados a atingir níveis mais altos de consciência.

Nenhum esforço é em vão

Qualquer pessoa que tenha uma aspiração se depara com uma oposição. Quanto topamos com um obstáculo, percebemos que estamos diante de um momento de crescimento. Não nos desviamos do obstáculo, não o atacamos nem agimos como se não estivesse lá. O avestruz esconde a cabeça quando se depara com um perigo iminente. O gambá tomba no chão e se finge de morto, mas a pessoa iluminada não foge do fato nem para de se esforçar. Com paciência e uma persistência que nunca se cansa, a pessoa examina a mente e a consciência para averiguar se é seu entendimento que tem um bloqueio que a impede de perceber a realidade do obstáculo que surgiu. Ela cresce porque é o que lhe cabe e, quando terminar o período de crescimento, se perceberá além do obstáculo, olhando para o caminho que percorreu e ali não verá mais o obstáculo, porque o que sabe agora parece simples depois de ter alcançado esse nível de entendimento.

Há mil motivos para não fazermos as coisas e cada um deles é válido e aceitável. Quando iniciamos um novo empreendimento ou experimentamos um novo caminho, encontramos obstáculos pela frente a cada etapa, se decidirmos procurar por eles. Fazer acontecer não é o objetivo básico da vida. Cada tarefa é somente um teste da aspiração humana e do autoconhecimento. Elevar a consciência humana a níveis constantemente mais altos é o proposito essencial da natureza. Os fins materiais são secundários, são efeitos colaterais mais do que propriamente objetivos. Não é tão importante ter sucesso aos olhos do mundo quanto é tentar algo mais elevado e maior do que o que já fizemos. Desse teste decorre a expansão da consciência, seja qual for o destino físico do novo esforço. Ninguém se arrisca sem obter uma recompensa.

Nenhum esforço é em vão;
Sua recompensa está no fazer,
E o êxtase de buscar
É o prêmio ganho por quem é vencido.

HENRY WADSWORTH LONGFELLOW

A conquista do eu

Oposições são o campo de testes onde a vida evolui constantemente em níveis mais elevados de conscientização. Nesse cenário, o espírito sênior concede uma audiência, encontrando-se com a pessoa completamente evoluída. A evolução nos dobra e amassa, testa e às vezes quebra. Servimos a uma inteligência maior do que aquela de que temos consciência e estamos crescendo na direção de uma futura união com essa inteligência. Se o caminho for marcado por dores e provas, estas são apenas instigações rumo à ampliação do entendimento e da conscientização.

A superação de cada obstáculo é uma superação do eu. Para aqueles de nós que desenvolvem disciplina e buscam ampliar a consciência não existem obstáculos permanentes, pois nosso posicionamento psíquico supera todos. Nada consegue se interpor no nosso caminho desde que compreendamos que cada obstáculo existe em nosso interior. O progresso sempre depende da disciplina. Quando nos levamos a fazer aquilo que deve ser feito, mantemos nosso eu sensorial sob controle, direcionando e formatando nosso destino. As tarefas desagradáveis servem ao propósito maior de amadurecer a alma. Quando aceitamos sem nos queixar os encargos que recaem sobre nós, ganhamos forças extras para enfrentá-los. A filosofia pueril de ganhar dinheiro e levar uma vida de confortos deve fazer a alma minguar no fim porque é produto do ego. Não existe caminho fácil para a bondade e a grandeza, que sempre são alcançadas com esforço. Conscientização e fortaleza de ânimo, tenacidade e lealdade não podem ser conquistadas com exercícios mentais. Tampouco são medalhas para ostentar como prêmios por combates, mas são automaticamente concedidas aos que se entregam de coração aos testes da vida, sem reservas, timidez ou dúvida. Esses ganham tudo porque dão tudo.

O princípio norteador

Os excessos da autoindulgência devem ser evitados a todo custo. As pessoas que buscam principalmente evitar dores e dificuldades e satisfazer os sentidos terminam por embrutecê-los e corromper a carne. A disciplina de Abraham Lincoln em contraste com a dissipação do imperador Nero serve como uma clara referência mental de como nossa natureza é aperfeiçoada de acordo com os caminhos que seguimos. O ideal interior determina a pessoa e, quando nos dispomos a trilhar os rumos da vida, cada um de nós leva em seu íntimo a imagem de quem pretende ser. Nossa vida inteira é definida por essa imagem. Se é inspirada em Lincoln, disciplinamos nossa natureza egoica e buscamos dentro de nós um princípio norteador.

Gradualmente, as exigências do eu-ego diminuem, somos capazes de controlar nossa natureza sensorial, e o Eu Secreto ilumina nossa vida com amor, entendimento e coragem. Agimos de maneira calma em meio aos acontecimentos mais cruciais, sustentados e tranquilizados pela fé em nossos atos pelo Divino visando a um propósito que é bom e grande.

Que nenhum obstáculo o desanime. Ele surgiu no seu caminho para o seu crescimento. Não parta para um ataque frontal a esse obstáculo, mas não o evite. Ele é apenas um reflexo de sua falta de entendimento. Não interrompa seu esforço estável e calmo, e não se desespere. Mantenha-se firme em sua decisão, tenha clara a imagem em sua mente, alimente a fé no poder que lhe dá sustentação. Com o tempo, você se perceberá sendo levado a um nível mais alto de entendimento, e o obstáculo terá desaparecido. Acima de tudo, lembre-se de que oposições são momentos de crescimento e que nossa eficiência como pessoa tem relação direta com o número de obstáculos que encaramos na vida e superamos.

9

Como Desenvolver Habilidades

TODA PESSOA CONTÉM EM SI TODAS AS POSSIBLIDADES porque ela é uma manifestação do ser eterno e infinito. O filósofo russo P. D. Ouspensky diz:

> Todas as coisas sempre existem. Existe um único presente eterno, o Agora Eterno, que a mente humana, fraca e limitada, nunca pode conceber nem apreender. Nossa mente segue o desenvolvimento de possibilidades sempre em somente uma direção, mas, na verdade, cada momento contém um número muito alto de possibilidades e todas elas são concretizadas; apenas não vemos isso e não sabemos disso. Sempre vemos somente uma das concretizações e aí residem a pobreza e a limitação da mente humana, mas, se tentarmos imaginar a concretização de todas as possibilidades do momento presente, perceberemos que o mundo cresce infinitamente, multiplicando-se sem cessar e tornando-se imensuravelmente rico e absolutamente diferente do mundo raso e limitado que até então desenhamos em nossa mente.

Um canal aberto para a mente universal

Podemos desenvolver qualquer habilidade que desejarmos. A essência da nossa natureza é crescer na direção indicada pelas imagens que se formam nessa consciência. Algumas pessoas nascem com um canal aberto entre uma faceta de sua consciência e a mente universal; elas têm um dom. Entre essas estão Balzac, Mozart, Einstein, Galileu, Michelangelo. Embora sejam sobre-humanas em alguns aspectos de sua natureza, em todos os demais são comuns e estão sujeitas à mesma visão ineficaz e enfraquecida de todo mundo. Ser dotado gratuitamente desse nível de percepção da mente universal às vezes é mais uma maldição do que uma bênção porque a pessoa em quem isso se manifesta é alvo da expectativa de que seja iluminada também em outras áreas, e fica frustrada porque não é capaz disso. Uma natureza com esse desequilíbrio pode gerar um sentimento de fúria e ódio por si. Van Gogh decepando a própria orelha é um exemplo perfeito desse estado; o temperamento artístico dotado de genialidade muitas vezes é maníaco-depressivo, alternando entre estados de elação e agressões contra si mesmo.

As habilidades que conquistamos são as que nos encantam. Nada na vida é tão unicamente satisfatório quanto dominar uma habilidade. Aquilo que fazemos bem, seja o que for, acrescenta à nossa estatura como pessoa e aumenta nosso escopo e eficiência. Do nascimento à morte, adquirimos um sem-número de habilidades, as usamos diariamente, praticamos sem nem pensar, e tudo isso porque elas se tornaram parte da nossa natureza. Aprendemos a andar, correr, falar, ler, desenhar, cozinhar, costurar, dirigir um veículo e uma empresa; o tipo de pessoa que nos tornamos e nossa eficiência como ser humano têm relação direta com o número de habilidades que dominamos.

Há pessoas que dizem que nunca conseguem desenvolver nenhuma habilidade porque não têm talento. Bem, a falta de uma habilidade natural não é motivo para se intimidar e fingir de morto. O mais importante na vida é crescer e não faz a menor diferença, na escala das habilidades, quando você começa. O que importa é que você não fica estagnado, mas avança. Existe um atributo em nossa configuração psíquica que, quando é afetado por algum desejo e pela tradução imagética desse desejo, imediatamente nos põe em marcha e abre nossos olhos para as possibilidades de realizá-lo no mundo material. Sabendo disso, acabamos desenvolvendo uma intensa fé de que aquilo em que pensamos virá a fazer parte da nossa vida.

O flautista moderno

Um homem com voz de um sapo-boi provavelmente nunca fará um concerto no Carnegie Hall, mas, se passar muitos anos de sua vida aprendendo a cantar, será capaz de fazer uma apresentação bastante razoável um dia. Ninguém vive tanto tempo que consiga se desenvolver completamente em todas as direções. Por essa razão, o Eu Secreto criou uma multiplicidade de indivíduos e, por meio dela, busca se expandir em todas as áreas. A pessoa funciona em seu melhor quando é capaz de definir quais são as habilidades mais naturais para ela e então se propõe a desenvolvê-las ao máximo. Para tanto, precisa de discernimento e, sem dúvida, precisa estar livre de bloqueios mentais.

Às vezes, o indivíduo busca desenvolver sua capacidade como empresário porque deseja ganhar dinheiro quando, na realidade, se sentiria mais realizado em outra atividade. A filosofia do cumprimento de metas que se tornou predominante em nossa civilização é um flautista que nos leva pela ladeira abaixo da frustração. A pessoa que trabalha só pelo dinheiro raramente é feliz e quase nunca faz um bom trabalho. Não sente prazer na realização de suas tarefas e não tem satisfação com suas possibilidades de crescimento. Mal consegue esperar para sair de um momento e partir para o seguinte porque o único instante que tem sentido para ela é quando atinge um objetivo. Se nunca o alcança, sua vida é tomada pela amargura de ter sacrificado tudo por algo que nunca será concretizado. É melhor deitar no chão e olhar para as estrelas do que perseguir sombras, se essa perseguição não tem graça. A criancinha pode ir atrás de ilusões e se divertir o tempo todo, mas o adulto que vai atrás da coroa de louros e se atém a isso corre o risco de lamentar cada gota de suor que gastou na tentativa de materializar seu alvo ilusório.

Perguntaram a três trabalhadores o que estavam fazendo. O primeiro disse que estava trabalhando; o segundo que estava cavando uma vala e o terceiro, que estava ajudando a fazer um canal. Sem dúvida, o terceiro se sentia mais satisfeito com o trabalho porque via que aquela tarefa criava algo e ele estava feliz por fazer parte do projeto. Quem trabalha só para pagar as contas investe um tempo que desejaria que passasse depressa, reclamando das horas que precisa gastar com os afazeres. Olha o relógio e vê que ainda são 10 horas, desejando que fosse meio-dia. Olha de novo e são 3 horas e não a hora de ir embora. Na realidade, essa pessoa desperdiça uma grande parte de sua vida, desejando que fosse mais tarde.

O anseio pela maestria

É menos importante termos uma habilidade do que desejarmos ter uma habilidade. Ansiar pelo domínio de uma habilidade é a chave para a motivação do Eu Secreto, a própria base da evolução, da tendência de cada forma à união com seu criador. A vida é flutuação e mudança, um ciclo constante de crescimento e decadência, e temos de aspirar a ser melhor do que somos, mesmo que para ficar onde estamos; no momento em que que a autossatisfação nos invade, começa a nossa dissolução. Desafios e empolgação constantes acontecem com quem busca a maestria. Toda situação nos confronta com oportunidades, pois cada uma delas nos convida a desenvolver uma parte da nossa natureza. Toda vez que topamos com um obstáculo sabemos que nosso conhecimento é insuficiente e de imediato nos dispomos a retificar essa deficiência. Aprendemos tudo o que podemos porque enxergamos a ligação comum a toda forma de conhecimento. Com o tempo, aprendemos bem e com facilidade, pois as limitações mentais foram todas removidas e, como uma esponja, absorvemos o conhecimento necessário a agir e trabalhar com eficiência.

Temos de amar o que fazemos para fazê-lo bem. Temos de gostar de fazer o trabalho, seja qual for o resultado. Não precisamos nem nos importar com o resultado e extrair toda a nossa satisfação da execução em si. Quando as pessoas passaram por um grande choque, como uma exposição prolongada à morte e a perigos, a amputação de um membro ou a perda de um ente querido, é comum fazerem seu trabalho apenas por trabalhar, como opção para ocupar a cabeça, e é então que descobrem uma das maiores alegrias da vida. A criança de jardim de infância fazendo pintura com os dedos aplica cores no papel sem nenhuma ideia do resultado, e esse envolvimento de todo o seu ser a torna parte do trabalho que está fazendo, e o trabalho se torna parte dela. Os hospitais psiquiátricos descobriram o valor terapêutico de colocar os pacientes diante de um cavalete, ou dar-lhes agulha e linha, ou mesmo levá-los a fazer jardinagem. Nessas atividades, desistir da preocupação com a própria pessoa em relação à tarefa que tem pela frente liberta o paciente do ego que o atormenta e ele se torna capaz de sair completamente de si ao se tornar um só com o trabalho que está realizando. Desenvolvemos nossas habilidades por meio do amor pela ação que executamos. Se amamos música, iremos nos tornar músicos. Se amamos escrever, seremos escritores. Se amamos construir, iremos trabalhar com construções. Se amamos negociar, seremos empresários. Mas não nos tornaremos nada simplesmente por desejar fama e riqueza. Esses falsos desejos são produtos do ego. Até mesmo a mais superficial consideração desses objetivos evidencia quanto são desprovidos de substância.

Se, por exemplo, nos dedicamos aos negócios e topamos com dificuldades, reagindo com depressão e um sentimento de fracasso, podemos ter certeza de que, para início de conversa, fomos atraídos pelo mundo dos negócios pelo desejo egoísta de ser melhor ou mais poderoso do que os outros. O empresário que ama negociar se esbalda com os momentos mais trabalhosos, pois é quando afina seu entendimento e desenvolve sua maestria. Como ama negociar, ama o momento em que sua natureza é mais aguda; assim, as fases de dificuldade são uma alegria. É inevitável que essa pessoa tenha sucesso porque não pode ser desencorajada, porque ama aquilo que faz, esteja ou não indo bem. Essa pessoa não é impactada pelas fases de sorte e de azar que parecem se alternar, e assegura seu crescimento por ter tirado os olhos do objetivo lá na frente e ter se dedicado a fazer seu trabalho.

Aprendemos fazendo

Aprender a fazer bem alguma coisa é, antes de mais nada, uma questão de executar aquela ação sem cessar até que todas as suas ramificações se assentem no subconsciente e permitam à pessoa realizá-la sem pensar. É difícil pilotar um avião quando não sabemos como fazer isso. Para a pessoa em terra, pilotar um avião com as próprias mãos parece quase impensável. Quando faz as primeiras aulas, sente muito medo; depois, fica empolgada, quando experimenta superar a lei da gravidade. Ao alçar voo e ir muito acima do chão, essa pessoa se sente um pássaro, alcançando uma sensação ao voar muito diferente de qualquer experiência anterior pela qual tenha passado em um avião de carreira. Nesses momentos, ela pode vencer a distância entre as limitações que vive em solo e suas aspirações de chegar ao céu. Ela decide que vai se tornar piloto.

Na primeira vez que está no ar, ela se sente desajeitada e incomodada, tensa e ineficaz, enxergando com total nitidez que, se o instrutor não estivesse ali, aquele avião iria despencar e causar um desastre. A sensação de estar pairando entre a vida e a morte, sem contar com mais ninguém além de si própria pode se mostrar uma das experiências mais significativas de toda a vida. Nesse caso, a maestria que enfim adquire de pilotar um avião está garantida. Quando busca conhecimento em uma área até então desconhecida, a pessoa obtém um crescimento inevitável. Logo estará sozinha no avião, pilotando livremente e com confiança, superando as limitações do próprio pensamento. A exultação que irá sentir será ilimitada.

Sempre aprendemos fazendo. Não há como livros e aulas instilarem em nós informações suficientes para nos tornar mestres em qualquer habilidade. A habilidade é seu próprio instrutor, e todos os que aspiram a alguma maestria devem se tornar aprendizes. Ideias, fatos e habilidades sempre chegam aos que buscam se tornar mais proficientes, seja em áreas de criatividade, administrativas, executivas ou apenas na realização de um trabalho. Se nos dedicamos a uma tarefa porque adoramos realizar aquilo, terminaremos nos tornando altamente capazes. Quando tentamos aprender uma nova habilidade, as primeiras tentativas são sempre ineptas, e a pessoa centrada no ego é tomada com frequência pelo desânimo e pode acabar desistindo completamente desse aprendizado. A pessoa iluminada não será desencorajada por sua inépcia inicial. Ela sabe que está às voltas com aprender algo novo, e que esse conhecimento vai precisar de tempo para assentar no subconsciente.

Como educar o subconsciente

A pessoa que calça um par de patins e se aventura a deslizar na superfície de um lago congelado pela primeira vez cria uma cena digna de ser acompanhada. Ela fica abanando os braços e dobrando os tornozelos. Faz um esforço enorme para manter o equilíbrio, caindo para a frente e para trás, em uma batalha de arrepiar para continuar patinando. Ela não consegue sair patinando de novo quando é interrompida, nem parar quando está em movimento. A única certeza sobre sua execução é que vai acabar caindo sentada. Agora, compare o patinador iniciante com uma campeã olímpica. Parece incrível que se faça essa comparação, mas ela existe. Há não muitos anos, a campeã olímpica era só uma novata e sua proficiência atual é somente um testemunho da força do subconsciente para direcionar os movimentos do corpo e a ação mental com máxima simetria e perfeição.

Quando tentamos fazer algo difícil ou que está além do nosso alcance comum, primeiro temos de enfrentar a situação conscientemente, concentrando nossa atenção nisso. Esse período de esforço consciente produz uma tensão psíquica que estimula a atividade subconsciente, proporcionando alívio à tensão, gerando resolução e trazendo dimensão e controle ao organismo. Quanto mais deliberado o esforço, maior será a tensão produzida no subconsciente, que atuará para dar respostas aos problemas que o indivíduo está enfrentando. A pessoa com problemas de fala e dificuldades de enunciação pode resolver se tornar um orador profissional e direcionar seus esforços conscientes para esse fim. A fase inicial de seu treino trará poucos resultados visíveis porque suas limitações não podem ser solucionadas pela mente consciente, e a pessoa não atinge uma dicção dinâmica e confiante apenas pensando nisso. A razão não proporcionará o efeito buscado e não há quantidade suficiente de estudos que solucione o problema a contento. Mas, conforme ela vai fazendo um discurso depois do outro, em um trabalho contínuo de aprimoramento dos erros e tropeços, todo esse padecimento e as necessidades subsequentes geram tal tensão no subconsciente que um dia, de repente, a pessoa estará fazendo um discurso direto e dinâmico, com vigor e clareza, provando que superou os obstáculos.

Como transformar esforço em reação instintiva

Desenvolvemos nossas habilidades com esforços contínuos para nos aperfeiçoar e nunca interrompemos a continuidade desse trabalho, por menos que pareça que estamos progredindo. De todo modo, nunca conseguimos julgar nosso progresso pela simples razão de que o trabalho de verdade é feito no nível subconsciente e podemos ser transportados do muito baixo ao muito alto em um súbito momento sublime de *insight*. Há pouco tempo, uma jovem dona de casa contou a história de como se tornou uma pianista de alto nível:

> Eu estudava piano havia quatro anos e tinha chegado ao ponto de conseguir tocar algumas composições, mas saíam frias, sem sentimento, pareciam nem ter ritmo. Nas poucas vezes em que toquei para amigos, fiquei muito sem graça por eles realmente terem de ouvir aquilo. Apesar disso, eu treinava todos os dias, às vezes até por três horas. Parecia incrível que eu melhorasse tão pouco. Sempre tinha aprendido tudo com facilidade, mas tocar piano parecia demais. Depois de um tempo, me convenci de que não tinha jeito para música.
>
> Certa noite, em uma festa, uma amiga pediu que eu tocasse. Rapidamente me vi prestes a dizer que não, mas de repente fui tomada pela sensação mais maravilhosa da minha vida de que eu seria capaz de tocar bem. Não sei de onde me veio aquela sensação. Certamente não foram palavras na minha cabeça, mas eu simplesmente soube, no fundo de mim, que poderia tocar bem e de repente entendi claramente a relação entre a música e mim. O piano, as teclas, as notas e a partitura se fundiram comigo. Eu soube disso quando me sentei e comecei

> a tocar. Eu ia tocar bem porque estaria tocando fora de mim e não precisaria pensar sobre isso. Quando me sentei, toquei exatamente do jeito que tinha imaginado. Os convidados aplaudiram e se aproximaram de mim, e eu toquei o resto da note. Desde então, comecei a tocar bem e aquela situação me ensinou uma grande lição. Nunca devemos desistir quando parecer que não estamos avançando. Podemos ir do iniciante mais inepto ao artista mais consumado naquele momento único em que todo o esforço que fizemos durante tantas horas rompe a barreira e se funde com nossos instintos.

A pessoa se dispõe a fazer certas coisas porque é impelida a isso pelas imagens que se formam em sua mente. Ela é levada a realizar o trabalho que precisa ser feito e não consegue sossegar até que esteja totalmente concluído. No entanto, ela não trabalha somente para alcançar um objetivo. Está envolvida com a tarefa assim como a tarefa está envolvida com ela e as ações são todas executadas com alegria, pois ela sabe que está fazendo o que deve. Todos os dias ela se sente contente porque cada um deles lhe traz o que mais deseja: o trabalho que ama fazer, seu desempenho, e o aumento de seus conhecimentos e capacidades.

> Cuide deste dia!
> Ele é a vida, a própria essência da vida
> Em seu breve curso
> Estão todas as verdades e realidades de tua existência
> A bênção do crescimento
> A glória da ação
> O esplendor da realização
> Pois o dia de ontem não é senão um sonho
> E o amanhã somente uma visão.
> Mas o dia de hoje bem vivido

Transforma os dias de ontem num sonho de ventura.
E os dias de amanhã numa visão de esperança.
Cuide bem, pois do dia de hoje!
Eis a saudação à alvorada

KALIDASA (ORIGINAL EM SÂNSCRITO)

A única segurança real

Uma habilidade que as pessoas parecem mais querer desenvolver é a de fazer dinheiro, mas fazer dinheiro não é uma habilidade, é o resultado dela. O dinheiro que se busca só por dinheiro certamente se mostrará o mais esquivo. Não é algo ruim, é bom, bom porque representa trabalho, mas os que tentam ganhá-lo evitando trabalhar estão corrompendo o verdadeiro propósito do dinheiro e encolhendo sua própria natureza como pessoa. Henry Ford disse o seguinte: "Se o dinheiro é sua única esperança de independência, você nunca a terá. A única segurança real que um homem pode ter neste mundo é uma reserva de conhecimento, experiência e habilidade". Quando jovem, Ford tinha pouco dinheiro, mas se sustentava com a visão de seu automóvel; seus dias e noites eram tomados pelo trabalho e por ideias. Quando chegou o dia em que uma em cada dez famílias dos Estados Unidos tinha um carro, Ford ficou rico. Sua fortuna chegou não porque tinha sido seu objetivo, mas porque ele havia prestado um serviço a milhões de pessoas. Atualmente, em nossa sociedade, ter fortuna é um resultado natural de servir um grande número de pessoas. Todo trabalho é remunerado em espécie e, quando servimos uma pessoa, ela também nos serve, e esse intercâmbio de serviços normalmente resulta em uma troca de dinheiro. Se servimos uma pessoa, somos pagos por isso; se servimos duas, recebemos mais; se servimos dez, mais ainda; se servimos um milhão, temos chance de ficar ricos. Não há como nos impedir de ganhar uma fortuna quando encontramos um trabalho que precisa ser feito, e é inevitável que venhamos a receber uma parcela desses bens. Que dinheiro gera dinheiro é uma verdade axiomática, mas somente quando é posto em ação para gerar riqueza. Quando nossas economias são investidas em atividades que promovem descobertas e criação, é inevitável que ajudem a fazer dinheiro, pois estão sendo usadas de acordo com uma lei primária da vida: todo serviço deve ser recompensado.

Todo desempenho adequado sempre é uma execução que não foi raciocinada. Qualquer outra espécie de ação é fundada no ego e baseada em um conhecimento parcial. Tenho um amigo que diz que é capaz de cortar uma maçã exatamente no meio quando não está pensando nisso, mas, quando se concentra, as metades não são mais equivalentes. É inata em todos nós uma mente original, e o conhecimento que ela contém não é limitado ao conhecimento alcançado pelos sentidos. O condicionamento egocentrado faz a mente formular uma ideia fixa de si mesma como meio de se controlar; por causa disso, pensamos em nós como "eu". O foco da nossa consciência então se desloca da mente original para o ego e suas imagens, e torna-se impossível para nós usar a mente original em qualquer uma de nossas ações mentais. Tudo o que é executado como resposta ao ego é intencional, impactado, limitado e insincero. Precisamos aprender a ser espontâneos, a abrir mão de planos e esforços, e a fazer o que é natural quando chega o momento de agir.

Ação espontânea

Um conceito básico do zen-budismo é o da ação não intencional. Conta-se que um arqueiro, adepto do zen-budismo, estava praticando há três anos para deixar que suas flechas disparassem por si mesmas. Quando finalmente conseguiu soltar o arco de modo inconsciente, como resposta a uma ação intuitiva que tinha mais a ver com o alvo e a flecha do que com seu propósito, a eficácia de seus disparos aumentou de maneira notável, mas, assim que começou a pensar nesse resultado, os índices de acerto caíram de imediato. A espontaneidade é a marca registrada do Absoluto. A mente universal não precisa pensar nas coisas de cabo a rabo. Para cada momento existe em si a resposta certa para cada problema. Ela age prontamente, sem pensamentos. Aquilo que fazemos bem fazemos sem esforço porque delegamos a execução a uma vontade e a um poder que se encontram além do ego consciente e suas intenções. Desenvolver uma habilidade é principalmente uma questão de abdicar de desempenhá-la; devemos aprender a abrir mão da responsabilidade pessoal e do controle consciente. Como disse Henry Miller:

> Quando você se instala no profético, acaba percebendo que existe um padrão invisível nos acontecimentos que molda seu destino, e que a história, a filosofia, a ciência, a arte e a religião oferecem uma imagem distorcida, sem sentido e até ridícula da teia divina. Mas o aspecto mais interessante dessa experiência, a retirada do véu, é que todo desejo de modificar, acelerar ou retardar os acontecimentos é anulado. O que é, é, e o que será, será, e isso basta. Simplesmente reconhecer, mesmo que por um instante, que existe um plano maior permite que abdiquemos. Quando abdicamos, não nos retiramos do fluxo da vida, nem mesmo mentalmente, mas mergulhamos mais fundo, mais inteiramente, e isso é o mais curioso de tudo. O que é sacrificado é apenas a visão egocêntrica e limitada da vida, uma visão que nos levou até então a nadar contra a corrente em vez de com ela.

O malabarista mantém oito bolas no ar em movimento e o público exclama: "Uau! Que incrível!". E sem dúvida é se pensarmos que é a mente consciente que está controlando aquela ação. A mente consciente mal consegue *acompanhar* a ação, quanto mais executá-la. Manter oito bolas em movimento no ar é um ato subconsciente. Esse nível psíquico dirige todas as atividades que parecem uma habilidade ou um talento. Essa mente não é uma multidão de mentes, mas somente uma; portanto, todas as habilidades e todos os talentos refletem a atividade de uma única pessoa. Todos os livros são escritos pelo mesmo autor, todos os quadros são pintados pelo mesmo artista, todas as músicas são feitas pelo mesmo compositor. Uma mesma mente é responsável por toda atividade criativa ou execução de alto nível. Uma coisa bem-feita reflete o direcionamento do Divino e, por isso, o despertar espiritual é necessário para se viver de modo eficiente.

A porta secreta

Enquanto vivermos e agirmos no nível do ego, não podemos esperar desenvolver nossos talentos e capacidades, exceto da maneira mais limitada. Quando você se dispõe a aprender algo, a primeira coisa é sair da frente. Esse "eu" a que você constantemente se refere, essa noção de eu que está instalada diretamente atrás de seus olhos, é egocentrada no sentido de que é algo separado, e impedirá que você aprenda algo bem enquanto estiver no controle de sua consciência. Há uma grande diferença entre as tentativas autocentradas e deixar que a ação se desenvolva por meio de impulsos espontâneos que brotam do Eu Secreto. O esforço por meio do ego se desenvolve porque o ego tem algum resultado em mira. Quer se sentir melhor do que os outros, quer controlá-los, ou tem medo, é hostil ou inseguro, e essa atividade dirigida para alguma finalidade, de perspectiva e conhecimento tão limitados, tem somente uma mínima chance de ser bem-sucedida e, mesmo assim, só por coincidir com o propósito do Eu Secreto.

As pessoas tentam com insistência dominar alguma habilidade e conseguem progredir muito pouco. Por fim, perdem a esperança e desistem de uma vez, e esse desistir, livrando-se dos objetivos egoicos de alcançar metas, é justamente o momento em que elas podem desenvolver a habilidade almejada porque o Eu Secreto assume o comando. Há uma tal profusão de exemplos desse fenômeno psicológico que o torna irrefutável. Pasteur, ocupado com seus tubos de ensaio e microscópios, recebeu sua maior iluminação na fase de sua mais aguda desesperança. Galileu foi inspirado pela ideia da revolução do sistema solar no auge de seu desespero diante da ineficácia de seus telescópios. Todo pesquisador sabe que no fim de um beco sem saída há uma porta secreta. Todo artista criativo sabe que seu melhor trabalho vem na sequência de um período de intensa frustração. Um ditado popular afirma que a hora mais escura vem logo antes da aurora. Precisamos que o ego seja reduzido a quase nada antes que o Eu Secreto assuma as rédeas. Temos de sair da frente para que as habilidades possam se desenvolver em nós, para que o trabalho possa ser feito através de nós pelo ser e pela mente superiores.

Quantas vezes você já não amassou uma folha de papel e a jogou sem pensar do outro lado da sala e ela acabou caindo em cheio no cesto de lixo? Então, deve ter amassado outros pedaços de papel e jogado na direção do mesmo cesto sem acertar mais nenhuma vez. Provavelmente, deu de ombros depois de uns minutos e pensou que a primeira vez tinha sido pura sorte. Bom, não teve nada a ver com sorte. Foi apenas porque você realizou o movimento sem a interferência da mente consciente. Na verdade, deixou que a bola de papel se lançasse no cesto enquanto você foi somente o agente propulsor. Essa espécie de união psíquica entre o cesto, o papel e a energia propulsora permitiu que todos os elementos da ação se tornassem uma coisa só, e qualquer coisa que ocorresse dentro dessa união tinha de estar em perfeita simetria e ser absolutamente efetiva.

Como se tornar uma coisa só com a tarefa

Bem, se existe uma só mente, comum a todas as coisas, que não é exclusiva de ninguém, decorre que, basicamente, somos todos parte de um único organismo e que sua eficiência dentro desse organismo depende de reconhecermos esse fato. Enquanto nos enxergarmos como um eu separado, o que nos move é a ilusão dos desejos egocentrados e, nessa medida, somos levados a nos opor à vontade do Eu Secreto. Qualquer ação concebida no nível do ego e levada a cabo por um propósito egocêntrico, quando não está fadada ao fracasso desde o princípio, só pode trazer resultados medíocres. Seu propósito como um todo e seu impulso surgem de um conhecimento limitado contraposto ao oceano de conhecimento que é a mente universal. Aprendemos a desempenhar bem uma atividade quando nos tornamos unos com ela; quando nos envolvemos na tarefa escolhida sentindo que somos uma coisa só com ela. Esse sentimento de união é impossível à natureza egocentrada pelo simples motivo de que o ego em si é o sentimento de separação. Quando nos deixamos absorver completamente em uma coisa, vivemos uma verdadeira experiência espiritual, pois, mediante essa transferência psicológica do eu, mergulhamos fundo na mente universal e nos tornamos o trabalho que estamos realizando. Qualquer pessoa com um grande talento ou habilidade visita diariamente essa fonte de esquecimento, mergulha em suas águas e emerge renovada. O templo de sua adoração religiosa é seu próprio talento. Nas palavras de Henry David Thoreau: "Vá com confiança na direção de seus sonhos, viva a vida que imaginou, e encontrará um sucesso inesperado nas horas comuns".

Como enfrentar a dor

Todas as barreiras à realização são mentais. A educação em si ensina limitações e a história estabelece um nível definitivo que suprime as aspirações humanas. Durante muitos anos, pensou-se que quatro minutos era o tempo mínimo necessário para correr uma milha. Então, entrou em cena um grupo de atletas australianos da corrida de uma milha que adotou uma nova filosofia. Derrubaram as barreiras mentais e agora muitas pessoas correm uma milha em menos tempo.

Essa nova filosofia pode ser facilmente aplicada a qualquer área das atividades humanas e decorre da premissa de enfrentar a dor, a noção de que a dor representa uma limitação mental. Quem treina segundo esse sistema motiva-se para correr mais depressa do que acha que consegue, reafirmando o princípio da mente sobre a matéria para dissolver a fadiga. Essa filosofia livra o ser humano de todos os obstáculos. Nada é impossível para nós, desde que nosso princípio norteador seja superar cada obstáculo que tenhamos pela frente.

O impulso em determinada direção é o fator isolado mais importante nas realizações. Os boxeadores de destaque são muitas vezes descobertos nos grupos sociais que mais lutam para sobreviver. Diretores de corporações e executivos do governo muitas vezes vêm de condições de vida humildes e sua ascensão a cargos de chefia está diretamente ligada à sua dedicação. Os céus favorecem aqueles que se dedicam de coração ao trabalho que fazem. Nesse nível de absorção, perdem a noção egocentrada do eu e passam a ser canais desobstruídos para a energia e a criatividade da mente universal.

Aspiração constante

A utilidade das metas depende de sua capacidade de remover as limitações do nosso pensamento. Podemos superar nossos limites aspirando alcançar metas mais elevadas do que antes. Não é o objetivo que importa, mas mirar mais longe. Quando um objetivo é alcançado, ele de fato se torna uma limitação a menos que seja substituído por outro mais alto. A pessoa que alcança alguma coisa e fica um tempo se parabenizando está minimizando seu crescimento, pois, quando a autocomplacência entra em cena, o ego cresce e o indivíduo entra em estagnação. Se não tentamos nos exceder, nos desintegramos. Se não tentamos melhorar, é impossível para nós inclusive permanecer no mesmo nível de agora. As forças dinâmicas da vida são crescimento e decadência, e nada é estático. As coisas se movimentam em um sentido ou outro.

Há alguns anos, um rapaz saiu de um acidente de carro paralisado do pescoço para baixo, exceto pelo uso precário do indicador da mão direita. Acamado e refletindo sobre sua situação, decidiu desenvolver alguma habilidade com esse dedo. Providenciou que uma máquina de escrever fosse instalada em sua cama e que seu braço direito fosse posicionado em um ângulo tal que ele pudesse acionar as teclas com o dedo funcional. No começo, sua digitação era de uma lentidão terrível e exigia muita concentração e determinação. Eram horas e horas de esforço para digitar uma única frase. À medida que as semanas e os meses foram passando, ele foi conseguindo datilografar uma página, depois duas, depois dez ou mais. Após um ano, ele não só tinha se tornado proficiente, como conseguia se sentar na cama para datilografar. Hoje, anda de muletas e entrou em um programa de reabilitação total. Sua recuperação parece estar indo de vendo em popa. Esse tipo de tenacidade e de propósito poderia ser esperada em uma pessoa amarga, mas esse rapaz tinha humildade e um senso de humor irônico. Quando lhe perguntaram como tinha conseguido alcançar resultados tão milagrosos, ele disse: "Recebi este corpo e o destrocei. O mínimo que posso fazer é devolvê-lo nas condições originais".

Os seres humanos exploram as vastidões desoladas dos polos, o fundo do mar, sobem aos céus por centenas de quilômetros e até viajam no espaço sideral. Quem pode dizer que algo é impossível à mente humana e ao esforço que as pessoas podem fazer? Existe dentro de nós o poder de imaginar um mundo melhor do que este em que vivemos e nunca paramos de buscá-lo. Nossa imaginação deveria ser tratada com cuidados especiais, pois é a ferramenta que nos liberta das amarras que nos prendem. Podemos ser qualquer coisa que sejamos capazes de visualizar, fazer tudo o que consigamos imaginar, pois as imagens que se formam na mente nos levam inevitavelmente ao trabalho que efetiva sua materialização.

Aceitação interior

As habilidades são desenvolvidas pela fé que a pessoa possui de já ter essa habilidade. O fato de ter essa habilidade *a priori* lhe permite agir como se fosse impossível fracassar. Ela ainda passará por um período de inépcia, mas isso não permanecerá. Ela vai superar essa fase – e todo medo e toda ineficácia – pois, sejam quais forem as circunstâncias, está sendo sustentada pela visão interior do que já aceitou como realidade. Se aspiramos a ter certa habilidade, nos tornamos capacitados somente depois de uma aceitação interna. Ninguém consegue ser melhor ou maior do que sua visualização mental definiu. Se nos aceitamos exatamente como já somos, torna-se impossível melhorar. Para nos tornamos melhores, temos de pensar que *somos* melhores, não no sentido egocêntrico de achar que algo nos é devido, mas no sentido espiritual mais amplo de constatar que todas as coisas derivam da imagem interior. Esse posicionamento psíquico do ego o liberta da submissão a si mesmo e lhe permite aceitar de boa-fé o fato de ser algo mais amplo e de maior eficácia.

Ter uma habilidade é basicamente tornar-se um instrumento para a ação de uma vontade e uma mente maiores. Qualquer tentativa egocêntrica de dominar o mundo ou iniciar uma ação segundo o ponto de vista da mente superficial desperta de imediato o problema de o ego controlar a si próprio. Qualquer sistema de autocontrole, na medida em que se aproxima de um autocontrole perfeito, também se aproxima da perfeita frustração consigo mesmo, pois o controle implica impedir que algo faça o que normalmente está disposto a fazer. A ideia de agir de acordo com a nossa natureza depara com objeções a cada passo. Abolir as restrições à natureza humana seria supostamente deflagrar a praga dos gafanhotos. Grupos religiosos e sociais vêm adotando a ideia de que a humanidade é mais obra do demônio do que de Deus, e que nossa natureza bestial deve ser mantida sob controle por leis e inibições. Com isso, a dualidade nos é imposta como a necessidade de apresentar uma fachada para o mundo, enquanto vivemos na solidão em outro; essa dualidade é responsável por mais transtornos físicos e mentais do que todos os micróbios já descobertos.

Seja você mesmo

Apresentamos uma face para o mundo e outra na privacidade do nosso quarto, e esse conhecimento de que não somos o que o mundo espera que sejamos manifesta-se em uma espécie de consciência social que nos torna covardes. A maioria de nós tem medo de ser quem é. Como um camaleão, mudamos de cor para nos adaptar ao ambiente. Nossas opiniões são formadas pelo que as pessoas esperam que pensemos; nossos padrões de comportamento baseiam-se no que os outros esperam do nosso comportamento e, como sempre estamos pensando em resposta a circunstâncias externas, mal sabemos como nos sentimos e nunca temos uma ideia de quem somos além do que está refletido nos olhos das outras pessoas.

Shakespeare disse: "Para o teu próprio eu, seja verdadeiro; E deve seguir-se, como a noite ao dia. Tu não podes então ser falso com nenhum". É importante agir de acordo com a sua própria natureza. Quando vive sinceramente, com sensibilidade, você se torna um canal puro para o Divino se expressar. Cada um de nós é dotado de uma individualidade única. Desde que essa individualidade não seja desvirtuada por inibições e medos, é capaz de expressar algo vital e diferente, mas, quando sofre a restrição e a limitação das apreensões, não consegue se expressar de jeito nenhum. O represamento da torrente de energia universal então vira contra si mesmo, e os dois lados da natureza egoica, como dois inimigos em um duelo, destroem um ao outro.

Um número incontável de pessoas é impedido de aprender porque tem medo de tentar. Elas sentem um falso orgulho, diretamente ligado ao ego, e isso não deixará que sejam desastradas porque não têm humildade e o orgulho não deixará que comecem qualquer coisa e sejam novatas porque não suportam a ideia de si não sendo melhor do que os outros. Se conseguirmos ficar livres do eu-ego e aceitarmos que somos apenas instrumentos da vontade e da ação divinas, conseguiremos embarcar no aprendizado de uma habilidade com máxima humildade e profunda indiferença à opinião alheia. Podem rir de nós sem sentirmos vergonha; podem nos ridicularizar, mas, o tempo todo, nossa visão seguirá nítida e saberemos que um dia chegaremos ao domínio da habilidade. Não sentimos medo porque o medo só é possível ao ego e o ego terá sido domado em nossa natureza. Começamos todos os projetos com coragem, persistência e fé. Só porque insistimos sem cessar diante da porta da criação, essa porta enfim se abre e obras maravilhosas são realizadas através de nós porque nossa mão é movida pelo Divino. Sejam quais forem suas aspirações, lembre-se de que o mestre dessa habilidade está dentro de você. Os que já a possuem são os melhores de todos. Delegue a execução de seu trabalho a esse mestre e saia da frente. Você logo descobrirá que seu desempenho exibe o mais alto nível de conhecimento e habilidade.

10
Como Criar Seu Próprio Talento

A CRIATIVIDADE CONTÉM UM SEGREDO. As pessoas criativas exibem uma ligação psíquica profunda com o inescrutável mistério da vida. Executam seu trabalho com a mesma naturalidade das flores que brotam do chão, pois atingiram uma união nos relacionamentos mentais e espirituais que faz com que pareçam ser uma parte daquilo que estão fazendo. O artista consumado torna-se indistinguível do que faz; está tão integrado aos movimentos e a ser quem é que se torna praticamente impossível discernir onde a pessoa acaba e o trabalho começa. Carl Jung disse que não foi Goethe que criou *Fausto,* mas foi *Fausto* quem criou Goethe. Um parece absolutamente depender do outro, já que representam a mesma coisa. *Fausto* é uma extensão de Goethe, tanto quanto Goethe é uma extensão de *Fausto*.

O artista encarnado

O talento é uma fusão absoluta da pessoa com seu trabalho. Os quadros de um grande pintor tornam-se o pintor, assim como o pintor se torna seus grandes quadros. Quando vemos uma pessoa que exibe um grande talento, provamos de imediato uma espécie de êxtase diante dessa manifestação de uma mente e uma habilidade supremas. Toda mostra de talento é uma espécie de experiência religiosa para quem a contempla, pois cria uma conexão entre o Eu Secreto e o indivíduo. Existe uma superforça viva cuja esfera de ação é basicamente invisível e fora dos limites do mundo cotidiano. Existe algo mais proposital do que os átomos. Existe uma inteligência mais evoluída do que qualquer uma que esteja contida no cérebro humano. Existe uma porta para o mundo mais além que às vezes se abre e permite à pessoa ser tomada por potências estranhas, tremendamente acima do nível de suas habilidades pessoais. Quando isso acontece, vemos o artista encarnado, a pessoa com um supertalento, capaz, em sua esfera de atividade, de nos demonstrar diretamente o poder incalculável, a sabedoria e a beleza do Divino.

O mistério das pessoas talentosas é que elas estão diretamente enraizadas na mente universal, que se manifesta através delas sem restrições ou distorções do ego. Não é a pessoa que é responsável por seu trabalho, mas um poder além dela, acima dela, que se manifesta por meio dela e a usa como instrumento. Em sua mais profunda essência, toda pessoa é um artista que só alcança sua mais completa realização como indivíduo quando tira da frente sua natureza egocentrada e permite que o talento criativo do Divino atue através dela para realizar as tarefas que podem ser melhor executadas por sua natureza individualmente trabalhada. Quando levamos a vida centrados no ego e presos a desejos e satisfações egocêntricas, torna-se impossível para nós alcançarmos o despertar espiritual ou nos realizar como pessoas criativas. O mundo das coisas materiais está em demasia conosco. O desejo de ser melhor, de ter mais, de viver no conforto material, nos impede de enxergar horizontes existenciais mais extensos. Esta pequena vida que vivemos é importante não pelos confortos práticos que proporciona, mas pela busca em que nos envolve. Enquanto não tornarmos como nosso propósito principal descobrir quem somos, de onde viemos e qual é nossa relação com a vida, será inevitável vivermos o breve luzir da chama da vela completamente ignorantes e em um automatismo cego, cedendo às pressões ativas no mundo exterior, conforme se impõem aos nossos sentidos.

A visão criativa

Quando nossa alma interior é tocada pela percepção do lado criativo da nossa natureza, imediatamente enxergamos o desastre de levar uma vida pautada por objetivos materiais. Percebemos que isso que sempre pensamos ser, o ego, é ilusório, e que os desejos que brotam do ego nos empurram para um labirinto de vias secundárias intrincadas que inevitavelmente nos farão perder a chance de iluminação. Podemos abrir mão de todos os bens, confortos materiais e fama a fim de não sermos mais desencaminhados, e passar a viver com a decisão de sermos motivados por uma luz interior que provém da mente universal. Esse ascetismo escolhido permite que nos coloquemos completamente a serviço do Eu Secreto. João Batista percorrendo o deserto em busca de sua alma imortal é um exemplo disso, tanto quanto o pintor francês Gauguin, que desistiu de sua carreira e de sua família para se exilar em uma ilha do Pacífico Sul a fim de pintar seus quadros. Ambos foram tocados pela visão criativa e precisavam servir a ela, a todo custo.

Quando nossos olhos se abrem para enxergar a natureza criativa do Divino, não conseguimos mais nos conter e devemos servir a ela como instrumento; nada se interpõe a isso em nosso caminho. O processo criativo é impessoal; ele se apossa da natureza e a utiliza ao máximo, de modo que a pessoa executa feitos criativos muito além de tudo o que é possível para a mente consciente normal. Quando essa força realmente predomina em nossa constituição, monopoliza nossa energia. A vida do artista desperto é regida pelo subconsciente. As intenções conscientes significam pouco e o artista é arrastado por correntes subterrâneas nas quais está profundamente envolvido e das quais participa com alegria.

A consciência comum

A *participation mystique* – que é o segredo da criação artística – acontece quando o indivíduo é tragado pelo Eu Secreto, no sentido de que o artista se torna uma via de saída para a manifestação da beleza, da variedade e da complexidade infinita da mente universal. Ninguém faz nada bem quando a execução obedece a uma intenção consciente. A ação efetiva sempre é o resultado de uma naturalidade impensada. Não chegamos a ter habilidades no trabalho quando o executamos mediante uma análise objetiva de nossas ações como atos separados das ações de outras pessoas, mas através de uma identificação completa com o trabalho a ser feito. Samuel Taylor Coleridge escreveu: "Desde pequeno, fui acostumado a abstrair e, por assim dizer, a desentender qualquer coisa que meus olhos mirassem e fosse mais do que de interesse comum. Então, por uma espécie de transfusão e transmissão da minha consciência, eu me identificava com esse objeto". Participar de outra vida através de um meio místico de consciência comum é a essência da criação artística. Quando nos dispomos a fazer alguma coisa com uma intenção consciente e por insistência de um desejo egoico singular e separado, estamos agindo à luz de uma só vela, em um espaço onde milhares de quilowatts estão disponíveis. Não nos é possível criar um trabalho verdadeiro e eficiente por meio do limitado conhecimento e do mínimo alcance da nossa mente consciente. Todos os trabalhos de arte intencionais são rasos, inúteis e só expressam clichês. Não são obras de arte em absoluto, apenas uma espécie de sincretismo de elementos do conhecimento à disposição do ego. Peças escritas desse tipo são jornalismo; na arte, são pôsteres; na música, máquinas de fazer dinheiro. Quem as produz, ainda que se fantasie de artista, na realidade está se destruindo ao corromper de propósito o próprio talento.

Todas as pessoas têm talento em algum setor de sua vida, o maior talento possível, e, se esse talento não se manifestou, é porque nossa natureza egocêntrica o represou. Não importa há quanto tempo essa represa se formou, não importa quanto a natureza egocêntrica esteja estritamente sob controle, a represa pode ser rompida, a força dessa energia pode ser liberada e podemos nos dar conta do nosso talento em seu mais alto nível, vivendo como um artista encarnado. A primeira coisa a ser feita é dirigir o olhar para dentro e libertar a natureza egocentrada de seus desejos egoístas. Assim que a totalidade da natureza é entregue a um poder maior do que ela a fim de ser empregada para o propósito que for, sem intenções ou metas, então o poder aparece e começamos a ser transformados, apresentando um desempenho natural em todas as circunstâncias, guiados corretamente em todas as ações.

Posicionamento psíquico

Desperta uma tremenda alegria o correto posicionamento psíquico do ego. Experimentamos um sentimento de utilidade, uma certeza no fundo da alma de que estamos oferecendo o melhor desempenho possível. É sentir-se em estado de graça, como descrevem as pessoas religiosas. Os artistas falam do momento em que lhes vem uma inspiração. Pessoas envolvidas em negócios descrevem um período de grande produtividade. Os atletas vivem uma fase de supremacia em suas habilidades. Todos estão a serviço, agindo sob o impulso de uma inteligência e um talento tão amplamente superiores à mente superficial que esse relacionamento é aceito como a criança feliz que vai atrás da mãe ou do pai que adora. Sobre esse momento de sintonia e a subsequente criação, Friedrich Nietzsche escreveu:

> Dificilmente se pode rejeitar a ideia de que a pessoa é mera encarnação, mera porta-voz, mero médium de forças poderosíssimas. A noção de revelação fala dessa condição em termos muito simples, com o que quero dizer

> que alguma convulsão profunda e perturbadora de repente se torna visível e audível com uma exatidão e um nível de definição indescritíveis. A pessoa ouve; ela não busca, só aceita. Não pergunta quem está aí. Um pensamento reluz como um relâmpago, inevitavelmente, sem hesitação. Nunca tive escolha quanto a isso. Tudo ocorre de modo involuntário, mas como que em um turbilhão de liberdade, de incondicionalidade, de poder e de divindade.

É preciso coragem para se aventurar nos domínios desconhecidos do subconsciente. É preciso audácia e valentia para abandonar o barquinho do eu egocentrado e nadar até aquela ilha não cartografada do Eu Secreto, situada além da linha do horizonte. Muitas pessoas estão apegadas à sua natureza egocentrada como se pudessem ser salvas dessa maneira, em vez de inevitavelmente abandonadas. Dor, frustração e ineficiência são as únicas recompensas que chegam aos que seguem o ego; mesmo assim, em geral, preferem o falso ídolo em todas as situações, lembrando o náufrago agarrado a palhas. Muitas vezes, condicionaram-se à existência do fantasma que cultuam e, mesmo quando enxergam que estão iludidas, não conseguem aguentar se separar desse fantasma. Mas isso é o que devem fazer: aventurar-se nas regiões desconhecidas do subconsciente, pois serão abandonadas pelo eu-ego no fim, entrarão em colapso e se desintegrarão junto com a desintegração do corpo. No final, essas pessoas se dão conta de que devem se entregar à mercê e às graças de algo infinito e eterno que, inicialmente, causou seu nascimento e agora causa sua morte.

Não ousar é fatal

Acidentes, perversões, doenças e inépcia são o que cabe aos apreensivos. O prêmio sempre vai para o ousado; os corajosos possuem o universo. Porém, a despeito desses fatos óbvios, a maioria das pessoas corre para dentro de uma caverna e se recusa a abandonar essa frágil segurança para sair em busca do grandioso e do bem. Se você tem a coragem de correr riscos, não será abandonado pela fortuna. O universo colabora com os que têm aspirações. Proporciona asas às aves e nadadeiras aos peixes, assim como protege com mágica os pés de quem anda na corda bamba. O autor surrealista francês René Crevel disse que "não ousar é fatal". O Eu Secreto tem um lugar predileto para os desbravadores. Ao longo das linhas tênues da evolução, os audaciosos e os corajosos lideram uma investida poderosa. Uma força irresistível procede dos que têm coragem e tenacidade no coração. Essas pessoas não podem ser detidas porque estão sendo usadas por uma força infinita e onipotente. Mas aqueles que se revestem com a concha protetora do ego e se recusam a ousar e a ter aspirações estão, em virtude desse movimento psicológico, eliminando a essência de seu corpo e de sua alma, e inevitavelmente se desintegrarão por terem se recusado a crescer.

Deixar o ego de lado e se centrar na consciência da mente universal é a maior aventura possível porque significa zarpar da costa segura e viajar mais além dos horizontes visíveis. Não obstante, assim que esse passo inicial é dado, assim que deixamos de responder ao mundo material, assim que entregamos nossa mente, nosso corpo e nosso coração ao Eu Secreto, somos imediatamente surpreendidos com um sentimento de intensa alegria e profunda serenidade. Somente o eu superficial conhece o medo, e, tão logo tenha se subordinado, o medo também está subjugado. O ego tem algo a perder somente porque se vê como separado. Tão logo essa noção de ser separado tenha sido dissolvida pela percepção da união fundamental, não sentimos mais medo porque não temos nada a perder. A noção de ser parte de todas as coisas e de toda vida é uma condição psíquica que produz uma satisfação indescritível. O místico a descreve como êxtase; o artista, como inspiração; os santos, como revelação religiosa. Não é negada a ninguém e é possível a todos. Assim que temos essa experiência, ela nos serve de trampolim para desenvolver o talento por meio do qual conseguimos expressar a natureza infinita do Divino.

Aventura metafísica

A revelação religiosa é exatamente a mesma coisa que a atividade criativa: ambas são aventuras metafísicas e envolvem a aquisição de uma visão total, não parcial, do universo. Essas experiências ocorrem fora do tempo, do espaço e da individualidade; são centradas no eterno e em significados totais. O talento se desenvolve em nós quando nosso despertar espiritual começou porque talento é algo inerente em nós e o propósito da vida é que sejamos criativos. Quando o despertar espiritual é verdadeiro, o talento também será, e não compulsivo ou obsessivo, permitindo-nos fazer nosso trabalho por puro prazer, o que renderá frutos como uma árvore madura. Então, torna-se possível a nós obedecermos aos nossos instintos e à nossa intuição, sem que nossas ações sejam inibidas pelo que esperam de nós. Chegamos perto da essência da verdade porque enxergamos a farsa e a hipocrisia que correspondem à parcialidade. Subordinamos completamente essa parcialidade em todas as nossas ações e pensamentos, e o talento que nos é concedido vem de algo além de nós.

Usando símbolos, a arte fala conosco sobre a universalidade do nosso verdadeiro ser. Por meio dela, percebemos uma parcela do êxtase e da união da qual nos originamos. A arte nos permite vislumbrar o destino grandioso que aguarda a humanidade. Algum dia, estaremos totalmente despertos do ponto de vista espiritual e, como consequência, seremos completamente religiosos; não apenas crentes, como algumas pessoas são agora, mas seremos sabedores, causadores, a causa primeira, totalmente iluminados, deuses de fato, mesmo que agora só potencialmente. A atitude que resulta da descoberta de um talento inerente não é a de uma ação ou um pensamento intencional, mas uma atitude voltada para descobertas. O escritor criativo não começa a escrever com a ideia de "fazer" alguma coisa, mas somente para ver o que vai acontecer através dele e enfim se expressar no papel. Os que verdadeiramente usam seu talento são capazes de fazer isso apenas porque permitem que a arte se sirva deles. A atitude mental correta é que, o que quer que esteja ali virá à tona e não necessita ser iniciado nem interrompido. A pessoa não precisa saber o que está vindo nem se incomodar em olhar de perto para ver o que é, pois, se fizer isso, poderá pensar que sabe o que é e, com essa fixação mental, tornará o processo estático e incapaz de crescer e ser flexível e criativo. Tudo o que é grande, bom e duradouro é oriundo dos processos subconscientes do Eu Secreto. Quando somos mobilizados por nossa mente maior, exibimos o talento que é nosso.

> Deus me guarde daqueles pensamentos que os homens pensam
> Somente na mente
> Aquele que canta uma canção duradoura
> Pensa em um osso da medula.
>
> William Butler Yeats

O labor criativo

O Eu Secreto tem mil faces para as quais se abrem mil portas. Quando uma dessas é aberta e uma face se revela, explode no indivíduo uma torrente de criatividade, uma espécie de supertalento. O humano é um ser parcial, pouco consciente, uma manifestação superficial das dimensões ilimitadas da inteligência subconsciente, mas existe um caminho por meio do qual todos nós podemos penetrar na mente universal. Quando fazemos isso, criamos nosso próprio talento, reproduzindo no mundo algum aspecto particular do Divino.

Ninguém é impedido de ter talento, exceto por si mesmo. Quando a pessoa permite que sua consciência seja delimitada pelo ego, ela é incapaz de acionar os níveis subconscientes da inspiração e do impulso necessários a um trabalho criativo.

A individualidade singular, que é o veículo usado pelo Eu Secreto para manifestar o talento, está em grande medida sendo petrificada pela sociedade industrial moderna. A educação ensina a conformidade. O maquinário industrial precisa de operários e esses devem ser previsíveis. A previsibilidade, no que diz respeito à sociedade, é mais bem obtida inculcando em todas as pessoas a mesma consciência social. Por conseguinte, a maioria das pessoas leva uma vida rotineira que não é de sua escolha, mas que foi escolhida pela sociedade. As opiniões delas também lhes foram dadas pelo grupo, e elas as aceitam como parte de sua situação de vida. Tudo é pensado por elas. Essas pessoas acreditam na instituição política à qual pertencem, no sindicato ao qual são filiadas, no estado, na cidade e na comunidade aos quais pertencem. São incapazes de tomar uma decisão objetiva a respeito do que for, mas reagem a tudo o que afeta as opiniões pré-formadas que mantêm. Essa base egocentrada para julgar tudo é completamente falsa e estática porque não permite que o indivíduo cresça. Em última análise, a verdade pode ser absoluta, mas, para o indivíduo, é uma questão pessoal. O que é bom para alguém não é necessariamente bom para todos, mas tampouco o bem de todos é necessariamente o melhor para o indivíduo.

Enquanto os seres humanos continuarem a viver em grupo, a consciência social continuará a ter uma função distinta e necessária, mas essa consciência social deve oferecer condições para o crescimento e a responsabilidade individual, pois agora tende a se autodestruir gerando autômatos a partir dos indivíduos que a adotam. Os grandes complexos industriais estão comprovando que a caixa de sugestões no ambiente de trabalho gera resultados. Quando os operários são incentivados a pensar em termos criativos sobre o trabalho a que se dedicam, sua postura mental sobre os afazeres muda. Não só ganham eficiência na execução das tarefas, como cedo ou tarde acabam contribuindo para o crescimento do negócio. Ninguém é feito para encaixar porcas e parafusos o dia inteiro. Essa é tarefa para uma máquina. A pessoa, porém, pode suportar esse tipo de trabalho se tiver liberdade para buscar meios que lhe permitam ser mais eficiente. Naturalmente, o operário não vai dispensar essa atividade se sentir que pode acabar perdendo o emprego, mas somente se entender que pode ser recompensado com outra vaga ou um salário melhor.

Os problemas básicos do progresso industrial são delineados pelas forças antagônicas da mão de obra e da administração. A organização dos trabalhadores se desenvolveu como uma proteção para os empregados a fim de impedir que sejam explorados, mas seu posicionamento psicológico tornou-se estático. O sindicalismo opõe-se basicamente aos avanços da tecnologia que possam eliminar postos de trabalho, e, em todos os setores, as proteções trabalhistas chegaram a uma proporção que as tornou um empecilho à eficiência operacional. A solução para um crescimento industrial efetivo dificilmente será encontrada no sindicalismo, mas em uma administração esclarecida, que torna a mão de obra parte de seu esforço criativo e recompensa cada trabalhador em termos individuais, além de permitir que todos os colaboradores da organização participem dos lucros e dos resultados. Quando esse nível de esclarecimento industrial for finalmente alcançado, haverá a união dos operários com a administração porque seus objetivos serão os mesmos e cada pessoa ali terá sua responsabilidade criativa por seu trabalho.

Produtividade

O talento criativo demanda produção. O desalojamento do ego em favor da orientação fornecida pelo Eu Secreto resulta em sermos levados a realizar tarefas que até esse momento teríamos considerado impossíveis. Nenhuma montanha é alta demais, nenhum deserto é extenso demais. A alma criativa em sintonia com o Divino trabalha e produz continuamente. Nas palavras de Thomas Carlyle: "Até nas espécies mais irrisórias de trabalho, a alma inteira do homem se constitui em uma espécie de verdadeira harmonia no instante em que se põe a trabalhar. Produza! Mesmo que seja a fração mais infinitesimal, mais lamentável, de um produto, produza, em nome de Deus".

Em geral, somos por demais inibidos e reprimidos para conseguir expressar a personalidade que é singularmente nossa. A natureza controlada pelo ego sempre age de acordo com uma ideia de como as pessoas esperam que ela atue. Como ela não se conhece, não sabe como se sente de verdade, mas adota sentimentos das metas desejadas em vez dos que compõem sua individualidade inata. As pessoas que tudo suportam para ganhar dinheiro são um exemplo clássico de repressão e inibição. Menosprezam os inferiores e bajulam os superiores. Diante da subsequente distorção dos valores morais, reprimem tão completamente o Eu Secreto que lhes é impossível ser criativas ou espontâneas em qualquer área de atividade. Ganhar dinheiro não é um objetivo de vida. Ir em busca do deus Mamon só traz resultados fatais. As realizações, no entanto, são um dos objetivos básicos da vida e em geral resultam em sucesso financeiro. Ser o que somos naturalmente e viver e agir como fomos naturalmente criados deveria ser o objetivo básico de todos nós. Fomos colocados aqui na Terra por um poder maior que nós; fomos manifestados nesta forma particular a fim de refletir como humanidade uma imagem do Divino. Não podemos refletir essa imagem, nem fazer o trabalho que é natural para nós porque fomos reprimidos ao sediar nossa consciência na natureza egocêntrica.

A espontaneidade é o segredo de fazer as coisas bem. Agimos de acordo com a totalidade da nossa natureza quando fazemos as coisas *sentindo* em vez de pensando. A razão também tem valor, mas serve a um mundo limitado e a um conhecimento limitado. Quando agimos apenas de acordo com a razão, levamos em conta os fatos mais simples à nossa disposição, mas quando agimos de modo instintivo e intuitivo somos instrumentos do Eu Secreto e, na base de nossas ações, estão todo o conhecimento, toda a inteligência e todo o poder. Quando a pessoa é espontânea em suas ações e seus pensamentos, está sendo quem é; quando está sendo quem é, você é cem vezes mais eficiente, mais alegre e mais criativo do que quando organiza a própria vida de acordo com os objetivos da mente superficial. A pessoa com intenções e controle centrados na consciência suprime seu talento na medida em que está suprimindo a ação do Divino em seu interior. O talento nunca é exibido pelo ego ou pela mente consciente, e a pessoa cuja vida é centrada nesses níveis nunca pode ser criativa.

Entre no jogo

Deixe-se levar. Livre-se das inibições e dos medos e seja quem é. Aprenda a pensar e a agir com naturalidade, espontaneamente. A harmonia e a simetria entrarão em sua vida e você descobrirá seu talento natural. A maioria das pessoas nunca descobre o próprio nicho simplesmente porque inibe o talento que possui. É preciso coragem para se expor e fazer o que é natural. É muito mais fácil ficar assistindo, ver alguém agir e então criticar. Atletas de fim de semana são sempre bons de garganta e, no mundo artístico, é sabido que os críticos são artistas frustrados.

O escritor estadunidense Fulton Oursler deu o seguinte depoimento:

> Certa noite de inverno, há muito tempo, quando eu tinha 20 anos no máximo, estava na minha máquina de escrever, trabalhando na sala da redação do *Baltimore American*. Um assistente me disse para ir à sala do gerente editorial, um sujeito careca que lembrava uma morsa

> de bigodes brancos enormes, com um senso de humor perverso, que me perguntou se eu tocava piano. Eu disse que não. "E violino?". Respondi que também não. "Você canta?", "Não, senhor". "Então vá para o teatro Lyric e cubra o concerto. Nosso crítico de música acaba de morrer. A vaga é sua".

Se retrospectiva fosse previsão, todos seríamos reis. Custa pouca imaginação e absolutamente nenhuma iniciativa reconhecer os erros das pessoas com coragem de tentar alguma coisa quando o resultado é incerto. O talento criativo contém o elemento do mais intenso risco pessoal. Antes de podermos nos tornar um veículo adequado, devemos nos equilibrar simbolicamente na beira do abismo, usando a ponta dos dedos, suspensos entre a vida e a morte. Quando posicionamos a consciência dessa maneira para que tenha ciência dos elementos básicos da vida, não ficamos mais confusos quanto aos propósitos do Eu Secreto e nos tornamos capazes de enxergar rapidamente o que está por trás das maquinações e dos subterfúgios de pensamentos e atos egocêntricos, sempre agindo então como instrumento do Divino. Uma profunda indiferença pela opinião dos outros, coexistindo com o reconhecimento de uma ligação espiritual comum, desperta em nós a personalidade verdadeira e singular que nos permite levar uma vida em que expressamos aquela faceta particular do Supremo que melhor se manifesta através de nós. Desse modo, descobrimos nosso talento. Pode ser no campo das artes, das ciências, nos negócios, na guerra ou na política, mas onde quer que encontremos nosso nicho devemos nos ajustar a ele como a luva se ajusta na mão, como se o nicho e nós fôssemos feitos um para o outro. Assim, faremos o nosso trabalho de uma tal maneira que seremos completamente indistinguíveis dele.

A têmpera que vem do fogo

Todas as pessoas criativas devem passar por um processo de forjar sua têmpera durante o qual são sujeitas ao fogo e após o qual sua resistência fica maior. A vida não é uma coisa delicada que deve ser tratada com delicadeza. Olhe à sua volta e verá que a natureza escolhe seus protegidos, submetendo-os aos testes mais rigorosos. Das chamas dos conflitos nascem os valentes e são esses que levam adiante a bandeira da evolução. Quem se submete aos testes mais exigentes são, no fim, os melhores instrumentos para a efetivação dos propósitos do Eu Secreto. É por meio desses indivíduos que trabalhos poderosos são realizados; é deles que dependem os grandes acontecimentos. O músculo exercitado fica mais forte; a mente exercitada ganha discernimento; o coração posto à prova ganha coragem, mas nada destrói mais rápido que o mau uso. A repressão e a inibição são mais responsáveis por nos cingir com limitações do que quaisquer obstáculos que se interponham em nosso caminho.

Se fosse tão fácil fazer quanto falar, seríamos todos santos. Exorcizar da consciência o medo, a ansiedade e a hostilidade não é nada simples, e praticamente impossível enquanto o ego for o regente da natureza. Para que a vida individual seja natural, é necessário que seja vivida como uma extensão do Divino. A razão deve ser subordinada como princípio básico. A emoção deve ser subordinada como força diretriz. A ação e o pensamento devem se desenvolver de maneira espontânea e sem esforço, como resultado de a consciência ser colocada em posição de observação e não de origem.

O desenvolvimento do talento depende do despertar espiritual. As pessoas não despertas nascem com talento, mas, se continuam sem despertar durante a vida, são consumidas pela força que as possui porque são incapazes de expressá-la, e os lados opostos de sua natureza estão constantemente em pé de guerra um com o outro.

Faça o que você é

Durante a Segunda Guerra Mundial, Dale era fuzileiro naval e combateu em cinco missões com destacada bravura. Antes de se alistar, tinha estudado em uma escola de artes e seus primeiros trabalhos com tinta a óleo haviam se mostrado muito promissores. Os perigos e os desastres que enfrentou como soldado, porém, transformaram suas atitudes. Quando recebeu baixa, tomou a decisão de que queria bens materiais. Começou a trabalhar para isso e entrou em uma agência de propaganda para fazer os *layouts*. Ali foi gradualmente crescendo até se tornar diretor de arte, com um salário que lhe permitia viver com conforto. Mas não era nenhum pouco feliz. O cavalete e as tintas estavam esquecidos e suas idas noturnas aos bares tinham chegado a tal ponto que nunca mais ia para a cama sem estar bêbado. Não demorou muito para começar a beber de dia também, e as pessoas mais próximas viam claramente que o ressentimento que Dale guardava no peito era imenso.

Quando esse ressentimento por fim se manifestou como uma crise de artrite, o médico mandou que Dale ficasse de cama e foi quando ele teve tempo de pensar. Certo dia, um amigo dos tempos da escola de artes veio visitá-lo. Agora, esse homem estava vivendo de seus quadros. Olhando para a casa de Dale, viu que era um apartamento suntuoso.

— Você deve estar ganhando muito bem — ele comentou.

— É verdade — Dale respondeu. — Vinte mil por ano e todos os benefícios. Praticamente tudo o que eu quero. E você?

O amigo sorriu antes de responder: — Dou sorte quando consigo três mil por ano, e meu estúdio cabe em um canto deste apartamento.

— Então por que não desiste? — Dale perguntou. — Venha para a agência. Posso lhe dar um salário inicial de dez mil.

O amigo de Dale balançou a cabeça, recusando: — Não, obrigado. Estou feliz de viver assim.

— Feliz? — Dale repetiu.

— Sim.

— Bem feliz?

— Pode acreditar. E você?

— Difícil ser mais infeliz.

— Bom, então me parece que é você quem tem de mudar. Nem todo o dinheiro do mundo me deixaria preso em um trabalho que me faz infeliz. Você parou de pintar, não é? Não estou vendo cavalete nem telas por aqui.

Dale disse que tinha parado.

— Bom, então você parou, está de cama, tem muito dinheiro e está infeliz. Agora vou dizer uma coisa. Tem um estúdio vago ao lado do meu. Custa 30 dólares por mês de aluguel. Você sai do emprego, se muda para lá e começa a pintar de novo. Posso estar errado, mas a cura para o que aflige você é essa.

Depois que o amigo foi embora, Dale pensou na ideia. Naquele dia mesmo, comprou pincéis e tintas e recomeçou a pintar. No final daquela semana, estava bastante envolvido e as dores da artrite tinham sumido. Saiu do apartamento e foi para o estúdio. Desde então, está pintando e sorridente, feliz em seu macacão cheio de manchas de tinta.

— No ano passado, ganhei 2.500 dólares — ele disse —, o que é muito para um pintor, e mal deu para bancar as contas. Apesar disso, não me importei nenhum pouco. Tudo o que eu quero é pintar. Quando pinto, fico muito feliz porque é algo que faz parte de mim.

Criatividade e competitividade

Somerset Maugham disse que "dentro de certos limites, o artista pode fazer o que quiser da própria vida. Em outras ocupações, como a medicina ou a advocacia, você tem liberdade para escolher se vai entrar nessa área ou não, mas assim que escolhe não está mais livre. É limitado pelas regras da sua profissão, por um código de conduta que lhe é imposto. O padrão é predeterminado. Somente o artista é que pode criar seu próprio padrão".

Quando você entrega sua vida ao Eu Secreto, o canal que existe em você para melhor expressar o Divino é aberto e se desenvolve, expondo um talento singular. Abre-se uma direção para o crescimento em que você está perfeitamente livre. Isso tem pouco a ver com a posição social que você ocupa ou os grupos sociais aos quais pertence. Sua mente e seu talento se desenvolvem à revelia de associações materiais porque você os entregou ao Eu Secreto para que os utilize como melhor entender. Toda pessoa se sente mais satisfeita consigo mesma e mais realizada como membro da sociedade quando leva a vida de um artista, não necessariamente como pintor ou escritor, mas no sentido de que sua atitude diante de todas as coisas é criativa em vez de competitiva.

O mundo da competição é o mundo do desejo egocentrado, pois a competição busca a ascendência sobre os demais. A pessoa cuja paixão predominante é se provar melhor geralmente vê o mundo com olhos hostis e considera todos os demais um inimigo. Essa percepção limitada da natureza e do propósito da vida claramente destrói mais do que abençoa, pois a vitória sempre é temporária e a derrota está à espera de todos os que vivem em busca de superioridade. O ego nasce, desabrocha, fenece e morre, tanto quanto o corpo material, e o indivíduo cujas aspirações giram em torno dele devem percorrer um ciclo que leva enfim à derrota e à desintegração. Oh, o auge do ego é ótimo. Quem está em plena posse de todos os seus poderes pode se erguer no topo de sua montanha individual, bater no próprio peito e desafiar o mundo, mas o auge passa, e depressa. O sol da sua vida vai minguando e aquele auge do meio-dia se torna uma lembrança tênue diante das sombras longas do crepúsculo.

A fim de participar plenamente, em liberdade, de todas as coisas, precisamos adotar uma visão mais abrangente que percebe a majestosa progressão da evolução como a base de nossa atitude perante a vida. Podemos parecer competitivos quando participamos de coisas competitivas, mas não competimos por um desejo egocêntrico de ser melhor ou superior, mas somente como resultado de estarmos abertos agora a ser um veículo para a manifestação do Eu Secreto. Em todas as coisas somos usados, sem nunca sermos o usuário, e, por sabermos da nossa unidade básica com todas as pessoas, somos capazes de entrar em competições sem hostilidade, sem ganhos ou perdas. Somos capazes de considerar com equanimidade aqueles que nos vencem e aqueles que vencemos, pois ambos representam para nós a mesma pessoa imutável cuja manifestação sabemos que somos.

A rendição proporciona controle

A atitude verdadeiramente criativa é passiva, uma vez que é uma atitude que mais ouve do que ordena. Não obstante, aquilo que é moldado através de pessoas com ouvidos sintonizados com o Divino vem carregado com a energia mais vital imaginável, que ultrapassa em muito qualquer coisa que seja possível à força de vontade do ego. É a vontade do ego que acaba destroçando a pessoa, ao lançá-la constantemente contra obstáculos imóveis porque não são compreendidos. A força de vontade busca derrubar à força portas que seriam abertas com uma chave. As pessoas esclarecidas são talentosas porque são criativas, e essa criatividade é instilada nelas por um senso de união com todas as coisas. A oposição, com obstáculos e inimigos, só tem sentido para elas como indicadores de que lhes falta entendimento. Essas pessoas jamais buscam realizar algo batendo de frente com tudo, mas apenas tentando assimilar mental e espiritualmente o real significado de todas as coisas.

Meu mestre é o conquistador que tudo conhece
E que tudo vê, Mestre de compaixão infinita,
Foi meu instrutor
Ele é o mestre do mundo e também seu médico.

THERAGATHA

O barco da sua vida sofreu algum desastre por ter ficado encalhado em águas desconhecidas? Caso sim, a maior lição que você pode tirar disso está à sua disposição agora, pois seu barco nunca teria ficado nessa situação se o navegador certo estivesse calculando a rota. Seu eu superficial e sua natureza egocentrada têm manejado o leme, e a percepção limitada da mente superficial não teria como conhecer águas não mapeadas. Agora, seu barco está encalhado e a única maneira de soltá-lo é entregando o comando para o mestre que conhece bem essas águas. Render-se é o princípio por meio do qual é conquistado o controle final. O eu superficial mandão tenta continuamente comandar o espetáculo, e os lamentos sedutores do "eu, eu, eu" podem facilmente iludir todo o campo da consciência a levar uma vida limitada e ter um conhecimento limitado, mas, quando a pessoa sofre dores e dificuldades suficientes, o verniz endurecido do ego racha e por essa brecha entra luz suficiente para iluminar tudo por um instante surpreendente de conscientização. Então, a pessoa sabe que sua vida e ela mesma estão nas mãos de algo maior do que ela, e que sua identidade com a mente superficial sempre foi uma ilusão da qual está livre nesse momento de iluminação.

As pessoas criativas nos impressionam com a riqueza de suas possibilidades. São como árvores que deixam cair no chão seus frutos maduros, e raramente estamos perto delas sem nos beneficiar de alguma maneira. A conduta das pessoas criativas tem um aspecto de abundância como se tivessem alguma ligação mística com a cornucópia da fartura, não necessariamente de coisas materiais, mas fartura de ideias e possibilidades que conferem um quê de universal a tudo o que fazem. Uma coisa boa é eficiente e fértil. Cresce e se propaga, abrindo espaço para existir. Começa a existir em decorrência de um impulso criativo irresistível por parte da mente universal e o veículo de sua manifestação sempre é a pessoa com uma postura artística diante da vida. Nas palavras de Ralph Waldo Emerson: "O verdadeiro artista tem o planeta como seu pedestal". Essa pessoa enxerga as possibilidades inerentes em todas as coisas; são os descobridores no universo e os intérpretes de seus semelhantes menos esclarecidos.

Como libertar seu talento

Toda pessoa, por algum tipo de ligação secreta, está conectada com um aspecto particular da vida. Quando nos livramos da repressão, das limitações e das inibições que nos são impostas pela educação e pelos treinamentos, conseguimos expor essa preferência subconsciente e, por meio dela, entrar em sintonia com o talento criativo que existe naturalmente em nós. Esse talento contém possibilidades ilimitadas de manifestação. Não é preciso que haja uma conexão com a assim chamada arte, e pode ser algo tão simples quanto o talento para a bondade ou o amor. Pode ser o talento para discursar, para persuadir, para ensinar, para pesquisar, para estudar. Pode se exibir na ciência ou nos negócios, mas onde quer que se manifeste comprovará visivelmente ser muito superior às aptidões das pessoas exclusivamente guiadas por metas competitivas e desejos egocentrados. Esse talento procede de uma fonte inesgotável e é superior a nós como pessoas, parecendo mais se servir de nós do que nós dele. Nosso eu mortal comum viverá com nosso talento em um estado constante de deleite e surpresa. Saberemos que algo acima e além de nós nos visitou, e o tempo todo lhe dispensaremos o mais amoroso cuidado, seguindo-o, obedecendo a ele e nunca lhe dando ordens.

A maior de todas as frustrações que pode ocorrer na vida de uma pessoa é seu talento inerente não se desenvolver. Esse fracasso só ocorre quando o ego controla a natureza, restringindo o crescimento individual na direção pretendida.

A torrente de energia criativa que existe em todo ser humano, ao se tornar represada, implica os mais graves perigos. Sentimentos de ressentimento, amargura, ódio e hostilidade são os desequilíbrios emocionais que resultam de uma natureza criativa frustrada, e inevitavelmente têm sua contrapartida em enfermidades físicas. Problemas cardíacos, doenças circulatórias, artrite, reumatismo, câncer, úlceras são todos sintomas psicossomáticos resultantes da energia criativa recolhida. Não só é imperativo que libertemos nosso talento a fim de nos sentirmos realizados como indivíduos, como também é importante que o libertemos para ter uma vida física vigorosa e um corpo saudável. Esses objetivos só podem ser alcançados derrubando nossas barreiras egocentradas e entregando nossa vida em mãos do Divino para que seja usada para aquele propósito que melhor corresponde à nossa natureza básica. Quando conseguimos fazer isso, tornamo-nos pessoas naturais, fundindo-nos com nossos afazeres e nosso trabalho de tal maneira que parecem uma extensão de nossas atividades e essas, uma extensão de nós. Atingimos um nível de eficiência em nossas ações que é diretamente proporcional à medida que entregamos nossa vida ao Eu Secreto. A manifestação que ocorre através de nós de uma ação e uma habilidade superiores não é do eu superficial, mas serve-se dele como instrumento para efetivar seus propósitos no mundo.

Sua estrela separa

No fundo, todos somos verdadeiros artistas, pois cada um, no seio da humanidade em contínuo crescimento, reflete uma imagem da mente e da inteligência única por trás da criação. Conforme seguimos vida afora, vamos pintando um quadro desse domínio místico e oculto de onde viemos e para o qual um dia retornaremos. Quando partirmos, o quadro permanecerá, com nossa assinatura no canto. Essa é seguramente uma representação do que vimos, sentimos, ouvimos e tentamos comunicar, tanto quanto a do pintor, assinada e pendurada na parede da galeria. Em última análise, quem pode julgar qual visão é mais bela e válida? Se alguém vive a vida como artista, sua mão é guiada por outra vontade que não a sua, e o que está sendo moldado através de uma pessoa é por instrução do Divino, cujas pinceladas precisas vão gradualmente sendo acrescentadas ao quadro da eternidade e do infinito.

Descarte os laços egocentrados que prendem sua vida e permita que a luz do Eu Secreto se manifeste. Você se tornará um artista encarnado. Começará a se desenvolver em você um talento para o qual a totalidade de sua natureza pode ser entregue. Você começará a fazer o trabalho que só você pode fazer e que o tornará realizado como ser humano e como alma com aspirações. Você poderá seguir com alegria no rumo que seu coração tomar, com a certeza interior de estar agindo de acordo com a mais profunda motivação da vida.

Cada um pela alegria do trabalho,
E cada um, em sua estrela separada,
Desenhará a coisa como a vê,
Para o Deus das Coisas como elas são.

RUDYARD KIPLING

11
Como Usar Seu Sexto Sentido

Hoje, a existência do sexto sentido é um fato reconhecido. Aptidões suprassensoriais vêm sendo registradas através dos séculos, mas só recentemente em situações de laboratório. Agora, o sexto sentido está comprovado, de maneira irrevogável e inquestionável. Nessa denominação cabem todos os fenômenos paranormais, como transferência de pensamentos, clarividência e psicocinese, os quais a parapsicologia chama de PES, percepção extrassensorial. A compreensão intuitiva das circunstâncias por meio do sexto sentido, assim como seu alcance e escopo, é vastamente maior do que os outros cinco.

O mundo visto vagamente

Os órgãos sensoriais físicos nos revelam os indícios mais básicos do que efetivamente é encontrado no mundo material. Esses órgãos registram vibrações. Cada um dos sentidos registra um segmento mínimo do espectro total das vibrações. O registro dos cinco sentidos é apenas uma parte infinitesimal do espectro total. Um milhão de vezes mais aspectos de cada objeto que encontramos continua desconhecido depois de tudo o que nossos sentidos físicos nos revelaram. Vivemos em um mundo do qual recolhemos somente a mais vaga impressão; os objetos que vemos como sólidos não são absolutamente sólidos; são apenas invólucros de vibrações mais altas, e tudo o que existe está em um movimento e um fluxo constantes. A forma é tão somente o aprisionamento do movimento dentro de algumas dimensões; em última análise, todas as coisas são bem mais mentais do que físicas.

Agora que a ciência física conseguiu reduzir a menor partícula de matéria a nada e constatou que a substância básica é energia ou inteligência, até mesmo o pesquisador mais materialista viu-se forçado a aceitar a conclusão inevitável de que todas as coisas são basicamente ideias e que a forma que apresentam é um conceito de alguma inteligência universal. É por meio dessa inteligência universal que descobrimos o sexto sentido, que chegamos à iluminação espiritual. É a imersão do ego nessa inteligência que traz salvação para o indivíduo, permitindo que leve a vida em um estado de sintonia e harmonia. O ato psicológico de calar o pequeno eu e chegar ao eu maior é aquilo a que os grandes místicos se referem quando falam de alcançar o "momento da verdade".

Existe uma mente, vasta e grandiosa, que é responsável pela construção do universo, que é o universo em si em um sentido muito real, e essa inteligência infinita e eterna cria somente a partir de sua própria substância, e tudo o que cria é inerentemente ela mesma, não algo diferente, exceto através da limitação que nos é imposta por se tornar parcial e incompleta. Tudo na criação é uma manifestação da mente e da inteligência única que a tudo subjaz. Portanto, toda pessoa traz em si uma supermente, livre de limitações e restrições, e essa mente, atuando antes do nível da inteligência consciente, é capaz de prover uma orientação absoluta e confiável em todas as coisas porque compreende e percebe todas as coisas.

Momentos de iluminação

A mente universal é uma manifestação do Eu Secreto, daquela vontade divina que inexoravelmente conduz a humanidade no caminho da evolução. A mente superficial e o ego são produtos dos cinco sentidos, resultam daquele conhecimento que adquirimos ao longo da nossa existência e, como são fruto de um conhecimento limitado e de uma experiência parcial, são o mais precário dos veículos para conduzir as ações. A eficiência absoluta chega para quem mergulha o ego na mente universal e permite que o Eu Secreto dirija sua vida. Seu posicionamento psicológico é o do ouvinte; sua mente interior e seu coração estão em sintonia com a consciência mais ampla, com uma noção maior de ser; impressões, conhecimentos e ímpetos intuitivos vêm a essa pessoa desde essa fonte, com uma autoridade maior do que tudo o que possam ter recebido dos órgãos dos sentidos.

O poeta e místico inglês Francis Thompson escreveu: "Para sempre e sem cessar, as trombetas soam nos baluartes ocultos da eternidade". E para cada um de nós, conforme seguimos vida afora, chega o momento, por mais fugaz, em que surge uma brecha na parede dura da consciência e por essa fresta enxergamos, ainda que brevemente, alguns filamentos da luz eterna e do conhecimento infinito. Nesse momento, realmente possuímos um sexto sentido. Acontece algo paranormal, algum exemplo do conhecimento intuitivo, e lemos os pensamentos de outras pessoas ou vemos coisas distantes e entendemos eventos que estão por vir. Essa experiência nos deixa abalados. Por um momento, esquecemo-nos de nossa absorção no mundo material. Começamos a enxergar possibilidades assombrosas na mente e na consciência. Ficamos convencidos de que, ao lidar com coisas materiais, lidamos com resultados e não com causas. Sabemos que todas as causas existem na mente. Começamos a perceber possibilidades infinitas, escopos enormes, nuances sutis, que permaneceram ocultas pelas limitações da consciência. Essa compreensão pode vir a nós em um acontecimento pequeno ou grande. Pode resultar de algo simples como a súbita captação dos pensamentos de outra pessoa. Uma luz brilha em nós e de repente sabemos de um acontecimento iminente. Talvez um sonho se realize ou um ente querido se materialize e nos diga como agir em certa situação. De todo modo, fenômenos intuitivos acontecem com todas as pessoas. O jogador com os dados na mão, suplicando à deusa da fortuna que o favoreça na próxima jogada nem sempre invoca a dama da sorte em vão. Às vezes, abre-se um canal entre a pessoa e a inteligência onipotente, e os dados repetem números mágicos com tanta frequência que as possibilidades matemáticas se tornam um absurdo.

Intuição e razão

A intuição é muito mais confiável do que a razão, pois a razão traça seu curso tendo um acesso limitado aos fatos, ao passo que a intuição tem à sua imediata disposição todo o conhecimento que existiu, existe e sempre existirá. Contudo, usar o sexto sentido não é só uma simples questão de confiar a própria vida ao que se sente. Nada poderia estar mais longe da verdade. As emoções são como cavalos selvagens, em fuga com o habitante do corpo, e as pessoas que são regidas pelas emoções estão nas garras de algo pior do que conhecimentos limitados, pois se tornaram o instrumento cego de medos, ódios e invejas do ego. Essa vida é a história de um idiota, desprovida de projeto. A razão pode controlar as emoções e é um guia muito melhor, mas é limitada em termos de eficiência e conhecimento. Quando obteve supremacia suficiente sobre a natureza emocional, pôde se subordinar em segurança ao direcionamento da intuição. Desse modo, a vida como um todo alcança o nível da competência e da sintonia.

Charles Steinmetz, célebre engenheiro da companhia General Electric, escreveu: "Um dia, as pessoas irão saber que as coisas materiais não trazem felicidade e têm pouca utilidade quando se trata de tornar homens e mulheres criativos e poderosos. Nesse dia, os cientistas do mundo todo usarão seu laboratório para estudar Deus, as orações e as forças espirituais que até aqui mal têm sido consideradas. Quando esse dia chegar, o mundo verá mais avanços em uma única geração do que teve nos últimos quatro".

A razão nos permite lidar de modo eficiente com nosso ambiente imediato, mas somente no âmbito das informações disponíveis aos cinco sentidos. A razão nos diz que podemos sair sem casaco em um dia de sol, mas a tempestade que está se formando no horizonte está fora do alcance da razão e, quando começa a chover mais tarde, a razão se provou errada. Devemos confiar na consciência mais abrangente que há no fundo de cada um de nós antes que nossos atos possam ser dirigidos com um conhecimento de todos os fatores. A razão é uma ferramenta e a lógica é um método efetivo para se pensar, mas ambas são apenas meios e inclusive não mais confiáveis do que as informações que contêm. Aos olhos do mundo, as pessoas intuitivas costumam agir de maneira ilógica, pois seus atos se baseiam em um conhecimento secreto, oculto da mente mais lógica. As pessoas que se baseiam na razão têm dificuldade para discernir entre quem é comandado pelas emoções e quem é guiado pela intuição. Para elas, esses dois tipos de pessoa não são razoáveis. Os que se pautam pela razão acham que os emotivos nunca estão certos e atribuem corretamente esse fato aos pontos cegos psíquicos dessas pessoas. Já os que se guiam pela intuição lhes parecem agir à margem da razão, mas com um sucesso contínuo, que é atribuído mais à sorte do que a algum meio efetivo de lidar com o mundo. Diante disso, a pessoa que privilegia a razão é quase tão cega quanto a emotiva na medida em que fecha os olhos para as possibilidades do saber intuitivo.

Lógica e ciência

A abordagem científica à solução de problemas segue do efeito à causa. O conhecimento de um determinado problema está contido nos fatos observáveis no efeito sob investigação. O efeito é o campo do esforço e a lógica é o método por meio do qual a ciência trabalha do efeito para a causa que o provocou. Esse procedimento passou por avanços notáveis, mas em sua maior parte ativeram-se aos fatos conhecidos. De vez em quando, um pensador criativo junta-se ao exército dos laboratórios e uma intuição luminosa rende anos de experimentos metódicos. Albert Einstein disse que sua teoria da relatividade lhe fora revelada em um momento de inspiração e que a simplicidade de sua fórmula matemática final – E = MC2 – não poderia ter ficado fora do alcance de um sem-número de pesquisadores a menos que seu significado estivesse além do escopo de consciência de todos eles. Toda a ciência e toda a matemática, no fim das contas, são filosóficas, pois tentam desvendar os mistérios do universo e o segredo da vida, e representam o esforço da humanidade nos limites de sua percepção consciente para expandir incessantemente essa conscientização.

Reconhecer que existe em nós uma mente que sabe as respostas a todos os nossos problemas é o primeiro passo para adquirirmos o uso do infalível sexto sentido. Não é necessário encontrar uma solução no mundo material. A bem da verdade, a solução nunca pode ser encontrada aí. O segredo está dentro de nós e não precisamos ir além do nosso próprio quarto para encontrar cada resposta. Existe um enorme conforto em descobrir em si mesmo uma mente eterna e infinita que tem resposta para cada problema, e se dar conta de que a solução para toda situação desafiadora pode ser encontrada simplesmente buscando na própria alma. Mas, se não estivermos em suficiente sintonia com a vida, podemos achar extremamente difícil comungar com nossa natureza interior mais profunda, e até mesmo ficarmos neuróticos com a ruptura da ligação psíquica com nosso criador. Quando contemplamos as fronteiras da nossa alma, vemos corredores sem rastros que se estendem rumo ao infinito e nos deixam apavorados com o tamanho do vazio. Amedrontados, buscamos prontamente regressar à segurança instável da nossa existência material. É preciso coragem para olhar para as muitas faces do Eu Secreto. O Divino não reside apenas na beleza, no conforto, no amor e na harmonia, mas também na feiura, no dissabor, no ódio, na discórdia. O Eu Secreto atinge seu propósito em todas as áreas de esforço pelo conflito de opostos e, antes de sermos capazes de viver como seres humanos maduros, devemos aceitar todos os lados da vida como partes de um plano absolutamente seguro e perfeito para a realização dos propósitos do Divino.

Noção de Deus

O sexto sentido é uma noção de Deus, uma identificação, ainda que fugaz, com o Eu Secreto, que nos permite, naquele momento, perceber o futuro, o passado e o presente em uma imagem instantânea que contém todo o espaço e todo o tempo dentro dos limites da nossa própria consciência. Essa percepção, quando constante, torna todas as nossas ações infalíveis, e o propósito da evolução deve estar justamente nesse objetivo. O princípio dessa espécie de desenvolvimento já é perceptível na vida de muitas pessoas. As que usam o tabuleiro Ouija, a vareta divinatória, a bola de cristal e a astrologia sempre viveram entre nós desde os primórdios da história escrita. Esses fenômenos indicam definitivamente que a humanidade reconhece o poder da intuição, o sexto sentido. A faculdade paranormal da mente foi amplamente ignorada ao longo do século passado de conquistas materiais, mas agora que as luzes da ciência foram lançadas sobre tais fenômenos parece inevitável que, nos próximos anos, progressos mentais e espirituais ganhem mais destaque do que as conquistas materiais.

É necessário um novo conceito, uma nova abordagem, antes que as pesquisas da paranormalidade tragam resultados. Os métodos da ciência não demonstraram que são adaptáveis ao estudo de um mundo invisível. Com microscópios e telescópios, a ciência expandiu incrivelmente a nossa visão, mas no domínio do microcosmo, depois de desintegrar o átomo, não achou nada; no macrocosmo, detectou galáxias distantes movendo-se na velocidade da luz em um espaço que nem deveria existir. Em última análise, as pesquisas da matéria têm um ponto em comum: o desaparecimento da individualidade na unidade, em um mundo em que o espaço, o tempo e a separação não existem. Esse mundo não é capaz de ser representado por objetos ou coisas materiais, uma vez que é basicamente mental e não sujeito a verificações de instrumentos físicos.

Agora, as pesquisas no campo da parapsicologia provaram que é possível a uma mente comunicar-se com outra sem nenhum meio orgânico conhecido, o que tem sido rotulado de *telepatia*. Também foi comprovado que a mente humana pode atingir o conhecimento de fatos vindouros e isso foi chamado de *precognição*. Foi igualmente provado que a mente humana pode ver à distância e isso se chama *clarividência*. E foi comprovado que a mente humana pode influir no comportamento de objetos, ou *psicocinese*. Todos esses poderes mentais, por menos entendidos ou minimamente percebidos que sejam, quando reunidos, indicam a existência de uma área absolutamente inexplorada de possibilidades vastas e quase inimagináveis que um dia irão libertar a humanidade de sua servidão à carne. Sobretudo, o que indicam é uma próxima revolução nos conceitos básicos da vida.

O mar da consciência

A ciência sempre investigou um mundo de multiplicidades, tentando definir relações físicas entre coisas. Como animal, o ser humano existe em um mundo de ações e reações, mas, como ser mental, ele existe em um mundo que não parece ter divisões, sem espaço e tempo, pois é inerente à sua constituição mental a capacidade de transcender essas dimensões. Nenhuma pessoa esclarecida pode questionar as pesquisas do dr. J. B. Rhine e do matemático inglês dr. S. G. Soal no campo da parapsicologia. Dos resultados desses estudos, a única conclusão possível é esta: não existem muitas mentes individuais neste mundo, mas uma única mente e essa é infinita e eterna, sustentáculo e origem de todos nós, a mais verdadeira essência de tudo o que cada um de nós é, assim como cada um em sua mais verdadeira essência é a totalidade dessa mente. Bem, se cada um de nós existe em um mar de consciência, e a consciência em nós está em tudo o mais e em todas as outras pessoas, torna-se possível entender com que estamos lidando quando tratamos da percepção extrassensorial.

Foi dito que a inteligência humana é como um *iceberg*: um terço visível na superfície e dois terços abaixo, mas a parapsicologia revela a relação entre a inteligência consciente e a inconsciente como uma parte de um milhão. Além disso, a mente subconsciente universal não exibe necessidade de ser educada durante a existência do indivíduo, fornecendo um direcionamento eterno e infinito porque existe desde o início do tempo. Todo conhecimento está contido nela e a inteligência reduzida, "ensinada" e adquirida pela mente consciente é a luz mais diminuta possível quando comparada à iluminação que é conhecida quando a vida individual foi entregue ao direcionamento do Eu Secreto. Mil vezes mais conscientização a pessoa obtém pela iluminação da mente universal do que se esforçando no mundo das coisas materiais. Assim que o Eu Secreto foi plenamente exposto à humanidade, o ciclo educacional, que hoje ocupa dezesseis anos da vida dos jovens, será concluído em semanas ou mesmo dias. Quando os aspectos poderosos e penetrantes da mente universal se tornarem um conhecimento suficientemente comum a ser ensinado nas escolas, as pontes e os edifícios que hoje levam alguns meses para ser construídos serão erguidos da noite para o dia.

Não existe uma só partícula de matéria que não possua inteligência consciente, por mais reduzida ou restrita que seja pela forma na qual se encontra. Todas as coisas existem pela graça do Eu Secreto, inato em cada um e que se tornou cada um como parte de um plano geral. A ânsia de autoconhecimento que existe no cerne de cada criatura é o impulso para descobrir na parcialidade a mesma noção de autoconsciência e alegria de expressão que sentiu em seu estado completo e inteiro. Desenvolver o sexto sentido é aprender a usar a mente universal, é cessar de viver como natureza separada e egocentrada e entregar a vida toda a uma consciência mais ampla e abrangente do que é possível ao eu superficial.

Passos para o despertar espiritual

O uso consistente do sexto sentido depende do despertar espiritual, depende de reconhecermos a ligação espiritual que nos une a todos os demais e a todas as coisas. Tirar o ego do trono e remover o foco da nossa consciência, instalado no eu superficial, é o que nos permitirá atingir um estado de consciência ampliada que emana diretamente de nossa identificação com a única mente e com a única vida que verdadeiramente habitam todos os corpos. Quando atingimos esse estado de iluminação, um mundo se abre para que o exploremos. Os efeitos secundários assumem um significado secundário. Vemos que as coisas se originam em um plano invisível, que todas as causas são mentais e procedem de ideias e de nossas visualizações. Começamos a enxergar que as coisas materiais não são realmente fatos sólidos em absoluto, mas manifestações reveladas apenas parcialmente de conceitos mentais. Começamos a ver que essa mudança é possível por meio de nossa identificação completa com a coisa; que, tão logo alcancemos essa consciência ampliada, podemos mudar a coisa simplesmente mudando nossa ideia dela porque a mesma mente que está em nós está na coisa. Nada é impossível a quem dentre nós rompe em sua consciência os laços do ego. Assim que nos desvencilhamos do eu superficial, nos é revelado um mundo contido apenas pela eternidade e pelo infinito. Podemos nos tornar o que quer que desejemos, podemos realizar tudo o que desejarmos, pois, em um sentido muito real, todos os acontecimentos e todas as coisas têm sua existência em nós. Alcançar esse estado de despertar espiritual é a meta; chegar a esse estado de alegria, bem-aventurança e efetividade completa é, sem sombra de dúvida, o mais valioso e gratificante auge da vida.

Os mesmos passos que levam à iluminação espiritual são os que permitem à pessoa dominar o sexto sentido. São em número de quatro. Esses são passos infalíveis para chegar à iluminação espiritual, e as pessoas que os colocam em prática não só despertam o sexto sentido como obtêm a expansão de consciência que lhes permite levar uma vida feliz e eficiente. Os quatro passos são: (1) consagração, (2) rendição, (3) sacrifício, (4) amor. Consagração significa a pessoa concentrar o foco da totalidade de seus esforços mentais e espirituais na descoberta do Eu Secreto. Rendição significa entregar de todo coração as ações e os objetivos nas mãos do Divino. Sacrifício quer dizer sujeitar o ego deliberada e continuamente à vontade e aos propósitos do Eu Secreto. Amor significa ansiar pela unidade, pelo retorno a um estado de totalidade e união. Se esses quatro passos sacramentais são dados incessantemente, desenvolve-se a consciência ampliada em que o sexto sentido é uma parte essencial da vida. Dado o primeiro, os demais seguirão. Com a mente e o ser dedicados a uma busca pela consciência ampliada, a vida será inevitavelmente transformada; um senso de intimidade despontará na consciência e a pessoa encontrará os recursos com os quais entregará ao Divino suas metas e aspirações.

Somos feitos de magia

Tão logo tenha ocorrido o despojamento do ego, a iluminação está próxima. Agora, torna-se simples e natural o sacrifício por meio do qual o ego é subjugado e assim mantido. Os pequenos desejos egocentrados são diariamente abandonados em favor daquela busca abrangente pela união a que agora o indivíduo está plenamente consagrado. O ego não deixa de existir, longe disso, e, em algumas áreas, parece tão vigoroso quanto antes, mas agora se reconhece apenas como instrumento e não como criador, capitão ou mestre. O ego realiza tarefas e se ocupa de seu trabalho sob o impulso e a orientação de uma vontade e um poder totalmente além e indizivelmente mais poderosos do que si mesmo. Passamos então por uma experiência da união da qual fomos originados, o retorno experiencial a uma fonte de felicidade, bem-aventurança e poder absolutos. Entramos no Eu Secreto e o Eu Secreto entra em nós. Essa penetração recíproca, essa fusão, é a união chamada amor. Quando acontece em nossa consciência, começamos a despontar como uma pessoa eficiente e iluminada. Agora, entendemos que não somos somente carne e osso, ou cérebro, mas seres construídos de uma essência invisível que só pode ser chamada de magia.

O filósofo e linguista Jean Gebser disse:

> A telepatia, o transe, a precognição, a telecinese, levitações, a personalidade dual e muitos outros fenômenos paranormais estão baseados na estrutura mágica do homem. Os chamados fenômenos paranormais não são paranormais em absoluto, mas, fundamentalmente, naturais. Sem certos poderes telepáticos, sem alguns traços da estrutura mágica, sem um mínimo de antevisão interior (ou poder de precognição), o sono e um pouco de intuição, ninguém poderia viver mais um dia. E todos esses poderes derivam principalmente da estrutura mágica da nossa consciência.

Um uso eficiente do sexto sentido é alcançado pela pessoa que se deu conta da magia essencial da consciência humana. Essa pessoa não professa sua aliança com o mundo das coisas materiais, mas com o mundo das ideias, dos conceitos e dos pensamentos que ela sabe que preexistem e preordenam o mundo material.

As percepções do sexto sentido nunca são tão concretas quanto as dos cinco sentidos físicos e a razão para isso é óbvia. Nossos sentidos físicos são usados durante todas as horas em que estamos acordados enquanto o sexto sentido só o é raramente, se tanto. O sexto sentido atua em nós como uma sensação, não uma sensação baseada em emoções, mas como uma certeza interior quanto a que rumo tomar, quanto ao desenrolar de eventos futuros. A razão não é inteiramente recusada, assim como a lógica ou o conhecimento, mas todos esses tornam-se subordinados à intuição e só são utilizados para trazer à consciência todos os aspectos de um problema que precisa ser solucionado. A intuição desenvolve a solução, que irrompe na consciência do indivíduo como uma certeza profunda que pode talvez conter uma manifestação visual, uma manifestação auditiva, ou ambas. A pessoa pode arrolar todos os elementos do problema que tem pela frente. Pode enfrentá-lo com a razão e a lógica, mas não chegará a uma conclusão de imediato. Vai delegar o problema para o subconsciente para um período de resolução, confiante de que a solução correta lhe será apresentada.

Fronteiras da mente

Quando iluminados, não descartamos uma parte da nossa natureza para usar outra, mas usamos todas, o tempo todo, em todos os lugares, em tudo o que fazemos. A razão, a lógica e a intuição tornam-se uma única ferramenta para enfrentarmos a vida. O sexto sentido se integra aos outros cinco sentidos materiais a fim de fornecer para a nossa consciência uma impressão constante tanto do mundo interno como do externo. Uma vez que existimos em todos os níveis de consciência possíveis, somos capazes de perceber a verdadeira natureza de coisas e acontecimentos e, portanto, direcionar nossas ações como cabe. Não nos opomos aos acontecimentos porque vemos sua direção inevitável e assumimos nossos afazeres dentro do fluxo contínuo da história como se a estivéssemos dirigindo, quando, de fato, estamos desempenhando o papel que melhor corresponde a nós nesse processo. O sexto sentido nos traz impressões e convicções que são impossíveis de se atribuir à memória ou à experiência. Somos levados a uma convicção pela fonte inesgotável da mente universal e, por fim, acabamos tão receptivos a essa sensação quanto aos sentidos da visão, do tato e da audição.

Temos o seguinte relato do poeta irlandês George Russell:

> Certa vez, durante um intervalo ocioso no trabalho, estava sentado com o rosto entre as mãos e, naquela obscuridade, algumas imagens indistintas começaram a saltitar na minha cabeça. Vi uma pequena loja escura, um balcão diante de mim e, atrás desse balcão, um homem idoso remexia papéis. Era tão velho que seus movimentos tinham perdido velocidade e precisão. No fundo da loja estava uma moça ruiva, de olhos cinzentos e observadores, mirando atentamente aquele senhor. Vi que, para entrar na loja, a pessoa devia descer dois degraus, saindo da calçada de pedras do lado de fora. Quando contei essa visão para o meu colega de trabalho, um rapaz, que estava escrevendo uma carta, ele disse que o que eu tinha visto era a loja do seu pai. Tudo o que eu tinha imaginado não eram minhas imagens de verdade, pois, enquanto minha mente tinha ficado desocupada, meu colega estava pensando em sua casa, e sua cabeça estava tomada por uma rápida sucessão de lembranças que tinham invadido a minha mente. Quando falei com ele, descobri a origem das imagens. Mas quantos milhares de vezes somos invadidos por imagens assim e não especulamos a respeito?

As fronteiras da mente e do pensamento mal foram desvendadas. À espera da busca humana por conhecimento está a mais empolgante e inexplorada de todas as áreas: a consciência, a mente, o ser, a mentalidade humana. Nossa vida se desenvolve a partir das imagens das coisas que preocupam nossa mente. Se estamos preocupados com porcas e parafusos, adquirimos uma mentalidade de porcas e parafusos. Sermos absorvidos por essa fatia infinitesimal da existência nos impede de perceber as tremendas possibilidades de outras dimensões espirituais e mentais. Se, em vez disso, nos aproximássemos de nossos afazeres como de um altar, poderíamos transformar nosso trabalho em um sacramento, por mais mental que seja. Quando colocamos a intuição para funcionar a nosso favor e nos aliamos à nossa consciência no esforço de buscar desenvolver o sexto sentido, temos grandes chances não só de aumentar nossa eficiência e nosso poder, mas também de crescer como almas humanas em busca do máximo.

Nada na vida é resolvido simplesmente pelos fatos. Os fatos gritam na nossa frente porque têm apelo para a mente consciente, mas os fatos que o conhecimento humano coletou até o momento são somente mínimas representações da soma total de conhecimento da mente universal. As pessoas racionais e lógicas, que se orgulham de agir com base apenas em fatos conhecidos, não são assim tão racionais quanto dizem ser. Na verdade, no mais das vezes, são levadas por conclusões equivocadas em lugar de conclusões verdadeiras, e não porque não empreguem a razão, a lógica e o conhecimento, mas porque estes são insuficientes e só dão conta de uma porção da existência, não de toda ela.

Você saberá qual é o propósito oculto

Todos nós temos um trabalho, um "osso duro de roer"; no âmbito circunscrito de nossos afazeres, surgem constantemente problemas que somos chamados a resolver e de cuja solução depende a nossa vida. Aplicar o sexto sentido na resolução desses problemas é possível a todos nós, independentemente de quanto sejamos obcecados com o mundo material. Mesmo que não estejamos dedicados a alcançar a iluminação espiritual, a entregar a vida nas mãos do Divino para receber orientação, a não subordinar o ego pelo sacrifício, a não encontrar em nós o anseio pela união com o Eu Secreto, ainda assim não estamos além da salvação proporcionada pela intuição. Quando está encerrado o período de enfrentamento consciente de um problema, depois de termos considerado todos os elementos, colocando cada um diante dos outros, pesando cada um, calculando e tabulando todos eles, então poderemos visualizar na mente um computador secreto que vamos alimentar com todos os dados que compõem o problema e que nos fornecerá uma resposta precisa e verdadeira. Todas as pessoas, qualquer que seja o nível de iluminação espiritual, podem se beneficiar dessa visualização. Quando seu problema pesa na sua vida e você já sabe tudo o que é possível a esse respeito, esqueça-se dele completamente. Visualize seu computador secreto e alimente esse dispositivo com todos os elementos do problema. Veja como vão sendo introduzidos um a um nessa ferramenta até que o problema inteiro tenha saído de suas mãos. Tenha a mais profunda certeza de que isso será resolvido e de que não precisará fazer mais nada além de pôr a solução em prática quando ela lhe for apresentada. Não tenha medo; a solução virá. Pode ser na manhã do dia seguinte, ou talvez de tarde, ou pode ser que só na semana que vem, mas a solução iluminará sua consciência e você saberá com a máxima certeza que a resposta certa chegou. Assim que tiver vivido essa experiência altamente significativa, a razão, a lógica e o conhecimento terão sido destituídos do papel de ativadores principais do pensamento e da ação na sua vida, e no lugar deles será instituída a faculdade da intuição, que transcende e transfigura todas as situações e todas as circunstâncias porque é infinita, eterna e se comunica conosco pelo sexto sentido.

12

A Atitude Mental que Nunca Falha

A ESPADA DE DÂMOCLES ESTÁ SUSPENSA SOBRE A CABEÇA da maioria das pessoas. Essas caíram na armadilha psicológica de criar problemas tentando resolvê-los, preocupando-se porque se preocupam de temer o medo. Nossa psique tem a caprichosa qualidade de nos negar cada objeto que tentamos capturar. Nosso pensar e nosso agir equivocados, nossa natureza egocentrada nos fazem ir atrás de coisas que são desejos em vão. Agindo e pensando no lugar pequeno da nossa natureza, nos levam à inevitável frustração de nossos propósitos.

Como garantir o sucesso

A atitude mental que garante o sucesso é aquela em que entregamos nosso trabalho e os resultados dele ao Divino, sem apegos nem desejos. Essa absolvição psicológica dos propósitos da visão parcial nos permite agir conforme uma vontade superior com perfeita equanimidade. Não sentiremos desânimo diante de caminhos repetitivos, não ficaremos amargos com aparentes derrotas, não vamos nos revoltar com obstáculos, porque sabemos que a finalidade das nossas ações está nas mãos de um ser onipotente que garante nosso desenvolvimento absoluto e nosso completo sucesso no final. A pessoa iluminada vê que os propósitos do Eu Secreto são os únicos propósitos verdadeiros. Ela os adota como seus e se reveste com o manto do Divino como seu ser mais profundo e verdadeiro. Todas as ações dessa pessoa têm um significado de longo alcance. Ela compreende que existe um propósito secreto na mais singela das tarefas e que o eventual resultado desse propósito está além do que a mente consciente percebe. Desenvolve-se nessa pessoa uma confiança inabalável, uma firme certeza quanto à vitória futura, que a torna irresistível e profícua em meio a todas as ações. Essa pessoa não pode ser vencida, pois a derrota só é possível a um ser limitado pelo espaço e pelo tempo, e ela fixou residência em um eu que é eterno e infinito. Essa pessoa enxerga que todas as coisas chegam a ela para seu próprio aperfeiçoamento interior, que vitória e derrota são apenas opostos de uma balança de sensibilidade que permite à alma e suas aspirações abdicar gradualmente de se fazer passar por um ego isolado e reconhecer sua união absoluta com o Divino.

Não perder a coragem nem desanimar diante de todos os reveses que vão surgindo é sempre um sinal de maturidade e iluminação. Essa fortaleza interior só é possível a alguém que se comprometeu com o desejo de ser melhor, conseguir mais, ter poder ou qualquer outra deficiência egocêntrica que caracteriza o indivíduo em guerra com seus semelhantes. A natureza vital e animal sempre almeja os frutos do seu trabalho e, quando esses lhe são negados, fica inconsolável, perde a fé, pode até desistir por completo. A pessoa que se limita à sua natureza animal também está limitada por um apetite constante pelos frutos do trabalho; por conseguinte, executa suas tarefas com a ilusão que a deixa cega para as possiblidades de sucesso. A busca egocêntrica do sucesso derrota a iniciativa em suas origens porque está baseada na falsa crença de que uma manifestação do Divino é inerentemente melhor do que outra e, portanto, mais merecedora de recompensas. Esse entendimento psicológico equivocado se baseia na parcialidade e enxerga no mundo uma multidão de coisas separadas que devem ser conquistadas e dominadas. O eu superficial separado nunca alcança o domínio de nada, nem de sua própria natureza. Não foi gerado por si mesmo, não consegue se poupar de ser esquecido mais adiante, seu crescimento e seu desenvolvimento são inteiramente reativos; todas as coisas estão fora do escopo de sua eficiência.

Guia eficaz para viver

Em quase todo mundo, no entanto, o eu superficial atinge a ilusão de que é efetivamente capaz de influenciar a vida. Como consequência, durante os anos em que seu corpo físico floresce, as pessoas são delimitadas mental e espiritualmente por uma ilusão a respeito de quem são, de onde vieram e de qual é sua relação com o mundo. Sua falta de eficiência na vida, seu fracasso no crescimento mental e espiritual, sua gradual dissolução no cinismo, no desencanto com o mundo material, raramente são atribuídos por elas a um ponto de vista psicologicamente equivocado, mas em geral elas acham que ainda não se "deram bem" porque não alcançaram o pináculo do sucesso material que projetaram na juventude. É ainda mais revelador o caso do egocentrado que atinge suas metas. Do alto da montanha que escala com tanto esforço, o que avista é um horizonte estéril. Quando chega ao ponto mais alto e de lá lança o olhar sobre o panorama desolado, sua alma é tomada pelo dragão do medo, e ela volta os olhos para a terra e nunca mais mira o céu.

Nossas cidades e nações são habitadas por pessoas que não suportam olhar para a própria alma porque nunca descobriram quem são de verdade. O infinito e a eternidade as deixam apavoradas pois encolhem o ego. O que é necessário, acima de tudo, é um guia eficaz para viver, um relacionamento humano entre nós e nossa fonte criadora, de tal sorte que cada qual seja capaz de enxergar com absoluta clareza e perfeita equanimidade que nossa vida não só faz parte de um plano divino para o desenvolvimento da consciência no universo, como também nós estamos mental e espiritualmente unidos ao espírito máster cujo campo de atuação é o mundo. Essa iluminação espiritual nos permite colocar nossa vida e nosso trabalho nas mãos do Divino com a absoluta certeza de que serão usados com o melhor dos propósitos. Assim que tivermos concluído o trabalho de nos livrar psicologicamente dos fardos de esforços e vitórias pessoais, nunca mais sofreremos derrotas. Uma derrota aparente torna-se somente um ponto de virada no caminho e todos os desvios se fundem em uma marcha triunfal rumo à vitória, tornando-se parte daquele plano que redunda no sucesso final.

Quando nos vem a revelação de que o Divino está atuando através de nós, todo o esforço que fazemos adquire um significado espiritual adicional que faz empalidecer os ganhos materiais. Não trabalhamos mais por dinheiro, não estamos mais indo atrás de sucesso, mas somente de expressar a mente e a consciência em nós que agora sabemos ser o Supremo se manifestando na Terra. Fazemos o trabalho do Eu Secreto e nunca o do eu superficial. Submetemos o eu superficial a um espírito máster que se serve dele como instrumento para efetivar o propósito divino no mundo. A fé que decorre desse conhecimento nos sustenta nos momentos da pressão mais adversa e feroz. Algo mais elevado do que o coração e o intelecto nos sustenta ao longo dos desvios mais demorados e das tentativas mais desnorteadas. Nosso eu egocentrado encontrou o mestre supremo e a mais elevada filosofia por meio da qual ele entende a si, seu lugar e seu propósito no mundo, mas também ganha acesso a um lugar secreto de luz, paz e entendimento. No coração da pessoa iluminada está o conhecimento oculto de que ela nunca se encontra à mercê das aparências imediatas, de que tem em seu íntimo o poder de mudar tudo por meio de sua identificação com o Divino, por meio de saber que a mente que existe nela é a mente de todos os demais.

O saber perfeito e o ver imperfeito

Render-se e assumir o outro é muito mais do que somente uma mudança psicológica de ponto de vista. Uma pequena parcela da natureza da pessoa desperta morre a fim de renascer dentro de uma consciência maior e mais ampla. Essa pode ser uma mudança imperceptível quando vista de fora. A pessoa pode seguir no mesmo trabalho, vivendo da mesma maneira, sem ignorar os amigos nem deixar de se divertir, mas todos os seus atos agora estarão unificados pela consciência espiritual de tal modo que deles transborda um contentamento interior e uma absoluta aceitação da vida. Essa pessoa pode alcançar uma posição de destaque no mundo ou não; para ela, isso não faz diferença. Ela não serve a causas da humanidade, só a vontade e ao propósito do Divino. William Osler, o médico canadense cofundador do hospital Johns Hopkins, disse que "estamos aqui para ver o que podemos acrescentar à Vida e não para ver o que podemos tirar dela". Na pessoa iluminada, a natureza egocentrada encontra-se tão recolhida da parte frontal da personalidade que a impressão que dela se tem é a de alguém que constantemente dá, nunca de alguém que recebe. Ela se torna a cornucópia da abundância por meio da qual o Divino verte seus recursos infinitos. Todos aqueles com quem essa pessoa entra em contato experimentam um sentimento de amor, compreensão e segurança que, por meio dela, desce sobre o outro vindo do Eu Secreto.

As pessoas cuja consciência está focada no eu superficial vivem com horizontes de consciência estreitos e são marionetes movidas pelas sensações. O mundo se dá a conhecer a elas através das janelas mínimas de seus sentidos, e elas reagem a esse mundo. sem jamais exercer alguma influência mental ou espiritual sobre ele. Seus fracassos são fruto de um ver imperfeito. Essas pessoas não veem quem são nem qual é a verdadeira natureza de uma situação, de modo que suas ações são sempre baseadas em um conhecimento parcial. Um número suficiente de fracassos resultantes desse agir imperfeito as derrota completamente e sua frustração é anunciada por meio de problemas físicos no corpo. Bloqueios emocionais e repressões inibem a circulação em certas partes do corpo, com o surgimento de pontos de mau funcionamento, além de doenças. Hostilidade reprimida, agressividade, insegurança e medo são as causas originais de artrite, doenças cardíacas, arteriosclerose, câncer e úlcera. A sociedade que cobra conformidade de seus membros provavelmente gera frustração em muitos deles, e isso se manifesta como um aumento gradual de enfermidades físicas. Já que é evidentemente impossível ao indivíduo alterar o sistema social em que vive, a solução para esse dilema deve proporcionar liberdade espiritual ao mesmo tempo que dá condições para a conformidade física. Chegar à compreensão de que o Divino habita em você tanto quanto você habita no Divino dissolve as preocupações e as frustrações da natureza egocentrada. Assim que você tiver conseguido se identificar com o espírito máster da eternidade, torna-se possível enxergar a existência no longo prazo, afastando-se de metas físicas.

O fracasso é um estado mental

A existência é essencialmente uma luta. Somos testados nas chamas de conflitos do nascimento à morte, e o momento dos testes mais árduos é o momento do nosso maior crescimento. A natureza não se interessa por vencedores. No mais das vezes, a vitória é um sinal de cessação do esforço. A natureza se interessa em crescer e o crescimento só é possível a quem se dedica constantemente a expandir seus talentos e habilidades. Em qualquer setor de atuação, quem chegou lá está indo ladeira abaixo. Nossa cintura segue fina e a mente alerta quando a necessidade nos mantém ocupados, trabalhando. Nosso eu superficial geralmente encontra na vitória ou em algum ganho a oportunidade de se entregar a sensações, e somos capturados em uma armadilha da qual talvez nunca escapemos como indivíduos com aspirações. Havelock Ellis disse que "a conquista traz intolerância e nos torna presunçosos, dissipa a energia e causa uma inflação irresponsável. A derrota ensina prudência e concentração, enobrece e fortalece". Naturalmente, a derrota nunca é um fato a menos que seja aceita como final. Os que se dão conta de que todas as possiblidades de crescimento são interiores nunca aceitam a derrota. Essas pessoas sabem que podem fazer muito melhor do que o que apresentaram até esse momento, pois têm uma conexão direta secreta com a fonte de toda energia e de todo talento.

O fracasso é um estado de espírito e nunca um fato físico. Tentamos realizar algo e se o resultado não for o que esperávamos em certo intervalo de tempo, em geral jogamos as mãos para cima e afirmamos que não conseguimos fazer aquilo. Se essa renúncia psicológica de tentar fazer algo não vem com a cessação do esforço físico, pode ser que de repente comecemos a ter resultados, pois inconscientemente delegamos nosso trabalho e nossos atos ao Eu Secreto, e esse esforço se tornar eficiente. Mas, se interrompermos o esforço físico, então todo o trabalho subsequente nunca será feito porque demos as costas a ele.

Audácia

Todos nós cumprimos melhor os propósitos da natureza e nos sentimos mais realizados quando executamos a função de líder espiritual em algum setor de nossas atividades. A audácia gera seu próprio sucesso pela liberação de energias reprimidas pela inibição. Se encontrarmos em nosso íntimo a coragem de nos arriscar, nosso próprio peso nunca nos derrubará; essa coragem nos sustentará, por mais frágil que pareça nosso apoio, e enxergaremos, de um ponto de vista novo, um mundo inteiramente diferente. Entre o tímido e o audaz não existe mais do que um pequeno passo, a saber, o primeiro. O animal selvagem ataca a presa que foge em disparada, mas fica intimidado e paralisado por outro que o encara. Se acharmos dentro de nós os recursos espirituais para dar o primeiro passo na direção do perigo em vez de fugir dele, vamos perceber que o perigo desaparece. Mas, se cedermos ao impulso do medo e dermos o passo inicial para nos distanciar do perigo, a vida virá no nosso encalço e seguramente nos devorará.

> Se o homem mostrar ao mundo que sente
> Medo de seus latidos, ele voa nos seus calcanhares.
> Se ele o encarar sem temor até que o deixe em paz
> O mundo vai se curvar aos pés se lhe jogarem um osso.
>
> EDWARD BULWER-LYTTON

Medo gera medo. O primeiro passo para longe do perigo transforma-se em passadas, depois numa corridinha desajeitada, depois numa carreira desabalada, em pânico, e o inócuo cão que nos persegue é agora um monstro imaginário. Do mesmo modo, coragem gera coragem. O primeiro passo na direção do perigo nos permite enxergar claramente o adversário. Podemos examiná-lo cara a cara e ver que não é tão ameaçador quanto havíamos pensado. Começamos a discernir a maneira de enfrentá-lo e, como o encaramos de frente, a ação agressiva contra nós é interrompida e o perigo passa a considerar se não somos nós que representamos um risco. Isso é verdade tanto para acontecimentos como para seres vivos. Uma aura psicológica emana de acontecimentos assim como das pessoas. Se algo parece nos ameaçar, certamente nos perseguirá se fugirmos, mas, se avançamos com coragem, ele deterá seu movimento em nossa direção. Recua para considerar a situação e acaba cedendo. Nada faz frente a um esforço contínuo e nada pode resistir à pessoa que insiste diante de todas as formas de desencorajamento. A atitude mental que nunca falha é aquela em que despojamos o ego em busca de suas metas e instalamos firmemente nossa psique na consciência do Divino, enxergando nossa vida como uma oportunidade para o aparecimento do espírito máster, considerando o trabalho que fazemos como o trabalho do Eu Secreto.

Perseverança

Tudo o que é grande é alcançado pela pessoa cuja perseverança transcende a mera resistência humana. Galileu e seu telescópio, Newton debaixo da macieira, Einstein em seu laboratório são todos exemplos da iluminação que se segue a um período de perseverança prolongada. Ninguém que aja sob o comando de um desejo egocentrado tem possiblidade de realizar feitos como os desses pioneiros iluminados. Muito antes de chegar à iluminação, cessaram a busca e partiram em outros rumos. O Divino usa o descobridor e o criador para o propósito para o qual são mais ajustados. Essas pessoas não podem falhar porque estão fazendo o trabalho para o qual são destinadas desde o nascimento. Como resultado, a vida delas é completamente absorvida por seus afazeres a tal ponto que seu trabalho é inseparável delas. Em uma espécie de senso místico, a pessoa é configurada no espaço e no tempo e perpetuada como fato criativo. Quando essa reviravolta psicológica se desenrola com a entrega da vida individual ao Eu Secreto, a pessoa é tomada por uma determinação sobrenatural que a impulsiona na realização de um trabalho diante de todas as chances de erro e enfrentando todos os piores obstáculos. Recebem instruções de uma luz interior e são capazes de mudar a aura psicológica das coisas ao introduzir nos eventos sua própria determinação positiva e sua dedicação absoluta à execução das tarefas. O impacto que essas pessoas têm sobre os acontecimentos não é causado por alguns desejos vãos ou metas egocentradas, mas somente porque estão fazendo aquilo que é natural para elas.

O medo de fracassar é um empecilho a agir por parte de todos os que estão presos nas armadilhas da consciência egoica. O eu superficial não possui o sentido de igualdade necessário a entender tarefas perigosas, pois só se ocupa sempre de aparências e não consegue embarcar em uma aventura porque, se essa ação resultar desastrosa ou risível, o eu superficial será visto como incapaz ou tolo. Milhões de pessoas têm medo de tentar porque temem fracassar e essa inibição só lhes permite realizar a menorzinha das frações de sua capacidade total. Esse foco míope da consciência no eu superficial mantém a atenção dessas pessoas concentrada em objetivos transitórios. Por exemplo, dedicam-se a cantar uma canção não porque existe nelas uma música que precisa ser cantada, mas porque querem a atenção e a admiração dos outros. Com essa falsa perspectiva, é até difícil para elas se apresentar diante de seu público, pois sua imagem interior é da vergonha e do fracasso que sentirão, caso sua tentativa de obter admiração resulte ridícula. Portanto, essa canção não é cantada e, caso seja, é mal executada. Essas pessoas não se tornaram aquilo que estão fazendo, mas estão somente usando a atividade para a satisfação de sua natureza superficial.

Não tenha medo de fracassar

A atitude mental que nunca falha é a que não *teme* fracassar. Devemos estar dispostos a aceitar as condições que se seguem a um fracasso antes de termos alguma chance de tentar uma nova atividade. Mesmo que seja algo tão simples como saltar de um trampolim na piscina, é preciso estar aberto a aceitar a dor causada por uma queda de barriga antes de conseguirmos formar a determinação de saltar. Assim que o medo se vai, não vamos cair de barriga na água e nosso salto será ágil e bom. Nós o executamos porque ele está em nós, e ele nos faz assim como nós o fazemos. Tirar o eu superficial da frente e deixar que a psique seja tomada por um espírito máster nos permite executar nossas tarefas sem o menor receio de fracassar porque não só temos um sentimento de igualdade diante dos outros como sabemos que um poder maior do que nós está dirigindo nossos passos da melhor maneira possível. Precisamos nos dar conta de que tudo é resultado de mudanças e que nada é permanente no mundo inteiro exceto o Eu Secreto do qual somos oriundos.

Sobre a edição de Eckhart Tolle

O projeto Eckhart Tolle Editions foi lançado em 2015 para publicar obras – antigas e novas – capazes de mudar vidas, pessoalmente escolhidas por Eckhart Tolle. O selo New World Library apresenta livros com o poder de ajudar a transformar a consciência e despertar os leitores para uma vida com propósito e presença.

Saiba mais sobre Eckhart Tolle em **eckharttolle.com**